白鹤群 ◎ 编著

老北京土语趣谈

北京·旅游教育出版社

序

  白鹤群伯伯的《老北京土语趣谈》一书即将出版,我很高兴,请来书稿,先睹为快。尽管我对书稿中的某些词语还不甚了解,但是它却为我学习北京话、普通话提供了大量的素材。读了《老北京土语趣谈》一书,使我进一步了解了北京的传统文化、语言文化和风土人情,更加了解北京、热爱北京。

  白鹤群伯伯是满族人,老姓巴雅拉觉罗氏,清驻藏大臣巴忠的后裔、民俗学者白宝泉之子,民革成员。白鹤群伯伯是北京著名的民俗学者、书法家、金石篆刻家,是北京书法家学会会员,先后师从赵不忍、曹家麒、何二水、宁斧成、许林村诸位大师。其书法笔墨潇洒,布局风流,印记独特,文句佑人;绘画精于山水扇面。白伯伯的书法作品曾多次获奖。白伯伯在60余个社会团体中任会员、理事、常务理事、研究员、副秘书长、秘书长等职,其著述颇丰。主要作品有《北京的会馆》、《老北京的居住》、《道家仙祖谢映登》、《京旗外三营》、《北京西山健锐营》、《掌故北京》、《北京街巷胡同分类图志》、《京都胜迹》、《燕都说故》、《京华漫忆》、《春明叙旧》、《寻梦古都北京》、《日下回眸》、《趣闻北京》、《中国宗教文化》(道教部分)、《历届全国政协委员人名辞典》等。白鹤群伯伯对中华文化最大的贡献是在1967年"文革"初期,冒着被打成反革命的危险,捶拓《老舍先生辞世碑》的拓片。

  2002年,北京市文史研究馆出版了《馆员简略》一书。在第257页,馆员、91岁的许林邨老人记述了自己曾在1967年"文革"初期,冒着被打成反革命的危险为老舍先生立碑的事,但苦于原碑遗失而无证据。21年后(1988年),白鹤群在《北京日报》上发表了自己在1967年9月初,同样冒着被打成反革命的危险捶拓原碑的珍贵拓片。

拓片的公布,彻底改变了全球"最早纪念老舍先生的是日本人"的论点和传闻,为确立"最早纪念老舍先生的是中国人、是老北京人"的论点提供了坚实的佐证。拓片一经发表,立刻得到了中国文化界的重视,现在这张珍贵的拓片在中国历史博物馆内珍藏。

白伯伯是中国道教学会前会长闵智亭大师的弟子,著有《中国道教》一书和《金华黄大仙》小册子,曾任中国道教学院客座书法讲师,陕西华山西峰翠云宫道长,浙江金华黄大仙祖宫道委会委员、知客,台湾台北明圣宫顾问。现为北京道教协会书画委员会委员。

我什么时候认识白鹤群伯伯的,具体日子记不太清楚了,但可以到中国道教协会去查,因为我保存着一张旧时的照片可以作为依据。那次是家父接到中国道教协会会长闵智亭大师的邀请,参加浙江金华黄大仙祠的开光典礼。照片上的我,还是小学学生。

望着桌案上厚厚的《老北京土语趣谈》文稿,我想白鹤群伯伯一定付出了很多的努力,查阅了很多资料,走访了不少北京老人。我应该感谢白伯伯为宣传北京、弘扬北京文化做出的努力。

祝贺《老北京土语趣谈》的出版发行,祝愿白鹤群伯伯古稀之年身体健康。

冯晓天(东明国际集团控股有限公司董事会主席)
2012年7月29日于加拿大冯寓

代前言

普通话与北京方言

白鹤群

普通话,是以北京语音为标准音,以北方话为基础方言,以典范的现代白话文著作为语法规范的现代汉民族共同语。因此,北方话或北京话不等于标准的普通话。但北京话与普通话相比,同一个字、同一个词的意思却丰富得多,并有十分浓厚的生活气息和趣味性。

相声、单弦、大鼓、北京琴书、岔曲等北方的曲艺形式多盛于北京,并且多用北京话说唱,地方方言浓厚,表现力极强。相声泰斗侯宝林先生,是研究、运用、表现北京语言的天才。他的表演段子,滑稽而不粗俗,诙谐而不油滑;动作洒脱利落,语言表达生动俏丽,语言词汇丰富多彩,语音顿挫清晰。许多作品经过他的表演都立见新意,顿时生辉,其语言、语音变换无穷,风趣盎然。正因为侯宝林先生掌握了北京方言中俗的精髓,才催化出了北京方言雅的生命,从而成为相声界的一代宗师,成为北京大学特聘的兼职教授。

人民艺术家老舍先生的《四世同堂》《龙须沟》《骆驼祥子》《正红旗下》等作品中,都有着朴实无华、凝练纯粹的北京口语。所以,老舍先生的作品鲜明生动、妙趣横生,充满着强烈的时代精神和浓郁的生活气息,被誉为语言大师。此外,《当代北京人》《宰相刘罗锅》《铁齿铜牙纪晓岚》等影视剧中的人物对话与道白,也多有北京地方特色的口语语言。然而,老北京的口语由于它的特殊性、局限性,很难被广泛地普及和认同,更有个别的语音表达面窄,儿化音强,连续词组长,甚至有音无字。

　　前人对北京口语文字运用的典范包括曹雪芹的《红楼梦》、文康的《儿女英雄传》及佚名的《品花宝鉴》等。这三部书是前人给我们留下的研究北京口语最为宝贵的文字资料。伴随着改革开放的大好形势,北京这座历史古都在发生着量与质的变化,全国各民族及全世界的朋友与北京的关系更加密切,这些外界因素使北京的语言更加丰富。

　　但是,许多外埠的朋友并不了解北京方言,并不了解北京土语的真正内涵。现在最为流行的"老公"一词就值得探讨和研究。如今的年轻女性多称自己的丈夫为"老公",但"老公"一词当"自己的丈夫"讲自南方而来,因为南方那边没有皇宫,所以没有太监,没有宦官。

　　北京土语里管太监、宦官叫"老公","老公"是少年时便割去"小鸡鸡",失去生育能力的男人,是侮辱男人的恶劣词。北京人这点好,称自己的丈夫为"先生""丈夫""男人""孩子他爸"等文明词语。试问,谁家女人愿意自己的丈夫是"二尾子"哪?所以,北京的女人不会将自己的男人叫"老公"。

　　北京人形容、挖苦"老公"的话莫过于"老公骑骠驴"这句歇后语了,歇后语后半部分是什么,缺什么?少什么?读者自己去品。此外,北京有曹老公观,在西城新街口西路北,是太监曹云端修的。还有形容瞎操心的"太后不急,老公急"的口头语。更有和珅讲故事的笑话,说他讲一半不讲了,乾隆皇帝问:"下边哪?"和珅说:"下边没有了,不信您问他们。"一指太监。太监忙双手捂着裤裆回答:"下边没有,真没有了。"的笑话。

　　1998年夏,笔者应北京旅游报主编刘晓华女士之邀,客座京俗大观栏目,连续写有北京四合院、小院、大杂院、岁时节令等系列文章。其中,有关大杂院的北京土语部分颇受老北京和海内外朋友的欢迎。

　　北京话作为一种方言有着鲜明的特色。老北京人说话,声音的抑扬顿挫,语调的优美动听,着实让外地人"耳"花缭乱。其实,最早的北京话只是中原音韵大河北方言的一个组成部分,也只有600多年的历史。然而,自清军入关后,满族人大量涌入北京,号称"从龙入关"。这样,北京城里的方言逐渐与大河北方言、中原音韵有了距离。它丰富了大河北方言和中原音韵,因为在这个时候,蒙古族语、回族语、藏族语也融入了北京话中,为北京话增加了新的色彩。《红楼梦》《儿女英雄传》、满族曲艺八角鼓、单弦牌子曲、京韵大鼓、数来宝以及当代相声艺术大师侯宝林先生说的相声无不记载着北京话的精练、生动活泼、犀利明快、含蓄幽默、通俗易懂的特点。

　　下面是旧时北京大杂院内两个小朋友的对话:
　　甲:骚子哥!咱们蚵(qiā)蛐蛐啊?

乙：行！等会咱们就蚵，我先垫补点吃的。

甲：那你快点，别一个屁匀十六悠放。

乙：二臭，你逮的这个不是蛐蛐是老米嘴，不开牙。你瞵瞵，三尾（儿），还是一只夯，给它放了吧，完秋让它甩子。

甲：那咱们玩什么啊？藏曚儿哥，人不够，两人只能玩剧刀子和逮老了。要不咱们灌俩官老爷和娘娘，拿细筐儿和格档儿做屎克郎车，看谁爬得快？

乙：行，谁拿桶，再扯点水。

甲：你是哥哥，你大，你拿。

乙：你是弟弟，你小，你拿。

甲：咱哥俩谁也别吃亏，咱们瓩（cèi）瓩瓩，要不就石头、剪子、布，谁也别讹搅。

乙：甭介，还是我拿吧！

甲：到哪逮去啊？太远了我妈叫我，找不找非得一顿臭卷不可。

乙：去城根儿，道儿近，一杵两来回，一钟头，擦黑就能回来。

甲：好吧！

上面两个小孩对话，仅六七分钟、300多字，但却有大量的北京土语。其中：蚵就是互咬、打架的意思。

垫补，是吃少许东西暂时充饥。一个屁匀十六悠放，是动作或言语十分缓慢。二臭，骚子，多为北京平民小孩的俗名。逮，是捉。老米嘴，是一种不善斗的蟋蟀。

不开牙，是没有相斗的表示。瞵瞵，是看或瞅。三尾儿，是雌蟋蟀，母的。一只夯，是一条腿。完秋，是秋天结束。甩子，是繁殖。藏曚儿哥，是儿童玩的捉迷藏。剧刀子、逮老，是旧时儿童游戏的种类。官老爷，是雄屎克郎。娘娘，是雌屎克郎。屎克郎，是蜣螂。细筐儿，是高粱秆的外皮劈成条。格档，是高粱穗的秆儿。扯，是舀、盛。瓩瓩瓩，是儿童猜拳，也叫瓩（cèi）丁壳。石头、剪子、布，是猜拳的动作。讹搅，是借此纠缠。甭介，是不用。臭卷，是臭骂。一杵儿，是去。擦黑，是傍晚。

北京旧时大杂院里两个中年男子的对话：

甲：大兄弟，刚回来啊？低头昨摩什么哪？

乙：吆喝！大哥啊，净想事了！没瞵见您，赔个不是，晚上你逮个工夫，上我那儿坐坐，刚发饷了，喝口。

甲：看来你们那儿买卖还不赖？

乙：哪啊！还不是哥几个跟头（儿）那儿白唬一阵，头（儿）也认头了，先关俩子。

甲：大兄弟，谢谢了，今晚上我去不了，有点事，一担挑捎话了，东家要辞他。

乙：怎么弄得到这份上？

甲：别提了，我那兄弟不是练家，绕世界生事，整天界打游飞，摆忙、不着家。小姨子拿他也没辙，挣这俩钱都打水漂了。这不，前两天跟人家掉腰子，头（儿）本来就不待见他，节骨眼上又来一行家，把他挺（tǐng）了。回头，我一是说情，二是得给他找条道啊！

乙：这兄弟，怎么混的。这年头，人得明戏，胳膊肘能拧过大腿，那还不邪性了？本来他手艺上就二把刀，裉（kèn）节上，您再拿搪、撂挑子、搁车，还不让人给开了。您替我带个话，人在世界上得鬼点，迷瞪不行，玩票就得有玩票的本事，想跟人逗咳嗽、叫板，也得不禁不悠的，真翻了车，末拉了，还是自己吃亏。

甲：可不是吗？谢谢您啦！

文中两人对话不长，然北京土话都占很大比例。其中：昨摩为算计，普通话为琢（zuó）磨。净，为全。睐，为看。逮，为得。发饷，也叫关饷，为今日发工资。头儿，为领导。认头，为同意。白唬，为漫无边际的空谈。一担挑，为连襟。练家，为此行出色的人。绕世界，为到处、处处。生事，为惹事。打油飞，为到处闲逛。摆忙，为不必要的忙碌。没辙，为没办法。掉腰子，为使花招、对立。不待见，为不喜欢。挺，为顶，代替。明戏，为知道情况。邪性，为古怪、蹊跷。二把刀，指对某种知识不精通或对某种技能不纯熟。裉节，为关键或重要环节。搁车，为中途暂停进行。拿搪，为假意推托、进行刁难。撂挑子，为突然停止。开，为开除、除名。带，为捎。鬼，为机灵、聪明。迷瞪，为神志不清的样子。不禁不悠的，为差不多、有分寸。逗咳嗽，为开玩笑。叫板，为争胜、闹别扭。翻车，为改变原来的许诺或大肆争吵。玩票，原为业余演戏，对话中为戏弄，不重视。末拉了，为最后。

北京旧时大杂院中，两名中年妇女的对话：

甲：大嫂子，大晌午的还不歇会儿，直直腰儿，老爷儿那么毒，找个背阴地歇歇吧？

乙：没办法，趁着天好，把妞子的裤子揉搓揉搓。二妹子，中午吃的什么啊？逮个工夫回娘家看看去啊！有半年没回去了吧？

甲：可不是嘛！抽空是得回去一下，西屋二兄弟还让我带话呢！也怪，这天热得邪乎，狗都吐舌头。刚吃完二米子饭，就着笃（代替字，有音无字，dǔ）咸茄，挺香，就是咸点，齁咸的。没招，喝了一碗井拔凉。这不，落落汗，回头上街寻摸点菜回来，怎么也得给掌柜的点好的吃啊！大嫂，悠着点，涮涮就行了。钱板使完了，您先别收，回头我也搓搓。

乙：上街瞧着点车，这年头，毛兔子们蹬起车来就跟奔命一样。

甲：是喽！

甲：大嫂子，我给您说说这趟吧！一出门，就瞜见胡同踪着一群人，污泱污泱的。顺进去一看，原来是汽车和马车宽(dǔn，代替字，有音无字)上了。马车槽子里的灰浆子，稀拉逛荡得漓漓拉拉一地。赶车的是个小地里排(pǎi)子，说出话来呛苍儿，整个一个四六不懂，满不赁秧子，非让那开车的说出个道道来。那开车的也不是个善主，长得贼瘦，两个大眼贼，像个人灯。开车的说，赔什么？你坐着，这马路是你走的吗？咱城里可不像是乡下。有理说理，玩三青子可不行。赶车的小矬子说，乡下人怎么啦！你甭跟我炮蹦儿，就你这样的嘎杂杂我见多了，赔钱吧您哪！多少钱？开车的问。五块。没有，赔你，姥姥！咱们找巡警去。

这俩主儿正打着那，圈外头进来一老头，给他们说和。老头说：你们的事我都瞜见了，好说好散，谁也别和谁治气。你开车的比他拿钱顺当点，给他仨瓜俩枣的也就行了。不是我在这充大辈、倚老卖老，大侄子，给他两块八怎样？开车的一听，说：老爷子看您老面上，给这小子三块，那我就开路了。那赶车的哪干哪，指着老头说：老坷拉完，找练哪，这里面有你什么事啊？别在这充大尾巴鹰，这大头蒜也是你装的？老梆瓶(cèi)，别玩那糊弄局的事，不给五块，说出大天来也不行。

赶车的这句话，惹翻了大伙儿，都说赶车的小子狼人，欠收拾。正闹着，巡警来了，不问青红皂白，给哥俩一顿臭卷，再看那赶车的那三孙子样，跟磕头虫一样，一劲点头哈腰。大伙都说，欠。临完了，开车的给赶车的三块一，这场官司才算断了。大嫂子，您看这不是属驴的吗？牵着不走，打着倒退。

乙：得长记性啊！得饶人处且饶人嘛！

文中的老爷儿，为太阳。裤子，为孩子的屎尿布。逮个工夫，为抽点时间。二米子饭，为两种米合蒸煮出的主食。笃(dǔ)咸茄，为北京常吃的一种热菜。齁，为特别咸的意思。没招，为没办法。井拔凉，为刚从地底下打或压出来的水。寻摸，为连看带买。悠，为慢和匀。钱板，为洗衣服的搓板。毛兔子，为粗率慌张的人。奔命，为拼命赶路或做事。瞜，为看。踪着，为聚集。污泱污泱，为众多而攒动不止。宽(dǔn)，为碰。稀拉逛荡，为极稀的液体前后左右地动。漓漓拉拉，为连绵不断，丢丢撒撒。地里排子，为个头较矮的人。呛苍，为不顺着说话。四六不懂，为什么都不懂。满不赁秧子，为什么都不怕的样子。道道，为道理。善主，为好惹的。贼瘦，为特别瘦。大眼贼，为眼睛大的人。人灯，为瘦的样子。三青子，为无赖汉。炮蹦，为发急暴跳。嘎杂杂，为说话举动出范围的人。姥姥，为哼、胡说等反驳词。开路，为走。老坷拉完，为老而无用人。大尾巴鹰，为充有能力的人。大头蒜，为有权势的人。老梆瓶，为老年人。糊弄局,为骗人的手段。狼人,为敲诈。磕头虫,为一种老点头的小昆虫。三孙子,为受欺负的可怜人。

北京大杂院里因住户复杂,什么样的人都会出现,下面就是大杂院中一位老实忠厚的中年妇女与一个长舌头、说三道四的女人对话:

乙:大嫂子,您听说了吗?界比儿二丫头的事了吗?

甲:没听说,不知道。

乙:她搞上对象了,男的在取灯厂上班,长得不赖,虽说岁数大了点,但挺少相。大高挑人挺帅,就是说话母了母气。

甲:大妹子,甭背后里说人家,都是街里街坊的。

乙:您知道吗?大嫂!东屋这丫头可不是善主,听说还没过门,就开始往娘家概搂,连婆家的盖典儿、支锅瓦、拓蓝纸、电棒都抄。丫头这样,那小子更抠,满世界找不出来这一对,一个子掰成八瓣花,这两口子要是过日子,不是剌口子,绕世界也找不出这对过日子的人。

甲:大妹子,我先笼一炉去,要不孩子他爹回来,又该说我尽听你山哨了。

对话中的:界比儿,为隔壁。二丫头,为北京女孩子的俗称,泛指排行第二位的女孩子。取灯,为火柴。不赖,为不错。少相,为相貌显得年轻。母了母气,为贬意,指男人有女人气,娘娘腔。甭,本意为不用,对话中为不要。善主,为不好惹、不柔顺的人。过门,为女人结婚进入夫家。概搂,为揽取的意思。盖典儿,为用高粱秸编的平盘,用来做锅盖或放置食物,也叫盖帘儿、锅拍子、浅儿。支锅瓦,为用砖头磨成的锅支子,后来多用铁制大罗母代替。拓蓝纸,为复写纸。电棒,为手电筒。抄,为拿。抠,为吝啬。满世界,与绕世界同为到处、处处的意思,后引申为满市街、满市井。剌口子,为许愿、承诺,表示负起责任。笼一炉,为生火。尽,为只。山哨,为无边无际的述说,现在多指高谈阔论。

鉴于朋友们的赏识,笔者将家父多年摘记的大部分北京人常用和得到较多认同的北京口语给予简摘、增补,整理出册,以追记老北京的市井文化。

目录

趣谈一

披星戴月与"二五更" ... 1
"二把刀"与两把菜刀 ... 1
"五指"的别称 ... 1
"云罗"与"摆云罗儿" ... 2
谈"掰" ... 2
"白眼狼" ... 2
"扒拉" ... 2
现在谁敢"拔萝卜" ... 2
"镲子"与"半彪子" ... 3
相声中的"包袱" ... 3
"扳扛" ... 3
"锛儿头"与"老米嘴" ... 4
"棒槌""愚笨""外行人" ... 4
"包圆儿"与"打包" ... 4
"巴儿"与"伴儿" ... 5
"把式"不止在天桥 ... 5
"巴掌""手套儿"与"手巴掌" ... 5
"借光"与"借光儿" ... 6

谈"背影儿" ... 6
"绷"与"绷弓子" ... 6
风筝与"镖砣儿" ... 7
潘家园与"憋宝" ... 7
从字体读音谈起 ... 7
穿的"脖领儿"与吃的"脖领儿" ... 7
"不求人儿,"和"老头乐" ... 8
禽类的"踩蛋"与二八月"闹猫" ... 8
说"汽碾子" ... 8
秋后喜摘"猪耳朵" ... 9
"不拉唧"与"布拉吉" ... 9
"小热儿""大麻唧"与"伏天" ... 9
儿童的猜拳——"甄丁壳" ... 10
捉迷藏又叫"藏矇儿哥" ... 10
占小便宜的"蹭"和"蹭将" ... 10
流氓聚众打架——"插盘" ... 10
男人蓄发与"长毛僧" ... 11
旧京四"腻"(酒、茶、澡、书) ... 11
"抄家货儿"本是褒义词 ... 12
抽、打、走、离都叫"撤" ... 12
仗势欺人的"车后喘"与"车豁子" ... 12

趣谈二

女人也能当"大爷"	13
"斜尖炕"与"瞪眼食"	13
为"赤包"更名正誉	14
有"翅儿"的不一定会飞	14
"冲盹儿"与"打瞌睡"	14
"臭棋篓子"	14
"抽斗"不是"抽屉"	15
"吹喇叭"是"哭"还是"吃"	15
旧时"热得快"——"水余儿"	15
"错窝也下蛋"	16
《夜行记》中的"打喳"	16
蟋蟀身上的北京土语	16
"逮老"与"冰壶"	17
"挪骚窝儿"与"倒骚"	17
出尔反尔与"打耙"	18
师傅的"大炮"	18
"打水漂儿"与挥霍钱财	18
"吃豆儿攒屁"	18
《车轮滚滚》与"打眼儿"	18
"捉迷藏"与"得利利"	19
鱼吃食的"逛"与侯宝林	19
一路红牌"铛铛车"	19
满族人管姑叫爸爸	19
"顶灯"与"跪搓板儿"	20
"地里排子"学名叫"鼹鼠"	20
最小蜻蜓"豆娘子"	20
"豆条"与"洋灰"	20
"三七""四六""对半撅"	21
儿童游戏"剿刀子"	21
"鹅淋"与"尿不湿"	21
"榿子"与"提斗"	21

趣谈三

"粉"是"黄色"它爹	23
从鱼的"分水"想到的	23
"送份子"的利与弊	24
蚂蚁也会满天飞	24
"煮饽饽"和"盖帘儿"	24
糕点里的"破边缸炉"	25
"甘露"正名叫"草石蚕"	25
"数来宝"里的"赶辙"	25
高粱秆上部叫"格档儿"	26
"硌窝"与"垫窝"	26
"跟头虫"与蚊子	26
侯宝林相声里的"沟葱"	27
"铛铛车"上的"弓子"	27
"蚂蚱墩儿"与"挂嗒扁儿"	27
寡妇面与光棍儿面	27
"官司"不一定是"打官司"	28
"老爷""娘娘"都是官	28
昆虫也有"锢漏锅"	28
"过珑"与"澄浆罐"	28
巫婆、神汉的"过阴"	28
旗营里的"过枝子"	29
谁还记得"蛤蟆嘴"	29
"清汉奸"与"日汉奸"是两回事	29
"黑老婆"洗脸不洗脖儿	30
"青口、薄帮、核桃纹"	30
"前锛儿头""后勺子"	30
要命的"话赶话"	30
钉锦儿、锁鼻儿和挺钩	31
三月"茵陈"四月蒿	31
"话匣子"与"电转儿"	31
"花哨"的褒贬	31
《沙家浜》里的"虎撑儿"	32
"回笼觉"与"送铁锅"	32
调灯上下的"瓷葫芦"	32
"豁牙子"与《三味书屋》	32
"虎皮冻儿"与"虎皮墙"	33
"剞"腰花的做法	33

趣谈四

跳高高手"磕头虫" 34
"蛤蟆"与"疥肚" 34
"小鲫瓜儿"与"鲫瓜子" 34
"九九重阳"赏"九花儿" 34
"九吊六"与"幺二三" 35
蔑视之词"坷垃丸儿" 35
高谈阔论"侃大仙" 35
搔小孩手心叫"扛芝麻酱" 35
"拉帮套"是好还是坏？ 36
柿子去涩需要"漤" 36
蔑视老人的"老梆壳" 36
"老刚""老紫""老琉璃" 36
麻雀又叫"老家贼" 37
"肋腻兵"与"肋腻臭" 37
"遛"字多义 37
泥石流又叫"龙爬坡" 38
颐和园里的"罗锅桥" 38
雌蝈蝈叫"驴驹子" 38
不孝的子女叫"马蜂儿子" 38
山西面食"猫耳朵" 39
从无稽之谈"猫打镲"谈起 39
"缅裆裤"能做"水骆驼" 40
偷偷斜视的"母狗眼" 40
"母里母气"的"娘娘腔" 40
"杀熟"与"拿搘" 40
京城难见"牛打滚儿" 41
拐带小孩的"拍花子" 41
流氓术语"拍婆子" 41
大小便的量词叫"泡" 41
群鸽飞翔论"盘" 41
汽车也会"趴窝" 42
"片儿汤"与"片儿汤话" 42
"盆里碰"也叫"煮球" 42

趣谈五

"钱板""搓板"和搓衣板 43
警惕"敲锣边"的人 43
从"怯八邑"谈起 43
"肉枣"里面病菌多 44
足球场上"傻钵依" 44
"屎"字另解 45
"事儿妈"的事就是多 45
手脖子、脚面与脚脖子 45
妇女专用"手揣子" 45
儿童游戏分组的方法——手心手背 45
金鱼排卵叫"甩子" 46
京城四门"四大仙" 46
盖房求吉利——"四破五" 46
怯懦之人"屎蛋包" 46
"孙子"引申出的词 46
"拓蓝纸"就是蓝色复写纸 46
"你我他"与"您我怹" 47
"汤儿泡饭"与"汤儿事儿" 47
"弹弦子"和"弹琵琶" 47
套磁与碰磁 47
常说不常见的"爌" 48
艺人最爱的"挑帘红" 48
"铁雀"与"除四害" 48
常说不常见的"投" 48
土地爷掏耳朵——"捵泥" 48
高秀敏的"瓦凉瓦凉" 49
要命的"往前走一步" 49
收藏"碗足儿"热 49
艺高胆大的"窝脖儿"们 49
老北京忌说"蛋" 49
人、马都能"卧槽" 50
京人爱吃"五月鲜" 50
人也可称"香饽饽" 50
"橡皮纸"和"牛皮纸" 50
细长的"仙鹤腿" 50

小本经营称为"小鼓捣油" 50

趣谈六

"下三滥"指的是什么 51
"蝎拉虎子"掀门窗——"露一小手" 51
"叫茬疤儿"与"找邪茬"儿 51
吃功夫的"蝎子爬" 51
"菜码"与"戏码" 51
刚和的面要睡觉——"醒" 52
"雄黄年间"与"驴年马月" 52
"叫板"与"叫板" 52
砖砌拱形称为"券" 52
写字最怕出"须尖" 53
"轧马路" 53
"狗吃屎"与"仰八壳" 53
讨厌的"杨剌子" 53
"拉拉秧"与"蝎子草" 53
"幺二三"与"么蛾子" 53
府里"要饭"是气派 54
"丫挺的" 54
路程远近论"绷子" 54
侮辱人的"一支夯" 54
今人谁还穿"油鞋" 54
人死后的北京土语 55
"十三悠"的"油葫芦" 56
"油炸豆儿"不能吃 56
蟑螂代替了"灶马儿" 56
"拉便宜手"与"拉偏套" 56
露天场所"雨来散" 57
"贼"不是好词 57
婴儿难分真假的"咂咂头儿" 57
水草京人称"闸草" 57
老和尚埋地雷——"炸庙" 58
拆字谜语"赵不肖" 58
"招呼"多解 58
放屁拉抽屉的"遮蹓子" 58
残羹剩菜话"折箩" 58

京人多过"整生日" 59
"镇尺"还是"镇纸" 59
新兴乞丐"镇桥侯" 59
"纸壳背儿"与"马粪纸" 60
从我要"捆桌"说起 60
从"装"字引申出的 60
写字不能"蛛蛛爬" 61
小孩发型"冲天锥" 61
"左撇捩(liě)" 61
车、店、戏院顾客叫"座儿" 61

趣谈七

"爱"不一定是好词 63
谈"安位" 63
不招人"待见"的"碍事扒拉脚" 63
逼供信与"夜审熬鹰" 64
"吧嗒嘴儿"与"吧唧嘴儿" 64
"疤痢眼儿"是好人 64
"八宝菜"是哪八宝 64
有撇有捺是"八"字 64
"八竿子打不着的"亲戚 65
"八万"与"二饼" 65
威震八方的八角鼓 65
"拔火罐儿"与中医针灸的"拔罐子" 65
"拔"字的变音——"拔毒膏" 65
"拔份儿"与"拔闯" 66
"八仙人儿"与"八仙" 66
"抠门"与"把家虎" 66
谈"把" 66
"把势"的多解 67
"水舀子"与"大把儿缸子" 67
"掰"不开镊子 67
木材本色儿叫"白茬儿" 68
"白花舌"与梁山好汉"白花蛇杨春" 68
"白脸儿"与"红脸儿" 68
"瞎子点灯白费蜡" 68
"鸡子儿"与"白果儿" 69

"白肉"与"白汤"	69	猫不一定"辟鼠"	79
"百灵"与"白惑"	69	有音无字的"跋赤"	79
面条里的"白坯儿"	69	牲畜的"鞭子"也能吃	79
"柏水窦章"与"茶喝后来酽"	70	"心里美"与"卞萝卜"	79
"白头到老"与"白头老"	70	"灯管儿"与"憋火"	80
"折腾"与"摆忙"	70	"别扭"的叠用——"别别扭扭"	80
人、狗"摆尾儿"各不同	70	"冰镩"与"搭钩"	80
调风正水在"摆设"	70	"玻璃花"与白内障	80
"百八十的"到底是多少	71	"没人缘儿"与"不得哥儿们"	80
"扳不倒儿"就是"不倒翁"	71	"地道"与"不地道"	80
《愚公移山》与"搬山"	71	"不得烟儿抽"的由来	81
"半大脚""解放脚"和"解放头"	71	"三七就是二十一"	81
"半不大"与"半大小子"	72	吃人饭就得"拉人屎"	81
"半斤八两"和"半斤五两"	72	"蛐蛐"的幼虫叫"秧子"	81
京城也有"半坡房"	72	连"东西"都不如的人	81
"半头砖"与"填楦"	72	办事严谨的"不洒汤、不漏水"	81
"黑不溜秋"与白癜风	73		

趣 谈 九

		傍晚京人叫"擦黑儿"	83

趣 谈 八

		宁做"菜虎子",不做"菜包子"	83
"棒糁儿粥"与"棒子面粥"	74	禽类交配叫"踩蛋"	83
"包头"与"包头儿"	74	捉猫猫与"藏闷儿"	83
拌嘴、拌面与拌蒜	74	捉迷藏与"藏摸哥儿"	84
什么叫"包圆儿"	75	"凑乎"原本是"糙着糊"	84
"包子有肉,不在褶儿上"	75	言行爽快的"糙人"	84
"打春"与"吹喇叭"	75	怯弱无能的"草鸡"	84
"抱"字多解	75	侯宝林谈"蹭"	84
谈"背雨"与"避雨"	76	没有礼貌的"插嘴"	84
"背"字多解	76	"茶根儿"与"茶喝后来酽"	85
"背包儿握伞"	77	北京人讲究"喝茶卤"	85
"被窝儿"与"被卧垛"	77	"茶缸子"与"把缸子"	85
啄木鸟又叫"镩得儿木"	77	"茶馆儿""茶座儿"与"茶室"	85
"绷簧"与"绷弓子"	78	"茶资""茶役"与"大茶壶"	86
硬币与钢镚儿	78	有音无字的"蹅"	86
鼻须不许叫"鼻毛"	78	"铲"与京城"锅贴儿"	86
"吹鼻捏眼儿"的唢呐	78	"长脖老等"指的是什么	86
"鼻子是鼻子,脸是脸"	78	老人"绰"蚊子	86
"明码标价"的书画家、篆刻师	79		

买枣别买"焯"过的 87
红白喜事"炒菜面" 87
咫尺之间的"车辙雨" 87
"城墙"引出的北京土语 87
谈"吃" 88

趣谈十

"重孙子"就是曾孙 91
"能耐梗"与"充大尾巴鹰" 91
"抽疯"不是抽风病 91
"臭大姐"学名叫"椿象" 91
谈"揣着明白装糊涂" 92
"串皮"与"串胡同儿" 92
"糊窗户"的"高丽纸" 92
"吹灯拔蜡"与西方过生日 92
酥脆无核"挂络枣儿" 93
"翻眼皮"与"错翻了眼皮" 93
"脱白" 93
母鸡"错窝也下蛋" 93
谈"搭" 93
"五世同堂"的"搭(奔)拉孙儿" 94
老北京的礼貌——"打横儿" 94
谈"打" 94
鸟类"打食儿"与人的"打野食儿" 97
多种称呼的"伯父" 98
"蛐蛐"的大腿叫"大夯" 98
"大姑子"与"大舅子" 98
"大马金刀"指的是谁 98
京城"大料"与南方"八角" 98
"大马趴"与"大仰壳" 99
"大清早儿"与《黄半仙》 99
"大婶儿"必须儿化音 99
低档次的茶馆——大碗居 99
"血津儿" 99
"当着矬人,别说短话" 100
同姓称之"当家子" 100
谈"刀" 100

趣谈十一

说"倒" 101
吃酸东西爱"倒牙" 101
"道儿北喽"与"路北" 101
"絮叨"与"得啵" 102
工作完成叫"得活" 102
"进了屋子还想上炕" 102
"得便宜卖乖" 102
为什么管父亲叫"老K" 102
"登梯子爬高儿" 102
"底儿潮" 102
开车最怕"地穿甲" 103
"地窨子"、地窖、地牢 103
"点儿低""点儿背"在运气 103
早期的婴儿教育——"点牛眼" 103
"掉点儿" 104
"吊角儿"是什么意思 104
"大吊角""掉腰子"与"幺蛾子" 104
"炕"与"床" 104
"顶棚"上的"耗子窟窿" 104
一二五,打一成语 105
谁还会在胡同里"抖风筝" 105
"煤球炉子" 105
由"煤球炉子"引出了北京土语——"攒火" 105
以食物命名的"豆包布" 106
"驴打滚"正名"豆面儿糕" 106
"豆嘴儿""豆芽""豆芽菜" 106
小时候的"豆汁儿歌" 106

趣谈十二

"斗"和"逗" 107
"对火儿""对过儿""对半儿利" 107
两说着的"蹲坑儿" 107
打酒打油论"墩儿" 108

谈"礅"	108
我脚上的"跺指儿"	108
"讹搅""讹赖"和"臭讹"	108
耳聋、耳背和耳沉	109
"耳挖勺儿"和"耳挖子"	109
如今哪里卖"耳枕"	109
今天难寻"二等车"	109
"二反投唐"与"好马不吃回头草"	109
"二踢脚""麻雷子"和"呲花"	110
"发福"一词，男女有别	110
"翻车"等于大怒	110
失眠与"翻饼"	110
谈"翻"	111
谈"犯"	112
好事降临"飞来凤"	113
"分盆"与"分家"	113
昆虫、鱼类的繁殖叫"粪"	113
"疯丫头"不一定疯	114
"凤头儿"是鸽子也是车	114
谈"浮"	114
"盖火"与"火镲"	114
"干艮倔奘"要不得	115

趣 谈 十 三

纸票挺括的"骨立、新"	116
害怕之极——"肝儿颤"	116
"泔水"也能卖钱	116
"擀毡"指的是什么	116
"赶碌"和"赶命"	116
"赶嘴"与"赶饭"	117
60年前"港式"装	117
"盖柿"与"高桩"	117
妙峰香道"胳膊肘儿"	117
"搁不住隔夜的屁"	117
与"各色"的人相处	118
儿童游戏——"跳间"	118
"嗝儿了"就是死了	118

谈"跟"	118
给个"棒槌"就纫针	118
"别给脸,不兜着"	118
京人的AA制——"公东儿"	119
"艮萝卜""辣葱"与"撅头拍子"	119
老年夫妻多称"公母俩"	119
猪的口鼻叫"拱嘴儿"	119
谈"勾"	119
今天"沟耗子"大如尺	120
"狗鸡六条腿"	120
"狗揽八泡屎,泡泡舔不净"	120
草帽与"狗尿苔"	120
谈"狗"	120
两辈人都称"姑老爷"	120
"咕丢丢"与木偶	121
"花骨朵"	121
随墙门上的"轱辘钱儿"	121
"滚"与"骨碌"	121

趣 谈 十 四

"砂鹽子"不只是熬药	122
葵花子怎么成了"瓜子"	122
今人谁用"刮舌子"	122
《王二姐思夫》里的"呱嗒扁儿"	123
谈"拐"	123
"棺材本儿"与"棺材瓢子"	124
旗人的"关饷"	124
从"光屁溜儿"想起的	124
京人两种"线桄子"	124
"鬼子姜"学名叫菊芋	124
"锅挑儿"与"过水儿"	125
"锅底""锅底儿"与"锅子底儿"	125
先见之明的"果不其然"	125
自喻先见之明的"我说对了吧"	125
"过了这村儿,就没这个店儿"	125
恭维话还是嘲讽话——谈"贵人多忘事"	125
谈"过"	125

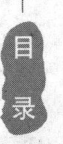

京城谁还穿"汗褡儿" 126
"好心当成驴肝肺" 127
"呵儿喽子"与"呵儿喽带喘" 127
李三爷专捞"河漂子" 127
"荷叶饼"还是"合叶饼" 127
"醒过闷儿"后边的词语——"合着" 127
"黑灯瞎火"与"黑咕隆咚" 127

趣谈十五

"恨得牙根八丈长" 129
儿童"出圈"的闹——"横反" 129
小脚踢球——"横胡噜" 129
今天谁还用"烘笼儿" 129
"横挑鼻子竖挑眼" 130
"猴儿头"与"猴剔牙" 130
地安门又叫"后门" 130
"后门儿"别解 130
西葫芦与"瓠熰子" 130
"虎毒不食子"与"护犊子" 131
京人是猫就叫"花花" 131
"阴凉"与"花荫凉" 131
抹墙要用"花秸泥" 131
"坏小子"两说 131
酒醉呕吐与"还席" 132
"窝头"也叫"黄金塔" 132
"活人不能让尿憋死" 132
多年不见"蒺藜狗子" 132
铁丝网上的"铁蒺藜" 132
包饺子的"揪剂儿" 132
从"夹道欢迎"说起 133
雌雄蜻蜓的交配——"架迫"
　和"小车子" 133
"简要截说" 133
谈动词的"捡" 133
院内难寻"江西腊" 133

趣谈十六

"酱肘子"铺贯京城 134
"教书匠""孩子王"与人民教师 134
"箭杆儿",用途多 134
"胶泥瓣儿"与陶器制作 134
"娇皮哥,烂蚕豆" 134
许林村老人说"嚼裹儿" 135
人脚还是"驴蹄" 135
鼓掌代替了"叫好" 135
嘴里叫"好听的",心里不服 135
"叫了王承恩" 135
"叫起儿""叫早",还是叫齐" 135
"结巴嗑子"与口吃 135
"解手"也分"大小手" 136
经常补短的"接长不短" 136
拉大旗坐虎皮的"借仙气" 136
旧时的行贿——"金钩虾米钓鲤鱼" 136
"不入口"的"筋头马脑儿" 136
"金钟儿"与"灶马儿" 136
"进深" 136
谈"紧" 137
木工的锯——"紧上加鳔" 137
"井拔凉" 137
赤身裸体与"净光净" 137

趣谈十七

"镜支儿"也叫"梳妆盒" 138
"九花"争放忆契园 138
"酒后无德"与酒后驾驶 138
"九练九熟"与"久练久熟" 138
铜"铞子"今天谁还用 139
这种"卷饼"不能吃 139
正解"撅尾巴儿" 139
好坏搭配的"均背拉" 139
"开裆裤"与"卡巴裆" 139

谈"开"	140
抛砖引玉的"开锣戏"	140
"靠冰的心冷,靠火的心焦"	140
"瓢泼大雨"与"可筒地倒"	140
诸葛亮与"空城计"	140
"裤兜儿"与"裤兜子"	140
"跨车沿儿"与"跨车尾儿"	141
"跨子"——带斗的三轮摩托车	141
反复不定与"拉抽屉"	141
说话不算话的"拉出来的屎又坐回去"	141
"拉胯"与"拉拉胯"	141
车夫的"拉晚儿"	141
夹小孩子的鼻子叫"拉骆驼"	141
蝼蛄又叫"蝲蝲蛄"	142
酒醉之态称"喇嘛"	142
盘曲裹馅的蒸食叫"懒龙"	142

趣 谈 十 八

"烂酸梨"二解	143
"狼人"与"敲竹杠"	143
黄黑色蝴蝶——"花老道"	143
"老叼车"与起重机	143
不同音的"老姑娘"	143
父母又称"老家儿"	144
吓唬孩子的"老蒙儿虎"	144
"老米嘴"与"棺材板"	144
"老太太钻被窝儿"	144
三种"老头乐"	144
"老油子"与"老油条"	145
接生的"白、罗姥姥"	145
"落坐"与"落座"	145
谈"愣"	145
"狸花儿"与《狸猫换太子》	146
"立马"与"回头"	146
"俩",实际上不止"俩"	146
"两样切条"与"帘子棍儿"	146
"凉窗"与侯宝林的《打灯谜》	146

今人不知"油炸蓼花"	146
铁春谈"撂活跤"	146
公安术语——"撂了"	147
值得三思的"搁车"	147

趣 谈 十 九

"溜沟子"与"拍马屁"	148
谈"六"	148
"龙多四靠"与"和尚挑水"	149
谈"拢"	149
宴会上的"搂桌"	149
失踪了的"楼鸽"	149
"露白"是什么意思	150
"万事通"和"路子野"	150
"填坑"、"首地"的"炉灰砟子"	150
母蝈蝈叫"驴驹子"	150
从"绿豆"谈起	150
手相先看"胴肌肉"	150
"麻刀"的用途	150
蚂螂网和琉璃网是一回事	151
"麻苍蝇"和"绿豆蝇"	151
"麻秆打狼"	151
"麻雷子"与"二踢脚"	151
"马鳖"今已不多见	151
"马后屁"就是"马后炮"	151
"满世界"与"打游飞"	151
"麦茬儿""麦秸""麦余子"	151
"漫天要价儿"与"就地还钱"	152

趣 谈 二 十

"忙忙叨叨"与"忙叨神"	153
谈"猫"	153
干活不能"猫盖屎"	153
谈"猫洗脸"	153
"毛孩子"与"毛丫头"	153
"毛儿八七"到底是多少钱	154

"斤半"到底有多重	154
"拾掇"	154
"茅厕""茅房""茅坑"	154
"毛兔子"与"毛脚鸡"	154
是"缺德",还是"没德行"	154
"没样儿"与"没溜儿"	154
"没有不透风的墙"	154
"没治了"现在是好词	154
谈"闷"	155
这"官"那"官""门插关"	155
"门墩"与"门划拉儿"	155
"铁闷子车"和铁道游击队	155
皮包公司与"蒙事行"	155
天凉时节吃"蜜供"	155
"面肥"与"面引子"	156
说"面嫩"	156
"胡噜脑袋算一个"	156
"磨砖对缝"的老宅子	156
"磨回头来一转弯"	156
"木鱼"京称"墨勒鱼儿"	156

趣谈二十一

谈"拿"	157
"拿得住"与"拿不起来"	157
雨后院里"拿蛤蟆"	158
"布裕褙"与"纳鞋底子"	158
谈"闹"	158
"荷塘""苇塘""泥塘"	159
谈"蔫"	159
亲妈成了"娘家妈"	159
"腻咕"	160
谈多音字"拧"	160
温室京称"暖洞子"	160
"怄火"和"怄烟"	160
谈"怄气"	160
解释"趴架"	160
"跑马"就是遗精	161

"炮打双灯"	161
蛐蛐"休养生息"的办法——"盆"	161
形容嗓音的"劈"	161
最为形象的"撇嗤拉嘴"	161
"笸箩浅儿"与"笸箩仓胡同"	161
京城老人的旧习俗——"破家值万贯"	161
泄露隐私的"破屁股嘴"	161
骂人的俗语——"鸡巴玩意儿"	162
截然不同的"噗嗤"与"铺衬"	162

趣谈二十二

"七百六十"还是"八百六十"	163
到哪儿都"欺生"	163
"七、八"组成的北京土语	163
"齐不齐,一把泥"	164
谈"起"	164
豆制品里的"千章"	164
现在看不到"钱龙"了	164
"前三抢"不是褒义词	164
谈"戗"	165
"炝锅"与"戗面"	165
"怯口"与"怯勺"	165
牵牛花中的"勤娘子"	165
不懂人情的"撅头拍子"	165
"秋老虎"与"秋傻子"	166
为什么叫"秋皮钉儿"	166
专管捡球的"球儿屁"	166
蚯蚓又叫"曲(蛐)蟮"	166
"焌锅""焌油""煸锅"	166
"全须全尾儿""养蛐蛐"	166
"仙鹤打架——绕脖子"	167
谈"人"	167
相对而言的"认脚鞋"	168
"肉"不一定都能吃	168
"撒欢儿"	169
"三合油"与"三合土"	169

趣谈二十三

"珠算口诀"与北京土语	170
毛巾变硬叫"桑棒"	170
"扫晴儿娘"与"扫听"	170
"塞带"就是刹车	170
谈"傻"	170
谈"唼"与"沙"	171
"山侃"与"山哨"	171
谈"闪"	172
谈"善"	172
"上板儿"与"下板儿"	172
谈"上"	172
"顺手牵羊"与"捎带脚"	174
我的"大婶儿妈"	175
"生虎子"与"生葫芦头"	175
婴儿便溺称"识把"	175
"使声"如同敲门	175
"屎"不是什么好词	175
"瘦竿狼"与"刀螂"	175
谈"树"	175
谈"耍"	176
"甩手掌柜的"	176
屋檐下的"水蛤蜊"	177

趣谈二十四

"水牛儿"与黄鹂鸟	178
贪睡之人"睡虎子"	178
京人不忌"睡得死"	178
谈"顺"	178
谈"说"	179
"说蹭了"与"说磕了"	180
"说出龙天表"与"大天来"	180
"说嘴打嘴"是巧合吗	180
"丝熘片炒"是点缀词	180
"死胡同"与"此巷不通行"	181
谈"四脖子汗流"	181
"一白顶天,四白落地"	181
为什么说"四六不成材"	181
"三青子"与"四棱子"	181
谈"尿"	181
"缩脖坛子"指的是人	182
"独苗"与"孙男弟女"	182
"老赖"与"锁门儿恭候"	182
"拓蓝纸"的改进	182
"跂拉板"与木屐	182
"贪凉"不是好事	182
"汤泡饭"与"糊弄局"	183
您会"搏炉子"吗	183
"糖耳朵"与"蜜麻花"	183
"掏心窝子"感动人	183
"圈套圈"的亲戚	183
好坏兼用的"忒儿落"	183

趣谈二十五

谈"替"	184
"添彩儿"是贬义词	184
书画的条幅叫"挑扇儿"	184
少笤帚苗儿的"笤帚疙瘩"	184
谈立秋的"贴秋膘"	184
老家具上的"铜活"	185
明星尽是"大秃瓢儿"	185
"娃子"是菜,不是指人	185
"瓦片儿"与"瓦碴儿"	185
"瓦蓝""雪白"和"漆黑"	185
谈"歪"	185
"昏"字京人多种说法	186
"外搭着"	186
谈"玩"	186
"围脖""围巾"与"围腰儿"	186
谈"窝"	187
谈"卧"	187
"卧槽"与"卧槽马"	187

"乌涂水"不能喝 188
"乌云盖雪"与"雪里站" 188
"一年到头"与"无冬历夏" 188
"假不指着" 188
攒馅儿的包子——您有点晚出屉 188

趣谈二十六

"五月单五"粽子节 189
"捂"字多解 189
"焐"与"误" 189
痣与痦子 190
"五马换六羊" 190
谈"稀" 190
"稀的溜儿"与"稀溜的" 190
花气"袭"人知昼暖 190
"西照"与"夕照" 191
谈"瞎" 191
有意识的炫耀——"显摆" 192
"丢人现眼"与"窝头" 192
"香" 192
心血来潮的"想起一出是一出儿" 192
《鹦鹉学舌》的"学" 192
"布菜"要用公筷 192
不服气的"斜愣眼" 193
旧时京人见老人的规矩——"斜签儿" 193
谈"懈" 193
"醒过味来"和"醒攒儿" 193
北京"兴许"和"或许"是一个意思 193
"虚让"怕遇实诚人 193
"趑遛风"又叫"小旋风" 194
椭圆又叫"鸭蛋圆" 194
蚕豆又叫"芽豆" 194

趣谈二十七

谈"羊" 195
"摇鞭"与"扬鞭" 195

"要脸"就是"要面子" 196
"爷们儿"是什么意思 196
"爷儿俩"辈分分不清 196
旷野荒郊的"野茶馆" 196
变了味的"野食儿" 196
自食恶果的"一报还一报" 197
说"一" 197
"一溜够"是多少 201
一箩到底的"黑面" 201
"重箩面"的"八一粉" 201
寿面"一窝丝" 201
叫"姨儿"要有儿化音 201
难躲的"异向" 202
"一溜歪斜"与"倚溜歪斜" 202
徒有其名的"应名儿" 202
当面介绍叫"引见" 202
谈"硬货" 202
"油饼"与"油饼儿" 202
吃饺子要用"油醋" 202
"幺娥子" 202
"刷子"有另解 203

趣谈二十八

"本事"等于"两下子" 204
"有主儿" 204
"耳房"与"余鳃" 204
"雨星星" 204
值得提倡的"圆场儿" 204
"月窠儿"里的孩子 204
"云山雾罩"不是山水画 205
"扎筏子" 205
"砸"字多解 205
"早班"不一定是上班 205
"长行市"与"行情" 205
"招猫递狗" 205
"招老琉璃" 205
"招骂" 206

"招打"	206
"稀稠"别解	206
各式各样的"针扎儿"	206
"正手"与"左撇捺"	206
"挣骂"与"抢幡儿"	206
"纸壳儿褙"与"纸褙壳儿"	206
"志子"与《郑人买履》	206
"桄线""撑线"与"轴线"	207

趣谈二十九

大人、小孩"抓挠儿"各有不同	208
谈"拽"与"踹"	208
闪避躲窥与"转影壁"	208
谈"装孙子"	208
特大号的针叫"锥梃子"	208
"滋"字趣事	209
雨露"滋润"禾苗壮	209
常开的门窗称为"走扇"	209
死胡同不可"钻"	209
谈多音的"钻"	209
从"嘴急"说规矩	210
狗、猫下巴叫"嘴盔子"	210
谈"嘴"	210
谈"喝"	210
谈"坐"	211
"包厨"与"勺子会"	211
"包车"与"黄包车"	212
剧院、茶园和"戏馆子"	212
"车份"一词又重生	212
假币比"潮银子"还厉害	212
"出科"与"出师"	212
"北漂"与"串房檐儿"	212
"春凳"与"懒凳"	212
"碎催"与"催巴儿"	213

趣谈三十

"褡裢"四解	214

"地势"与"搭街坊"	214
睡不着觉叫"打更"	214
拉"洋车"与"打天秤"	214
"大八件"与"蒲包"	215
北京城与"大城里"	215
道边的"大路棚子"	215
"大头和尚度柳翠"	215
"大云鞋"与"洒鞋"	215
"当家的"	216
男女之间的"倒贴儿"	216
"怯铛铛"	216
可怕的"断顿儿"	216
切忌"蹲膘"	216
"串门"别在"饭口"时	216
"放屁崩坑儿"与"撒尿和泥"	217
"四不像"与"海子鹿"	217
"盒子菜"的改进	217
"汤封"与"茶封"	217
"黑枣儿"两种	217
"前檐炕"与"后檐炕"	217
谈"花"	218
"活人妻"	218
抽烟用的"灰槽子"	218

趣谈三十一

今日没人再"忌门"	219
"捡沟货的"	219
"将军不下马"	219
内外城门称呼不同	219
现在还有"叫菜"一说	219
"接骨匠"与"捏骨匠"	220
"送菜"与"敬菜"	220
酒缸实际是"酒桌"	220
"扛大个的"与搬运工	220
北京人忌讳说"上床"	220
说"炕"	220
女人姘居叫"靠人"	221

微辣爽口的"辣菜" 221
"老货摊子"与古玩市场 221
九旬仙逝称"老喜丧" 222
"老会"多解 222
老妈子与老妈儿 222
"两头大"与"包二奶" 222
"俩饱一倒,舒服不得了" 222
佛事斋后要"遛斋" 222
北京城墙的"马道" 222
"路祭棚"与妙峰山"香道茶棚" 223

趣谈三十二

讲究"买卖不成仁义在" 224
"卖呆"还是"卖单" 224
"煤黑子" 224
"门房"与传达室 224
"毛女"回门——不好介,什么意思? 224
谈"门脸儿" 225
门房的小费——"门包儿" 225
"我那口子"与"屋里的" 225
"牛眼"酒杯 225
"拉皮条"旧时叫什么 225
"堂倌"就是"跑堂的" 225
"棚匠"与朋奖胡同 225
"街门""屏门""垂花门" 225
谈"蒲包" 226
侯宝林与"气死风" 226
"钱儿肉"与"钱油" 226
"请长假"就是辞职 226
"老婆、孩子、热炕头儿" 226
"人市儿"今天还存在 226
也谈"生意" 227
"捎马子"与"褡裢" 227
"好肥的骡子,好热的车" 227
侯宝林与"手巾把儿" 227
内行买卖"手比划" 227
"双脸鞋" 227

趣谈三十三

无人驾驶的"趟子车" 228
"添箱" 228
"添丁进口"的"添" 228
"剃头棚儿"与理发馆 228
旧称"贴靴",今叫"托儿" 229
我家的"袜板儿" 229
谈"吐" 229
人马驴骡都用"捎" 229
北京人不再"委冬儿"了 229
"轿夫"与"掏大粪的" 230
"瞎道儿"与"仙人跳" 230
"信局子"与"信筒子" 230
"谢亲"还礼 230
"熏鱼儿"与"猪八样" 230
"破烂儿"换"取灯" 230
"洋车" 231
"香烟洋画"与马季 231
"逛窑子"与"窑调" 231
"窑坑"正解 231
"鱼盆" 231

趣谈三十四

从"打砸抢"想起的 232
"咱掌柜的"意为丈夫 232
不同意义的找"饭辙" 232
小儿"抓周" 232
护国寺西巷的"抓大篓" 232
人不能天天走"背"字 233
旧时妇女谋生手段——做"外活" 233

附录1 234

附录2 242

后 记 245

趣 谈 一

披星戴月与"二五更"

样板戏京剧《平原作战》中男主角赵永刚有一句唱词:"披星戴月下太行,穿过了山和水,沉睡村庄……""披星戴月"是形容人日夜奔波,早出晚归,十分辛苦,北京人也常说。

但北京老人还有一个类似词,那就是"二五更","更"读"京"音,意为每天很早起床,很晚睡觉,两头看得见星星,整日忙碌的状态,并不是二更睡,五更起。

"二把刀"与两把菜刀

北京人所说的"二把刀"并不是指两把菜刀,而是对某些知识、技术不纯熟的人的贬称。例如:请姓冯的来修电视机?笑话,他修电器可是个"二把刀"。所以北京土语中的"二把刀"不能与贺龙元帅的两把菜刀闹革命的事迹相提并论。

"五指"的别称

人生来就有双手,手有五指,五个手指头儿各叫什么名字,普通话皆有官称。但北京土语对"五指"叫法奇特。大拇指叫"大拇哥",食指叫"二拇弟",中指叫"钟鼓楼"。为什么?因为老北京最高的建筑就是市中心的钟楼和鼓楼,中指最高啊。无名指也有名,叫"护国寺",大概是因为有"四"的音。小拇指叫"小妞妞"。

"五指"的别称还被编成了一首北京老年妇女教小孩唱的儿歌,老人掰着手指头教小孩说话,数数时口中念叨:"大拇哥,二姆弟,钟鼓楼,护国寺,小妞妞",最后一句用食指一点小孩的额头说:"小妞妞,就是你。"老人、儿童大笑。

"云罗"与"摆云罗儿"

"云罗"本是民族乐器,俗称"九音锣"。"九"是多的意思。将十面、十三面、十五面乃至二十四面大小相同但音质不同的铜锣悬挂在多方格的架子上,用小木槌击打,奏出音乐。

老北京说"摆云罗儿",就是形容把东西摊铺得很乱,没有一定的规律,并且所占的面积、空间很大。

谈"掰"

"掰"在普通话中是双手用力把东西分开或折断。而"掰"在北京语中加上了感情的色彩。如,这哥俩"掰"了。意为交情分开、决裂。

此外,"掰"在北京土语中还有扳、争论、分析的含义。如"生掰""掰扯"等。

"白眼狼"

"白眼狼"不是"白眼睛的狼",而是北京人说的土语,意思是"不知道感恩的人"。"白眼狼"更不一定非姓白,不管他姓冯、姓王、姓原、姓邱,总之,不管姓什么,只要他是这样的人,就可以被人们称为"白眼狼"。不过千万不要像外地朋友那样译为"白眼珠的狼"。

"扒拉"

"扒"与"拉"是两个不同的动词,前者是左右向外,后者是向内。二者合到了一块,就形成了北京土语——"扒(bā)拉"。

其解译复杂,有:①简单地炒。如:把这菜再"扒拉"一下。②分派、指使。如:我"扒拉"不动他。③拨动。如:"扒拉"煤球、算盘珠儿。④挑拣。如:"扒拉"苹果、橘子。

北京对第4种解释有个绕口令式的儿歌:买"疤瘌",卖"疤瘌",东"扒拉",西"扒拉",不买不卖别"扒拉","扒拉"烂了算谁的。

扒(pá)拉,是另外一个词,形容吃饭的一种动作。

现在谁敢"拔萝卜"

北京老人旧时对幼儿有"拔萝卜"的动作。将婴儿仰面平躺在炕上,头朝外,脚向里,下面放一方垫。奶奶、姥姥一辈人在地上用双手夹住婴儿的脸颊,呈拔萝卜状,匀速地向自己的方向拔,其目的是让孩子的脖子长一些。

过去医疗条件差,人们不太了解对孩子科学养育的知识,关键的是老人们认为这是个好事,必须拔,脖子长点好看,总比"缩脖坛子"好得多。

现在,哪一对年轻人都不会将自己的孩子再交给奶奶、姥姥去拔萝卜了!因为这里面有不科学的因素。现在多为独生子女,也没有哪个老人愿意捅这个娄(音:楼)子。不过,现在50岁以上在北京老住户出生的孩子,多有被奶奶、姥姥"拔萝卜"的经历。

"镳子"与"半彪子"

北京土语有"半彪子"一词,初来北京的人多不知何意,一听人说自己是半彪子,还认为夸自己是小老虎呢!

北京土语中"半彪子"是指那些说话、办事没有分寸、过于鲁莽的人,是贬义词。普通话中也有一个词"镳(biāo)子",但与"半彪子"无关,为"马嚼子"的两端。

相声中的"包袱"

相声里的"包袱"就是引观众笑的笑料。"包袱",是曲艺行业内部的流行术语。

"包袱"也分很多种。如:特别容易引观众笑的笑料,叫"脆包袱";不能引观众笑的笑料,叫"闷包袱";段子中的零星小笑料,叫"碎包袱";引全场观众哄堂大笑的笑料,叫"翻堂包袱";临时在表演现场找的笑料,叫"现挂包袱"。此外,还有低级下流的"臭包袱"和抖搂男女之间私情的"荤包袱"。

要做好相声里的"包袱",关键是两个字,一系,二抖。包袱里没货,怎么抖也不响;反之,包袱尽管装满笑料,抖得不脆,观众也笑不起来。

北京土语对"包袱"还有其他的解释。如老北京人将包裹东西的布叫"包袱皮儿",与所包的东西统称"包袱"。"包袱皮儿"一般为正方形,为的是对角便于系扣,现在北京的老人还在用。

"扳杠"

老北京人极爱"抬杠",土语也称"扳杠",有的人还被誉为"杠头",意为"经常抬杠的人"。当然,抬杠者动机也不一样,有人是为了证明自己的观点正确、真理在自己这边而抬杠,有人是为了长学问而抬杠。

如相声里有这样一节:甲说他最喜欢叶绍翁的七绝《游园不值》这首诗。乙请他朗诵一下。甲说第一句记不起来了,请乙提醒一下。乙说:"应怜屐齿印苍苔"。甲"抬杠"说:不对,这是第二句。乙说:第二句是"小扣柴扉久不开"呀!甲说:哪啊,你刚说的是这首诗的最后那句。乙说:第四句是"一枝红杏出墙来"。甲:不对,那第三句哪?乙说:"春色满园关不住"啊。乙明白了,合着你一句也不会啊。甲说:这不结了吗,我能不会吗?还是我教给您吧。"应怜屐齿印苍苔,小扣柴扉

久不开。春色满园关不住,一枝红杏出墙来。"经过"扳扛",甲他全会了。

好学是好事,值得提倡,但"抬杠"长学问的方法不可取,尤其是那些轻浮的年轻人。

"锛儿头"与"老米嘴"

"锛儿头"和"老米嘴"都是北京地区蛐蛐类的昆虫,但均因其不善斗及模样丑陋而被蛐蛐玩家弃于盆养之外。其中"锛儿头"因其头部比其他蟋蟀的面部高出很大一块,且面部极平,状似棺材的前部,北京小孩也称其为"棺材板"。

"老米嘴"与善斗的蛐蛐模样基本相似,很多人都不能分辨它们。二者区别在于"老米嘴"头大、脸长、牙长,全身呈土黄色,额头有白色条纹。

由于"老米嘴"根本不能斗,所以,在北京土语中,老北京人往往用"老米嘴"形容懦弱的人。北城的人还将头大、脸长、牙长的人称为"老米嘴"。

"锛儿头"头额突出,所以又叫"锛儿拉头",老北京人对有前额突出的人叫"锛儿头",对同时又深凹眼窝的人称为"锛儿头,窝眍(kōu)眼"。北京有儿歌:"锛儿头,窝眍眼,吃饭挑大碗儿,小碗儿仨,大碗儿俩,你说锛儿头傻不傻?"最后一句用食指一点小孩的额头说:"不傻,不傻。"说毕,老人、儿童大笑。

"棒槌""愚笨""外行人"

艺术家赵丽蓉在小品《打工奇遇》中有一句精彩的台词:"你真是个棒槌。""棒槌"一词在北京土语中指的是愚蠢笨拙,什么都不会的外行人。梨园行里讥讽不是行里出身又愚蠢笨拙、什么都不会的人为"棒槌"。侯宝林先生的相声《空城计》里就有他演的"四旗儿"这个"棒槌"把戏演砸了的段子。

而真正日常说的"棒槌"是一种洗衣服和洗棉制品的工具,木制短棍棒,尺二长。衣物浸泡后,用棒槌不断捶打,以去其污渍。北京有句俗语:给你个"棒槌"你还就"纫针"(认真)啦。

"包圆儿"与"打包"

"包圆儿"一词《辞海》无解,乃北京土语,意为全部、包揽、承担,有消灭、买下、扫除、清理剩余全部的含义。如买东西、干工作、消灭敌人都可以说"包圆儿"。"包圆儿"应与手语画圆圈有关。

"打包"一词是外埠传来的,估计是来自于南方或港台地区。据说上海人管理发叫"打头"。

"打"是某种动作的代词,在北方地区使用得十分普遍。如井中取水称"打水"、食堂吃饭称"打饭"、捕鱼称"打鱼"、撑开雨伞叫"打伞"。此外,"打"有"装"的含义。

南方的"打包"实比北京土语的"装盒儿"一词文明得多。因为装盒儿有死者进骨灰盒之意。

"巴儿"与"伴儿"

"巴儿"是北京女性老人叫小狗儿的声音,因北京有与之谐音的"巴儿狗""板凳狗""哈巴狗""锛儿头狗""笨笨狗"等。

"伴儿"则是人们对宫内太监的尊称,"伴儿"一词绝对是北京土语中的特产,因为南方没有故宫,也少有太监。

"伴儿"之词疑是从宫中传出的"爸"或"伯"的谐音演变。大太监是小太监的师傅,犹如父子关系,故称"爸"或"伯(音:掰)"。

"把式"不止在天桥

北京人常说"天桥的把式——光说不练"。什么叫"把式"？这里指的是摔跤、武术、盘杠子等表演艺人。这些艺人在表演前,为了聚拢观众,往往口若悬河,自述师承,大段介绍所表演的项目等。这句歇后语意为表演人员嘴上说得太多,实际的技艺表演太少。

其实,这是旧时天桥老艺人谋生的一种手段。因为天桥地区还有一句重要的警句:"光说不练假把式,光练不说傻把式。"所以,天桥老艺人既不能当"假把式",光说不练,否则观众都不来了,上哪淘换钱去？但又不能光练不说,去当那"傻把式"。练了半天,挣不到钱,全家人都得跟着挨饿。

此外"把式"一词不止用在天桥,在北京的五行八作、三百六十行里都有"把式",育花儿的有"花儿把式",盖房有"瓦匠把式",赶大车的有"车把式",就连小孩睡觉做梦都有"打把式"。

"巴掌""手套儿"与"手巴掌"

北京人用"手掌"一词引申出的土语很多,"巴掌""手套儿""手巴掌"就是其中的几例。

"巴掌",是指一种只有三个手指套的大棉皮手套,这种"巴掌"大拇哥占一指套,二拇弟占一指套,钟鼓楼、护国寺、小妞妞三个手指合用一个大指套,"巴掌"是旧时养鹰人用的专用工具。

"手套儿",是因为北方冬季很冷,人们为了御寒而发明的。手套由厚到薄,逐渐成为保护、装饰手的一种生活用品,有单、布、夹、毛、棉、皮等多种种类。应该说"手套"一词是由东北地区或满族人"从龙入关"时带过来的。所以在1989年出版的《辞海》里都没有"手套"这个词。注意,薄厚的手套叫法不同,较厚的手套多不带儿化音。

"手巴掌儿",就是北京内城人对"手套"的另一种地域性叫法。

此外,北京还有一种妇女及老年人冬季取暖用的棉皮筒式"手揣子",后文专述。

"借光"与"借光儿"

"借光",是北京人典型的礼貌用语,表现在向他人询问或请求事物之前的开头语。如:"借光,请问上百货大楼怎么走?"即使不是要求出力帮助,如请人让让路,向人问路,或向人借火点烟时也会用到。与其同义的还有"劳驾"一词。

此外,小饭馆跑堂的伙计常常高喊:"借光!慢回身,蹭油了您哪!"

据说"借光儿"一词是从"借光"引申出来的。经过儿化的"借光"发生了质的变化,甚至变成了贬义词。二者虽一音之差,但意义截然不同,这就是北京儿化音的特点。

"借光儿"在北京土语中意为:因别人而使自己得到了一点好处,得到了一点方便,得到了一点利益。当有的人家得到多的利益或得到了多的好处时,甚至说出:"借您大光了",以表示感谢。

历史上成语典故有《凿壁偷光》一节,说的是汉代匡衡家贫,凿壁偷光照读,后以"凿壁偷光"比喻勤学。北京土语中的"借光"应源于古人匡衡借光读书的典故。

我们这一代也有"借光儿"的故事。20世纪50年代,北京人家都不十分富裕,家里点的灯泡多为15"烛"(15支标准蜡烛的亮度,也就是今天的15瓦),最多25瓦。平时还不敢长时间开,美其名曰:怕招蚊子。灯只有来客人和逢年过节时才开较长的时间。但我们晚上的功课(家庭作业)还都能完成。一是老师留的功课不多,下午即可完成。二是要等到晚上在路灯底下去做,成了真正的"借光儿"和今天的匡衡。

谈"背影儿"

"背影儿"的全称是"背灯影儿",意为灯光照不到的暗处或背着灯光的暗处。"背影儿"在北京土语中还有一种解释,即从较远处看到人后身儿不清晰的轮廓,如:我就看见他一个"背影儿"。

"绷"与"绷弓子"

北京土语中有一字读"绷",普通话意为拉紧或猛然弹起。而北京土语将"绷"引申出了"绷劲""绷劲儿""绷一会儿"。包括稍等、较量、坚持、分开、屏住、矜持等近十多种京味土语含义。

与"绷"最有关系的物件莫过于小时候玩的"绷弓子"了。"绷弓子"正名叫"弹弓",是北京小孩用铁丝(北京叫豆条或8号铅丝)、树杈及橡皮筋儿(北京叫猴皮筋儿、牛皮筋儿)组成。而成年人用的"绷弓子"则用医生听诊器的橡胶管代替皮筋,杀伤力很大。

此外,北京还有一种"绷弓子",就是门与门框之间的门簧,是金属做的,环曲状,也叫"绷簧",穷人家多用自行车里带(内胎)来代替。

风筝与"镖砣儿"

放风筝,是老北京男女老少都喜欢的迎春活动,官名叫"放纸鸢"。北京所放飞的风筝样式多为黑锅底、大沙燕儿、瘦腿、蜈蚣、蛤蟆咕嘟、小屁帘等。由于旧时北京的街巷胡同很窄,所以放飞的风筝在天空中要跨越数条胡同和院落。于是胡同里就出现了少数打着坏主意的成年人。这些人用一条长长的渔线绕在一个瓶子上,渔线的另一头拴上一个梭镖头或大螺丝帽等重物,自称"镖砣儿"。每当稍垂下的风筝线跨越胡同和院落的上空时,这些坏小子便向上抛起手中的"镖砣儿",将天空中的线带下来,然后迅速剪断,拿起风筝,快速跑掉。待放风筝的人绕过几条胡同敲开街门时,坏小子早已跑得无影无踪了,院里人也会装傻充愣,一问三不知。这种损人利己的恶作剧多半是地痞、混混儿和成年人干的。

潘家园与"憋宝"

北京有个旧货古玩市场叫潘家园,每周六、周日到这里"踅(xué)摸""憋宝"的行家络绎不绝。"踅摸""憋宝"这两个词都是北京土语。

"憋宝",意为较长时间搜寻宝物或等待古物的出现,尤其是在古旧货的地摊上。"踅摸"意为用眼睛寻找和搜寻。"踅摸""憋宝"是最有代表性的北京土语,但笔者总觉得"踅摸"在很大程度上有贬义的成分。

从字体读音谈起

北京土语有一字极有特色,特别讲理,那就是"甭"。何为"甭",就是不用,不必。"不用"俩字凑在一起就有了北京土语的"甭"。

同样也有不讲理的,火烧甘(干)木头凑在一起应为"炭",张思德就是烧炭牺牲的。山底下蕴藏的灰应是"煤"。不讲理的是火甘木三字合起来念"煤",反之山灰两字合起来倒念"炭"。您看合理吗?这是相声大师侯宝林先生说的。

穿的"脖领儿"与吃的"脖领儿"

"脖领儿"是北京土语,解释有两种,但意义截然不同。

一是衣服上的"脖领儿",是衣服的重要部位,相当于捕鱼撒网的网绳与网的

连接处,"纲举目张"的纲。我们提起衣服,其要领就是提衣服的"脖领儿"处,否则您提衣服的任何一个部位,衣袖、衣角儿、后摆、前襟儿,都不会有提"脖领儿"的效果。

"脖领儿"第二种解释是吃的"脖领儿",一吃一穿,差别多大。吃的"脖领儿"是指羊肉中脖子的那部分,吃时以涮、爆最佳。

"脖领儿"一词只限羊肉,其他肉类均不适用。

"不求人儿"和"老头乐"

"不求人儿"在北京人嘴中叫"痒痒挠儿",是一种竹子做的挠痒痒的工具,北京人几乎家家必备。其头部状似小手,因"痒痒挠儿"为老年人的手增加了长度,为老年人解决了后背挠痒痒的实际问题,所以北京人又将"痒痒挠儿"叫"不求人儿"。

"老头乐"一词有三解:一为前述,即"痒痒挠儿"。二为一种棉制的棉鞋,无鞋带,冬天穿上极为暖和、轻便、舒服,北京土语称"骆驼鞍儿毛窝"。三为一种粉红色的水果,极酥,类似香果,适合老年人食用。

禽类的"踩蛋"与二八月"闹猫"

北京土语中有"踩蛋"一词,指的是禽类的交配,禽类的"踩蛋"还有一个好词,叫"踩绒"。在家养的禽类中,主要表现在鸽子、鸟、鸡、鸭、鹅等有翅膀的禽类。上述这些禽类即使没有雄性的一方,雌的也照样生蛋,但没有被雄性踩过的蛋不能孵出新的生命,禽类的"踩蛋"实际就是雌性受精的过程。

"闹猫"同样是指郎(公)猫与米(母)猫的交配,时间多在农历的二八月。每逢闹猫时节,郎猫、米猫夜间在房脊上哀鸣不停,凄惨至极,令人难以入睡。常常是八九只猫在一起,地域常常覆盖前后几条胡同。"闹猫"这句北京土语至今还在用。如:时下不少青年男女在公众场合下又蹦又跳,又唱又叫,做出一些过分亲热的不雅举动,全然置他人于不顾。在老年人看不下去的情况下,往往会说:又"闹猫"了,"闹猫"还分二八月哪,现在年轻人闹起来可就什么都不管不顾了。

说"汽碾子"

"汽碾子"一词是老北京人对老式蒸汽压路机的一种爱称。碾子本是石制,以碾压粮食为主。而旧时铁制的机械蒸汽压路机在碾压马路工作时,时时喷出强烈的水蒸气,所以,老北京人根据其形象、特征、功能,为蒸汽压路机起了"汽碾子"这个雅号。"汽碾子"的诞生,解放了大量的劳动力。过去有一首聂耳写的《大路歌》,唱的就是穷苦的劳动者拉着碾子碾压马路的场面。

北京有一句歇后语:汽碾子轧罗锅儿(指驼背人)——死也直了。在这里,

"直"应该被谐音的"值"字所取代。此外,老北京人形容胖、体重大时也戏称为"汽碾子"。

秋后喜摘"猪耳朵"

"猪耳朵",并不是真正的家畜猪的耳朵,而是一种从外地传入京城的扁豆。因这种扁豆扁平且宽,状似猪垂下来的耳朵,所以北京人称这种扁豆为"猪耳朵扁豆"。这种扁豆很奇怪,越到晚(音:完)秋,它长得越快,果实越多且丰满。

在北京众多的扁豆品种中,只有"猪耳朵扁豆"名副其实,因为只有它的形状是扁的,其余品种外形多为棍儿状,根本不扁,应称"棍儿豆"才对。此外,北京地区还有外埠引进的蛇形状的蛇豆。

不过,这种"猪耳朵扁豆"食用时有一种怪味,很多北京人不习惯。

"不拉唧"与"布拉吉"

"不拉唧"是由"差不离"一词演化而来的。意为差不多,还行,凑合,勉强,不赖。

"布拉吉"则是外来语,据说是苏联的连衣裙。北京人巧妙地将"差不离""不拉唧"与"布拉吉"三个词组联系在一起,这倒也是个创意。

"小热儿""大麻唧"与"伏天"

北京人管蝉叫"唧鸟",生长在北京地区的蝉,种类单调,只有5种,北京老人按生长和生存季节分别取了不同的土名,趣谈如后。

(1)"小热儿":一种体型最小的蝉,体长2厘米左右。灰色,最早出现在农历谷雨前后。此时北京地区刚刚进入初夏,天气稍热,又因其鸣叫声为"热儿热儿",所以北京人称这种小唧鸟为"小热儿"。

(2)"大麻唧":盛夏时节,在"小热儿"即将消失的时候,"大麻唧"登场了。"大麻唧"在北京的蝉类中体型最大,长约4厘米,全身墨黑,主体很像屎壳郎,其叫声大得惊人,北京人所说的"唧鸟"指的就是它。天气越热,"大麻唧"叫得越欢,很影响人们睡午觉,轰都轰不走。老舍先生在《骆驼祥子》里对"大麻唧"有文字记述。

捉"大麻唧"的方法很多,有粘、套、轰、抓、挖等,其中轰的办法是从南方传过来的。南方人有吃蝉的习惯。夜间在树下点燃火堆,人再上树驱赶,蝉会直奔火光而去。"唧鸟"幼时的外衣蝉蜕,可入药。北京民间的老艺人会用蝉蜕做京味的工艺品——毛猴,惟妙惟肖,很是逗人,现已列入非物质文化遗产,值得收藏。北京人对"大麻唧"既生气又嫉妒,有"屎壳郎变唧鸟——一步登天"的俏皮话。

(3)"伏天":立秋将至,北京地区又出现了另一种蝉——"伏天儿"。"伏天

儿"体型中等,瘦长,全身呈绿色。长相与叫声均可爱,音为"伏天——伏天——",它也是因叫声而得名。"伏天儿"极不好逮,稍一靠近,便撒尿飞走。"伏天儿"一出现,就说明北京的天气该数伏了。

此外,北京地区西北郊的山区里还有两种叫声特殊的蝉。一种是香山卧佛寺樱桃沟里的"乌云哇",一种是北部山区的"山唧鸟"。这两种唧鸟属于地域性的,所以北京城里不多见。

儿童的猜拳——"瓶丁壳"

"瓶(cèi)丁壳"又叫"石头、剪子、布"。"瓶丁壳"三字相当于赛跑前的提示语;"预备——跑",或行动前的喊号:"一二、三。"

"石头、剪子、布"是少儿划拳游戏的一种方式。其中"石头胜剪子",因为石头可以磨剪子,"剪子胜布",因为剪子可以剪断布匹。"布胜石头",因为布可以包住石头。三者相生相克,相互制约。此外还有官府怕毛子、毛子怕百姓、百姓怕官府,三者同样相生相克,相互制约。

捉迷藏又叫"藏矇儿哥"

"捉迷藏"是官方语言,南方称之为"藏猫猫"。北京之所以叫"藏矇儿哥",可能是因为这个游戏适合男孩子玩,加上游戏一开始先将寻找人的眼睛蒙上,所以出现了"藏矇儿哥"这个北京土语。

"藏矇儿哥"活动的场地并不大,多在大杂院或四合院中某一指定的范围内。以四角、树后、鱼盆、门后为最佳藏处,藏者最先被发现者为输家。

占小便宜的"蹭"和"蹭将"

"蹭"的本意,是轻轻擦过而沾上。如饭铺里的店小二经常喊:慢回身,蹭油了您哪! 而在北京的土语里,"蹭"字就变了味,出现了讽刺那些该付出代价而不付,从而达到占小便宜的人的意思。如:这人倍儿抠,尽抽蹭烟。引申出来的还有听蹭戏、吃蹭饭、喝蹭酒、坐蹭车、听蹭书人等。

经常占小便宜的人被人们称为"蹭将"。

流氓聚众打架——"插盘"

旧时北京街面上的坏小子聚众打架叫"插(音:茶)盘","插盘"一词来源于天上飞的家鸽。家鸽每逢被主人轰起后,多围绕主人的房屋上空转,状如圆盘。飞到远处又飞回来的鸽子称为"走趟"。此时如有其他鸽群插入,谓之"插盘"。有的鸽子不辨方向,易随大流儿而误落他家,故鸽子一插盘,就会发生纠纷。

北京街头的流氓坏小子为当地一霸,有着自己的地盘,当别人进入自己的势力范围内抢场斗胜时,两方势力就会发生斗殴,京人谓之"插架""插盘"。

男人蓄发与"长毛僧"

"长毛僧",是指长时间没剃头(理发)而又不梳理的男人。僧原指佛门弟子光头的出家人。僧人蓄发,不成体统。而北京有些孩子护头,不愿理发,发长过耳还不肯理发,也不梳理。北京老人常说这样的孩子是"长毛僧"。

"长毛僧"一词与道家蓄发无关。

旧京四"腻"(酒、茶、澡、书)

"腻子"本是用桐油、石膏、松香混合在一起的泥状物,用于填补木器家具、建筑木构件的缝隙、空间而用。但北京人对"腻子"另有别解,主要表现在"腻"字的腻烦、腻味、厌烦、讨人嫌等方面。

"酒腻子",是指常在酒馆里久坐,以饮酒来消磨时间的人。"酒腻子"分文武两种,文"酒腻子"是能让掌柜容得下的。这种人一碟儿豆,甚至一块水果糖,都能喝二两白酒,腻上半天。文"酒腻子"仁义,当看到酒铺客人多时,便会起身,向掌柜的主动告辞。当酒铺人少时,他在酒铺里有站脚助威的意思。武"酒腻子"很招人讨厌,一沾上二两猫尿就胡说八道,甚至连他亲爹都骂,本人就亲身经历过。这种人很影响酒铺生意,掌柜的和常客对武"酒腻子"相当反感。这种人没皮没脸,今天骂完大街,明天照来不误。

"茶腻子",是指常在茶馆里久坐,以饮茶来消磨时间的人。这种人多无工作,好逸恶劳,因有积蓄,不怕这辈子坐吃山空。一壶茶喝白了再沏一壶,其间就着小点心,大有旗人的派头。

在茶馆里还有一些人,他们以喝茶为幌子,在茶馆里打听工作。不过,当他们赚到钱后,会单请掌柜的吃饭或给一些酬劳。

"澡腻子"是指常在澡堂子(浴池)长时间滞留,以泡澡为由来消磨时间的人。旧时北京澡堂子比较多,伙计大多数是河北定兴人。当时北京人生活条件并不富裕,穷人洗不起澡堂子。有富足者以常能在澡堂子里洗澡为骄傲。这些人从一开门的清汤开始,到下午三四点钟起身,中间泡三回澡,睡(俗称:闹)两个觉,续四次茶,吃两包点心,一天都腻在澡堂子里,害得别人长时间排队等候。于是澡堂子里出现了"脱筐"这一专业名词。整整一天,澡堂子从"澡腻子"身上赚多少钱?两角六分。这两角六分里还包括洗澡水、喝的茶水、设备提供和优质服务。

"书腻子"是指常在书店里久看而不买书,专在书店耗时间的人。这种人家里并不穷,也不是买不起书,就是想消磨时间,于是就打起了到书店里看书的主意。这种人一天两趟泡在书店里,书翻了个一溜够,一本也不买。书店的老板和伙计都讨厌甚至恨这种人。因此"书腻子"不是指做学问和求知的读书人,说的是专在

书店耗时间,把书店当成图书馆、阅览室的人。

"抄家货儿"本是褒义词

"抄家货儿",本意是指在市场里出售的别人因迁居而廉价处理的木器家具之类的物品。其实,这些"抄家货儿"都是好东西,人家要不是因为搬家,是绝对不会出手的。

即使是在"文革"初期,"扫四旧"的红卫兵抄家时,那些"抄家货儿"也是硬货,甚至是祖传数代的传家之宝。

抽、打、走、离都叫"撤"

北京话里有这么一个读音"撤",正规是"撤退"的意思。

而北京土语另有别解,"撤"有"抽""打"的含义。如"撤"他两嘴巴子。同样,"撤"还有"走"和"离去"的含义,比如:这儿人太多,咱们先"撤"了吧?京味的"撤"多不与"退"字合用。

仗势欺人的"车后喘"与"车豁子"

旧时,狗仗人势、仗势欺人的现象比比皆是,以官吏和大宅门的奴才为甚,"车后喘"与"车豁子"就是这些狗仗人势、仗势欺人的人的代表。"车后喘"与"车豁子",是北京老人对这两类奴才最为精辟、形象的叫法。

旧时官吏要坐马拉轿车,马车跑得飞快,前呼后拥的下人在后面紧跑,待主人要下车时,这些气喘吁吁的下人才赶到,"车后喘"就是指的这些人。

"车豁子",则是指民国年间,北京地区有了小轿车后,为主人轿车打杂的小厮。车轿未动,奴才先行,驱赶民众,最后这种奴才落了个"车后喘"与"车豁子"的雅号。开车的驾驶员不属于这两类,所以今天有些文化素质不高的司机将自己比喻为"车豁子"是不对的。

趣 谈 二

女人也能当"大爷"

　　普通话中"大爷"("爷"字轻读)是男性的专称,官称"伯父"。可是在北京城里,女人也能当"大爷"。为什么? 北京城里旗人居多。旧时旗人习武,旗营里的女人可以像男人一样骑马射箭,像男人一样磕头拜把子,可以像男人一样称兄道弟,所以旗营里的女人也称"爷"。更有旗人管姑姑叫"姑爸爸"。20 世纪 50 年代,北京的女孩子与男孩子一样按大排行称呼,排四称"四爷",排七称"七爷",所以北京平辈人也称"爷"。"文革"初期"扫四旧",北京女性之间称兄道弟的称呼逐渐消失了。

　　此外,北京土语里还有一个词——"沉屁股大爷(此处'爷'字读二声)",是对到别人家串门久坐不走的人的统称。这种"大爷"的称呼不分老幼,不分男女,都适合。

　　社会上的"混混儿"也自称"爷",张爷李爷地叫着,带有十足的江湖气。如果把大爷读成"大(de:变音,普通话里无此发音)爷",那么这时的"大爷"就是王八、乌龟的意思了。

"斜尖炕"与"瞪眼食"

　　"斜尖炕"与"瞪眼食",都是形容旧时落魄之人受他人凌辱的情景。"斜尖炕",指的是墙犄角,本是猫狗睡的地方。"瞪眼食",则是猫狗吃的猪、驴等"下水(五脏)"里的囊脐,等于是猫狗食。猫狗都是"护食"的动物,当它们在吃食的时候,任何人到它们面前,它们都会瞪眼、龇牙,以示对食物的保护。所以,北京人称猫狗吃食为"瞪眼食",甚至用此来形容挖苦社会上贫苦劳动者吃饭时的姿态,生怕别人抢了去。

　　至于"瞪眼食"是旧时一种煮熟的零碎猪肉食品,顾客在小贩"瞪眼之下而食"一说,查无依据,乃是市痞嘲骂小贩的笑料而已。

为"赤包"更名正誉

一提"赤包",大伙儿就会有反感,因为话剧表演艺术家李婉芬在《四世同堂》里扮演的大"赤包"太形象了。再有人演大"赤包"想超过李婉芬大师的表演实在是太困难了,没有二三十年的舞台经验是断断不行的。

"赤包"是北京四合院里长的一种蔓生植物的果实,它不能吃,学名叫王瓜或土瓜。果实秋后呈红色,赤即红。所以,北京人常用"赤包"比喻脸色发红的人。孩子们经常用手揉捏"赤包",使"赤包"皮薄如纸,连里面的籽都能看得清楚。

"赤包"在北京还有一个土名,叫"赤咕捏儿"。"咕"为轻抚,"捏"为压力,这个名字很形象。不过绿色、硬的"赤包"也能变软,办法就是把它放在米里埋起来,三五天后就会变软,但不红,呈灰白色。

有"翅儿"的不一定会飞

翅膀是用于飞翔的,刚解放时,北京老人见到天空上的飞机还管机翼叫飞机翅膀呢。北京地区很多带翅膀的昆虫、鸟类都会飞,如:蝗虫、喞鸟、天牛、蜻蜓、乌鸦、麻雀、燕子等,就连蚂蚁都会飞。

然北京土语里的鼻子"翅儿"就是个例外。北京人管鼻孔两侧突出的部分叫鼻子"翅儿",例如:孩子发烧,满脸通红,鼻子"翅儿"直扇呼。

"冲盹儿"与"打瞌睡"

外地人一定听不懂北京土语中的"冲盹儿"这个词。因为从字面是根本看不出来"冲盹儿"与睡觉有什么关系。实际上,"冲盹儿"就是短时间非正式的睡觉,而且睡觉者多为坐着睡,类似普通话中的"打瞌睡"。如少数司机开车"冲盹儿",个别干部开会"冲盹儿",甚至人在困急了的情况下,骑自行车都能"冲盹儿"。

"臭棋篓子"

北京人管下象棋差的人叫"臭棋篓子"。"臭棋"还挂上个"篓子",可见臭的程度。

小时候,我家隔壁(界壁儿)住着董叔,工余时间,酷好下棋。上班、吃饭、睡觉、下棋是董叔一天24小时的四重奏。董叔下棋虽臭,然从不恼怒。最大特点就是允许别人悔着、缓棋,而自己却坚持"摸子走子"的原则。所以董叔和别人下棋七八年来很少见他赢过。全宿舍142户人家没有不知道董叔是"臭棋篓子"的。

当我读中专时,电车公司北厂举办了一场象棋比赛,董叔得了冠军。问其秘诀,董叔说:平时下棋,"得饶人处且饶人",至于正式比赛,那是另一码事,有裁判管着哪。董叔这位"臭棋篓子"真是"真人不露相"。

"抽斗"不是"抽屉"

"抽斗"和"抽屉"就差一个字,而且抽屉又是斗形,那么"抽斗"是不是就是"抽屉"呢?

在北京土语里"抽斗"和"抽屉"是截然不同的两个词。"抽屉"是名词,是物体。"抽斗"是动词,是一种动作,而且这种动作极不礼貌。在有些场合和针对特殊对象时,"抽斗"被列为下流动作。

"抽斗"是一种轻佻行为,将食指弯曲,用来兜别人的下巴尖儿。如果男人给女人来个"抽斗",您觉得是不是太过分了!

此外,"抽屉"二字前面不能加"拉"这个动词,"拉抽屉"在北京土语里是贬义词,是"说话不算话"和"反悔"的意思。下象棋的悔棋就是"拉抽屉"的表现。

"吹喇叭"是"哭"还是"吃"

"吹喇叭",在普通话中是高兴的意思,大概是因为吹唢呐时的曲牌高亢、欢快,动作俏皮。然而在北京土语中"吹喇叭"是哭、死亡或吃的意思。

(1) 哭:学龄前小孩(2~6岁)放声大哭。

(2) 死亡:告诉您,昨天夜里袁家老二"吹喇叭"了。

(3) 吃:用烙饼或大张薄饼把菜肴和肉卷起来吃的一种吃法。

"死亡"一词,在北京土语里说法极多。下面词语说的都是"死亡"的意思。

吹台、吹灯、吹灯拔蜡、撂挑子、呜嘟嘟、呜丢丢、打老鸹、打卦、叭噔仓、嘎锛儿了、烧了、蹽了、蹽腿儿了、过去了、死鬼、翻白眼了、不在了、窝回去了、完蛋了、弯回去了、没脉了、没熬过去、抹脖子了、岗屁、屙儿了、屙儿屁、屙儿屁跟铛大海棠、屙儿屁着凉大海棠、没气儿了、完了、无常了。

旧时"热得快"——"水余儿"

现在人为了喝点热开水多使用"热得快"。将简单的"热得快"插入暖水瓶,通上电,十几分钟水就开了。先进的"热得快"还有汽笛报警装置,"热得快"的诞生无疑是科技进步的表现。旧时北京也有"热得快",只是用火不用电。这种"热得快"在北京叫"水余儿"。

"水余儿"是一个有把的细长小铁筒,内装少量的水,可以深深插入炉火内,这时煤球炉膛内火力最强,两三分钟就会把铁筒里的水烧开。家里来个客人沏茶很方便。

"水余儿"是铁匠用洋铁皮敲打而成,其手艺正名叫钣金工艺。贫苦人家多用罐头盒来代替。北京老人每天早晨下炕后的第一件事就是坐"水余儿"沏茶,再上茅房。回来后洗脸漱口,喝茶吃小点心。此时喝茶美其名曰:"冲龙沟。"

"错窝也下蛋"

北京有一句重要的土语——"错窝不下蛋",意思是正在下蛋的鸡、鸭、鸽子挪窝以后,不熟悉新的环境,短时期不爱下蛋。后来引申为说人,"错窝"说的是挪窝儿,错开,意思是换了单位,换了工作,换了环境。这是北京老人教育年轻人安心工作的一句老话。认为这孩子在单位表现不好,领导不待见,自己混不下去了,才要求调动工作或单位。

现在不同了,挪窝越勤,工作单位换得越多,就越显得这主儿有能耐,有路子,后门硬,路子野。"错窝不但下蛋",而且窝换得勤,蛋也下得勤,只不过蛋的质量不一定好,要不他为什么老换窝呢?

有些人离开自己的床铺,在新的环境中(即使是五星级宾馆)就睡不着觉,这时也会自嘲:"错窝不下蛋。"

《夜行记》中的"打嘘"

有些人在公众场合下,不注意自己的形象,大声喧哗,喧宾夺主,影响他人。如在观看演出、上课、开会、听报告、医院看望病人时,人们为了提醒这种人,常常做出"打嘘"的动作。"打嘘"时,右手食指竖立在嘴前,双唇合拢,口中发出嘘的声音,示意不要说话,请安静。相声夜行记里有一词——"打嘘"。捧哏的郭启儒大师还特别做了动作。

蟋蟀身上的北京土语

掐:掐架,双方决斗。

大夯:大腿。

大扎枪:"三尾(yǐ)儿",母蛐蛐的输卵管。

盆:较长时间的休养生息。

蚵思:蛐蛐交配时的一种小声吟叫。

挂蛉儿:交配成功后母蛐蛐尾部挂的白色透明物,椭圆状,小米粒儿二分之一大小。

大三尾(yǐ)儿:母蛐蛐。

二尾(yǐ)儿:公蛐蛐。

飞禽:长翅膀能飞的蛐蛐,棺材板儿、老米嘴、油葫芦等类也有"飞禽"。

探子:诱引蛐蛐相斗的一种工具。竹扦为柄,长约尺二,一头缠绕耗子胡须。此外北京地区有一种探子草,可做简易探子。

开牙:蛐蛐张开牙齿的动作。

过笼:陶土做的小房屋,能放进蛐蛐罐里,小房屋顶部如扇形,两侧留有蛐蛐出入口。

弹:蛐蛐大腿向后、向侧踢。

水牙:蛐蛐大牙前面的短白须,是蛐蛐洗牙的手和毛巾。

抱爪:蛐蛐的四只小前爪。

厘:蛐蛐的体重。

翅:较宽的摩擦鸣声的翅膀。

百日虫:蛐蛐的存活时间约三个月,故得名"百日虫"。

脱壳(qiào):幼虫进化为蛐蛐的最后过程,此后为长满翅膀的成年蛐蛐。

秧子:没长翅膀的幼虫,不会鸣叫。

分(代替字,有音无字:fēn):繁殖。

拉拉胯:蛐蛐大腿不会弯曲,拖拉行走。

蛐蛐:北京地区称呼蟋蟀的土语。

"逮老"与"冰壶"

前几天电视里介绍冰壶运动。细看,方知与儿时的"逮老"有异曲同工之妙。旧时北京男孩子有一种游戏,土语叫"逮老"。那时儿童游戏单调,故"逮老"是男孩子地面三大游戏之一(另二为弹球、拍洋画)。

游戏前,先在平地上画一直径80~100厘米的圆圈,称为"锅"。游戏者往锅里放同样数量的三角(香烟盒叠成)或洋画,高层次的为铜钱。在距离锅六七米处画一直线作为投掷"老"的起点。"老"是一瓦片,用"老"将锅中的三角、洋画、铜钱砍出,砍出的归自己。如果"老"停在了锅里,等同自杀,俗称"嗝儿屁",自动退出比赛。

投掷"老"有很高的技术性,如果想让"老"停,就让瓦片凸面向上。如果想让"老"快速滑行将锅内的三角或洋画、铜钱砍出而"老"又不停在锅里,那就让瓦片凹面向上。

成年人并不认为此游戏是赌博,故儿童"逮老"游戏得以盛行。"冰壶"与"逮老"胜负相反,停在圆圈内反而得分。现在打麻将牌的"三归一",北京土语叫"卷包",又叫"拘锅",其名词来源与"逮老"的锅互有联系。

"挪骚窝儿"与"倒骚"

"挪骚窝儿"是北京人育儿习俗之一,指婴儿满月后,到姥姥家或亲戚家去住一段时间。目的是换一个新的地方,换一个新的环境,呼吸另一种新的气息,同时寓意见见世面。

与"挪骚窝儿"同有"骚"的"倒骚",则是没必要的频繁搬家或挪动物品,是贬义词。

出尔反尔与"打耙"

北京有句土语叫"打耙",意思是已经承认了的话,随之又改口不承认、不认账。相当于普通话中的"出尔反尔"。爱"打耙"的人多无诚信。

师傅的"大炮"

北京土语中的"大炮"实际是自己手工卷的叶子烟卷。我初工作时,为了能与师傅下棋,先定"屈辱"条约。约定我每输一盘,自愿为师傅卷"大炮"10支。现在这种大炮卷烟依然存在,一是经济上省钱,二是掺兑的各种原材料有比例,浓淡程度可自行调节。

我师傅的烟丝是这样做成的,先将大片烟叶一张一张码齐,一寸厚时,上下用三合板及螺栓固定,然后到木工处用刨子连三合板一片一片地刨下来,形成烟丝。办法虽实惠经济,但太费事,美其名曰——好抽。其实,归根结底是那时候工人没钱,师傅退休时,工作43年,才挣63块5。当然,这是62年前的事了。

"打水漂儿"与挥霍钱财

"打水漂儿",是人们在岸边向水面砍抛石片的一种游戏。用薄石片或瓦片向水面平平砍去,石片或瓦片可在水面上连续跳跃多次,甚至十多次。北京土语中的"打水漂儿"指的是付出了代价,但一无所得,只落得淡淡的水圈瞬间消失。

"挥霍钱财"与"打水漂儿"不完全相同,因为说"打水漂儿"的人自身还寄托着得到一定的回报的愿望,而挥霍钱财实则吃喝玩乐,毫无回报可言。

"吃豆儿攒屁"

"吃豆儿攒屁"是北京土语中最为精辟的话。豆类食品是能在腹中产生气体的食物,据老北京讲,以炒黄豆为甚。腹中存了许多气,屁自然就生成了。

屁多无用途,故老北京人常用"吃豆儿攒屁"来讽刺那些口头上说积攒钱物而什么都攒不下的人,这种人基本上有好吃好喝的特点。

《车轮滚滚》与"打眼儿"

"文革"初期,看过一个批判电影片,名字叫《车轮滚滚》,内容是解放战争时期解放军押送国民党俘虏的事。片名为什么记得这么牢,是因为北京有一句土语——"打眼儿"。

何为"打眼儿"?就是用砖石、木头、草帘子、衣服之类的物品抵住车轮,防止车轮前后滑动。贾平凹的散文《黑龙口》中有"雪却积起一尺多深,车不时就横了身子,旅人们都得下车,前面的铲雪,后面的推车,稍有滑动,就赶忙抱了石头垫在轮子下"的文字。石头垫在轮子下就是北京老人说的"打眼儿",防止车轮打滑。现在汽车修理厂有三棱木墩子做的"打眼儿"用的专用工具。"打眼",是另一个词儿。意思是看错了,没看准。多用在文物鉴定上。

"捉迷藏"与"得利利"

"捉迷藏"就是南方小朋友的"藏猫猫"。众人藏,一人找。什么时候开始找取决于藏者喊"开始"。北京的孩子通常喊"得利利"来表示好了。据说"得利利"一词源于蒸煮饭菜。孩子们常向大人们问:饭做得了吗?答:没做得或得了,后来演变成了"得了了"和"得利利"。

鱼吃食的"戙"与侯宝林

鱼轻微地吃食叫戙(dǔn),"戙"属于代替字。侯宝林先生在相声里提到北京人对吃的多种称呼,有开了、垫补喽、餐喽、啃喽、销喽、顺喽等,其中还有戙喽。"戙",实际上是口吞两字的组合,有音无字,当"轻咬"和"吃"讲,在这里形容人像鱼吃食的动作。鱼吃食时,并不是一口吞掉,而是先试探地"戙"几口。再有当鱼食大于鱼嘴时,鱼儿往往先戙几口,把食啄小了再一口吞掉。现在"老北京"钓鱼时常说的一句就是"有鱼,不大。您看又'戙'了两口"。

一路红牌"铛铛车"

北京老人管有轨电车叫铛铛车(铛应该读"diāng",属于变音,普通话里没有"diāng"的发音),而不是当当车。因为电车上的大铜铃铛在行驶时,发出的声音是"铛铛"的声音。

我是吃电车公司白饭长大的,和老祖、爷爷老少四代都曾住过电车公司北厂(一路红牌修理厂)、太平庄电车宿舍。所以我们对"铛铛车"有十分深厚的感情。

何为一路红牌?旧时有轨电车只有六条。即一路红牌:西直门—天桥。二路黄牌:北新桥—天桥。三路蓝牌:西四牌楼—东四牌楼。四路白牌:太平仓—北新桥。五路绿牌:宣武门—崇文门。六路黑牌:和平门—崇文门。

满族人管姑叫爸爸

北京的女人能当爸爸,这可不是新鲜事。为什么?因为老北京人以满族人居多。满族的女人是大脚片,照样拉弓射箭,骑马打仗,结拜兄弟,领取俸禄。满族的姑娘还能进宫,给全家带来福音。

所以满族人将姑姑与父亲同样尊重,甚至姑姑、姑奶奶的威望比父亲、比姑爷爷还高。因此北京就有了"姑爸爸"这一称呼,至今有的老北京人家还在沿用。

"顶灯"与"跪搓板儿"

我说的不是屋顶上的灯,也不是杂技团里表演的顶灯节目。在北京土语中,"顶灯"是一句开玩笑的噱语,是指男人在家里受老婆的惩罚。男人头顶油灯碗,身体笔管条直,只许老老实实,不许乱说乱动,否则碗里的油就会流到脖子上。

女人惩罚男人的手段除"顶灯"外,还有相辅相成的"跪搓板儿"。"搓板儿",官称洗衣板,北京人叫钱板儿、搓板儿。因"搓板儿"上面有沟痕,双膝跪上极硌得慌。这好,一头上,一脚下,女人把男人上下全管了。

其实北京男人旗人多,多不讲理,在家里油瓶倒了都不扶,都是"大爷"。所以,根本不会发生"顶灯"和"跪搓板儿"的事。这是人们讽刺"妻管严"和"河东狮吼"的俏皮话。

"地里排子"学名叫"鼹鼠"

北京土语形容个子矮的人为"地里排(pǎi)子",文词叫武大郎。"地里排子"不是形容侏儒,与侏儒有明显的区别。"地里排子"指的是头、上身、四肢成比例,不存在上身长,下身短,但就是个头矮。前些年有个小品说汽车开得飞快,却看不见司机,只见方向盘自己在动,还以为是无人驾驶汽车哪!

拿别人的缺陷取笑是不礼貌的。又有"排子车"一词,实际上是一种比普通手推车长、宽、大,没有车帮,但承重面离地面近的车,优点是平稳,便于装卸。此外,真正的"地里排子",实际就是在野外善于掘土、挖洞的鼹鼠。

最小蜻蜓"豆娘子"

过去,北京城郊区最小的蜻蜓叫"豆娘子"或"纺织娘",身长不足一根细火柴棍儿,颜色为绿色和黑色。这是从南方传过来的名字,北京人称其为"琉璃鼠"。

这种蜻蜓整天在水塘、水边的草丛中飞个不停,像老鼠一样穿来穿去,北京人管蜻蜓叫"老琉璃",所以就有了"琉璃鼠"这个名字。遗憾的是,"豆娘子"和"琉璃鼠"这名字在北京还没叫开,这种蜻蜓便在北京近城郊区的河湖中消失了。

"豆条"与"洋灰"

这是老北京人为建筑材料8号铅丝和水泥起的土名。为什么?8号铅丝直径粗细如绿豆,长似面条,故得名"豆条"。

水泥,过去在北京地区很少使用,只是在盖西洋式建筑时方用,因这种灰土是外国来的舶来品,故与洋火(火柴)、洋烟(纸烟)、洋货(外国货)、洋画(画片)、洋炉子(铸铁炉子)、洋油(煤油)、洋胰子(肥皂)、洋铁(黑白铁)、洋白菜(卷心菜)、洋葱头(葱头)、洋人(外国人)、洋车(胶皮轱辘人力车)齐名,称水泥为"洋灰"。

此外,北京旧时有谜语,谜面:外国人洗澡,打北京名吃。谜底:涮羊肉。不知读者能否理解。

"三七""四六""对半撅"

这是旧时北京合伙人分成的比例。"三"和"四"指的是对方,表示对合伙人的尊敬,"七"和"六"指的是自己,自己不能吃亏,得占大头。"对半撅"就是五五开。现在评价一个人的好坏往往提到三七开,大概这句与北京土语里的"四六""对半撅"有关。

五五开为什么叫"对半撅"呢,源于怎样才能将一根细棍儿不偏不倚地从中弄断,老北京人有着自己的办法。以食指与大拇指张开的距离为准,老北京人称为拃(zhǎ),然后左右手从棍的两端一拃一拃地向中间移动,这样棍儿的一半就出来了。"对半撅"的重点在动词"撅","撅"是双手将物品折断分开的动作。当然,"撅"在北京土语里还有翘、骂、缝、下不了台、断关系的含义。

儿童游戏"剟刀子"

"剟(duō)刀子"是老北京儿童的一种游戏,先在地面上画出一尺见方的方框,再用一条线从中画开分甲乙方。猜先后,用竖刀在对方领地内"剟刀子",依据刀子立时的刀口方向前后画线,涂去原有的中心线,扩大了自己的领地,刀子立不住则由对方来剟,直至一方的领地的宽度不如刀柄长,宣布比赛结束,领地大的一方胜利。

现在院子里多为水泥地,所以"剟刀子"这项传统的儿童游戏已不存在。不过,现在有一种剟飞镖运动,类似"剟刀子"活动,只不过从地面移到了墙上,并以得分多少为胜负。

"鹅淋"与"尿不湿"

"尿不湿"是新研制的产品,既解决了小孩子尿炕、尿裤的问题,又解决了老年人的卫生,是一个老少皆宜的实用产品。"尿不湿"既然解决了尿炕的问题,也就解决了尿炕后留在被褥上的"鹅淋"的问题。

"鹅淋"为北京土语,指的是液体浸湿过留下不规则的痕迹,往往大大小小的"鹅淋"连成片,得了"画地图"的雅称。

"榧子"与"提斗"

前面曾经提到,"提斗"不是抽屉。"提斗"又叫"抽斗",是一种男女间的轻佻行为。多是男人将食指弯曲,用来兜女人的下巴尖儿。如果男人给女人来个"抽斗",您觉得是不是太过分了,这是一个极不严肃的动作。

与"提斗"同样属于不严肃动作的是"榳子"。将大拇指和中指用力相扭,使中指击在大拇指肚儿上发出清脆响声。电影《英雄虎胆》中的女特务阿兰在请我军打入敌人内部的侦察科长曾泰跳舞时,女匪首领就用了打榳子的动作。

此外,"榳"字还有一解:为了使风筝上的三根提线分开和左右对称,用手撑着风筝的动作也叫"榳"。

趣 谈 三

"粉"是"黄色"它爹

对待不健康的小说,我们将其称为黄色小说。对待不健康的电影,我们将其称为黄色电影。对待不健康的歌曲,我们将其称为黄色歌曲。对待不健康的音像,我们将其称为黄色录像,乃至涉及泛滥的东西,我们统统地称为黄色。其实,早在黄色形容淫秽的词语出现之前,北京土语里就有一个形容下流黄色的词——"粉"。

"粉"字集中表现在平民的文艺演出、说唱动作上。如旧时有一个曲目叫"十八摸",唱词内容是从头、颈、眉、眼、鼻、嘴、耳、手、胸、乳、肚、背、足、腿等摸起,计18个部位,18种爱抚轻佻的动作。

"18摸"虽有北平、苏州、莱芜、吉林、客家、台湾诸版本,但用词大同小异,北京的艺人和平民百姓称之为"粉词"。因此,在形容色情淫秽的词汇里,论资历"粉"要比"黄色"高出一辈哪。

从鱼的"分水"想到的

北京人管鱼下部的胸鳍叫"分水",为什么叫"分水"呢,因为这对鳍起着平衡、划水、分水的作用。人类向鱼儿学习到了什么?有游泳、潜水艇、鱼雷等。

而在北京桥梁的建筑史上,桥梁专家更是利用鱼的"分水",改进了桥梁建筑。最早的桥墩为方形,后改为圆柱形,但圆柱形桥墩解决不了北方冬季大冰块撞击桥梁的问题。后来,人类在鱼分水的启示下,将桥墩迎水方向设计成三角形,并在前面的尖处嵌入铁锭,使巨大的冰块在这里撞击而碎,北京西南卢沟桥的桥墩就是这个样子。

还有人将这样的桥墩起了一个好听的名字——"斩龙剑",形容它的锋利。其实这是近代人杜撰所致,试想,旧时谁是龙?皇上啊,这是斩皇上的剑?起"斩龙剑"这个名字的人先得掉脑袋。笔者认为,在明清两朝,卢沟桥的分水桥墩官称不

会叫"斩龙剑"。

"送份子"的利与弊

2008年五一节,我在上海闵行区见到北京的一位朋友。问其来沪多长时间了,他说带太太到南方旅游。酒足饭饱之后,他夫妻俩说出了实话——"躲灾"。

何为"灾",就是为别人甚至为别人的孩子、亲友的婚礼掏份子钱。何为份子?"份子"是北京土语,并引申出掏份子、凑份子、攒份子、敛份子、收份子等词。旧时,攒份子本是一件好事,谁家赶上了个红白喜事,街坊四邻和亲友都会掏点钱送去,以示与主人的亲密关系。那时家家都不富裕,钱也值钱。因此凑份子不外是三毛五毛,撑死了也超不过五块钱。现在不行了,时代在进步,结婚讲排场,份子钱也水涨船高了。今天年轻人结婚、生孩子、过生日的份子钱没有200元是拿不出手的。现在老人退休金多为3000元左右,如"五一""十一"各摊上4对新人结婚,那么,老人半个月工资就没了。

我的朋友说,何止4对啊,一年不摊上20个份子钱我就念阿弥陀佛了。现在我也扛不住了,只有躲。有些是不能躲,因为当初孩子收过人家的礼,子债父还,而且咱还得加倍。碰见新人我只好先写几张字预备着,到时候请其他朋友带去,表示祝贺。可怕的"份子"啊!

蚂蚁也会满天飞

我们经常看到蚂蚁在地上觅食筑巢,但在北京土语里有"飞蚂蚁"一词。原来在50多年前,北京城里有一种长着双翅的飞蚂蚁。傍晚时分,"飞蚂蚁"总在院子里乱飞,尤其是夏天人们在院子里吃晚饭的时候,它们总在面前飞来飞去,很是讨人嫌。飞蚂蚁咬人很厉害,因体长是普通蚂蚁的4倍,展翅宽约13毫米,所以需要用苍蝇拍将其消灭。

普通蚂蚁则是老人教育和哄小孩的玩物,一是告诉人要像蚂蚁那样勤劳、团结,二是用卫生球(樟脑球)在地上画个7寸圈,将蚂蚁圈在里面。圈在里面的蚂蚁每到圈边的时候,闻到樟脑味便转了回来。蚂蚁奔走忙活半天,却只能在尺圆大的地方转悠,直到蚂蚁累得不能动弹,人们才将卫生球画的圈用鞋涂掉,放蚂蚁一条生路。

"煮饽饽"和"盖帘儿"

"饽饽"一词是满族的词语,与南方的大米饭相对而言,只要是用面粉做的块状食品都通称为"饽饽"。清代宫廷御膳房专门设有饽饽局,城内的糕点铺又叫"饽饽铺"。其做法多种多样,如烙的称为"烙饽饽",蒸的称为"蒸饽饽",炸的称为"炸饽饽",煎的称为"煎饽饽",加热馏的称为"馏饽饽",煮的称为"煮饽饽",加上油的称为"油饽饽",有馅儿的称为"馅儿饽饽",此外还有"硬面饽饽"等。以前满族人根本没有"馅饼""锅贴儿""包子"等叫法。

什么叫"煮饽饽"?"煮饽饽"就是水饺,即俗称的"煮饺子"。饺子好吃,所以北京有句俗语:"好吃不过饺子,舒服不如倒着(躺着、睡觉)。"称受欢迎和被重视的人叫"香饽饽",但讽刺不高兴的人则常用"见着煮饽饽都不乐"这句俗语。

北京人吃饺子必用"盖帘儿","盖帘儿"是用细高粱秸儿制成的圆平板,多用来放置食物。北京人包饺子,多放置其上,因其面有沟棱,不容易粘连!另有用细高粱秆儿制成的,多做锅盖、缸盖用。北京四九城对其叫法有所不同,有"锅拍子""盖典儿""盖鼎儿"等数种。再有,盖帘儿起个小帮儿,就叫"浅子""浅儿"或"筻拉筻儿"。

糕点里的"破边缸炉"

小的时候,逢年过节或走访亲友大多数是买两斤"缸炉"作为礼物。可是奶奶总管这种糕点叫"破边缸炉"。"缸炉"的形状是圆形,是由七块糕点共同组成的,一块六边形的居中,每边各有一块扇面形状的,上下左右中的三边紧紧地连在一起,构成一幅美丽对称的圆形图案。老北京人吃"缸炉"时不是用刀切,而是按着图案往下掰,此时掰下的缸炉肯定有三面有破损的痕迹(中间那块六面都有破损),所以北京老人管这种糕点叫"破边缸炉"。

"缸炉"是用烘炉烘出来的,属于糖味糕点,其原料是碎糕点渣子混合再制而成,味道极佳,所以"缸炉"物美价廉,是市面上最常见的大众化糕点,很受北京平民的喜爱。不过现在已经不多见了。"缸炉"的炉,此处轻读且儿化。

"甘露"正名叫"草石蚕"

北京有一种酱菜,土名在饭桌上叫"甘露""甘螺儿",旧时在天源酱园、六必居酱园内均有出售。其实,甘露的学名叫"草石蚕"。其为地下茎,白色,状似小葫芦、田螺,腌制后清脆可口。"草石蚕",因其形状似蚕蛹,故得名。

"数来宝"里的"赶辙"

数来宝与快板书都是北方曲艺的表演形式,短则几句,多则千余句,但这两种表演之间有一共同的特点,那就是有辙,后一句的句末的辙赶在前一句末的辙上,做到合辙押韵。何为"辙"?辙就是韵脚,就是韵文句末押韵的字。现在京剧也用辙,但词句里用的辙是根据中州韵和北京语音划分,也夹杂一部分湖北音。

京剧和北方曲艺的辙有"十三辙""宽辙""窄辙"之分。

十三辙:①发花;②梭波;③乜斜;④怀来;⑤灰堆;⑥遥条;⑦由求;⑧言前;⑨人辰;⑩江洋;⑪中东;⑫姑苏;⑬一七(含迁、支新辙韵部)。记"十三辙"最简单

的方法是 13 个字:俏佳人扭捏出房来东西南北坐。

宽辙:发花、梭波、遥条、言前、人辰、江洋、中东、姑苏、一七。

窄辙:乜斜、怀来、由求、一七(含迂、支部分)。

数来宝在碰到窄韵时,为了便于说唱,常常在常规内合理地换辙口,起到表演连贯的作用。

"十三辙"在全国各戏曲剧种中影响很广,除京剧外,凡属皮黄系统及梆子系统的各剧种也都采用"十三辙"。

高粱秆上部叫"格档儿"

高粱是北方地区的一种常见的农作物,顶部的果实就是高粱,经过加工为高粱米,是旧时北方人的主要的主食。然高粱秆的上部叫什么?北京人视其用途而命名,其中以"格(音:个)档儿"名称最为普遍。为什么?大概是和老北京屋内的顶棚有关系,因为顶棚就是用高粱秆扎成一格一格的龙骨,再在龙骨下面裱糊上白纸,隔挡住屋顶处的丑陋。如真这样,"格档"应为"隔挡"才对。

高粱秆的上部细长、无节,是高粱穗的秆儿,多做存放已包好水饺的"盖帘儿"。中部可做"卷窗",中下部较粗,可做儿童"玩具"(风车)。整根的做糊顶棚的"龙骨"。可见高粱秆一身是宝。不过现在的人已经很少再提"格档"这一词了。

"硌窝"与"垫窝"

"硌窝"与"垫窝"虽是一字之差,但意义完全不同。在北京土语里"硌窝"是蛋壳被硌裂的蛋类,主要指的是鸡蛋。比如,有些北京的老年妇女喜欢花少数的钱而去买"硌窝"鸡蛋,但前提是现吃现买,不能存放。

"垫窝"则不然,北京人认为在多胎中最后一个出生的为"垫窝",如最后出生的兔子、狗、猪等。"垫窝"有一明显的特点,就是与同胞相比体形瘦小,体质较弱。后来,北京人将"垫窝"一词人性化了,引申出了多子女中的最后出生的孩子为"垫窝",甚至叫"小垫窝"。也就是人们常说的"小不点儿""老疙瘩"。

"跟头虫"与蚊子

蚊子的幼虫叫"孑孓",而老北京人称"孑孓"为"跟头虫"。这些头部颇大的"跟头虫"在水中无方向地翻滚,短时间就从污水里爬出变成蚊子。"孑孓"是象形字,正常"子"字的横变成了一提一捺,活生生的"跟头虫"在水中翻跟头的动作。

在北京戏剧界,从事武工的演员也被戏称为"跟头虫",这可能与他们在舞台上经常表演翻跟头有关。

现在蚊子特别厉害。从20世纪50年代起,蚊子就被列为"四害"之一开始被消灭。60年过去了,北京的蚊子不但没有被消灭,反而越来越多,并且品种翻新。20世纪80年代,北京曾出现一种又黑又大的蚊子,据说是从海外集装箱内的木板中传过来的,叮人十分厉害。进入21世纪,北京又出现了一批小蚊子,不可貌相,叮人更厉害。现在北京的蜻蜓、青蛙、雨燕、楼燕多被消灭了,叮人的蚊子没有了天敌,自然就会繁殖迅速。北京的蚊子有被消灭的那一天吗?

侯宝林相声里的"沟葱"

侯宝林先生在相声《改行》里有一段卖菜人的吆喝,其中有"沟葱、扁豆、大秦椒"一说。何为"沟葱",这是北京城里人特有的名词。"沟葱"就是从暖洞子的畦里移植在地里的初春葱,也叫"倒畦子葱",与常见的大葱和羊角葱相比,其白儿长,鲜嫩,水灵,新芽呈黄绿色,有甜味。倒畦时,先在地里耕一条垄沟,把移出来的葱疏密有致地排在沟里,两侧一培土,就算种得了。

"铛铛车"上的"弓子"

前文提到过铛(diāng)铛车,其车顶上的"弓子"一词也是北京土语。有轨电车的"弓子"呈门形,起着地面轨道地线通过电动机与高空火线构成回路的作用。"弓子"底部有簧,富有弹性,所以老北京人又称其为"绷弓子",简称"弓子"。旧时的电车公司单有变电站在东四牌楼西南角的大豆腐巷路东。

"蚂蚱墩儿"与"挂嗒扁儿"

"蚂蚱墩儿"与"挂嗒扁儿"都是蝗虫的北京土名。顾名思义,"蚂蚱墩儿"外形短、肥,长方头,颜色多为碧绿、土黄。"挂嗒扁儿"学名叫"大尖头蜢",长且瘦,尖头,同有碧绿、土黄两种颜色,是蝗虫里最大的一种,飞起来翅膀"啪啦、啪啦"作响,有的地方叫"扁担沟"。曲艺《王二姐思夫》中有这样的唱词:八月里的秋风阵阵凉,一场白露一场霜,严霜单打那无根的草,"挂嗒扁儿"甩籽在荞麦梗上。

此外,有人用"蚂蚱墩儿"形容矮胖之人,"挂嗒扁儿"则为瘦高者。

寡妇面与光棍儿面

北方人吃面食很讲究,北京人吃面食更讲究,就面条一类就能列出数十种:炸酱、打卤、西红柿、茄子……您听说过北京人吃的"寡妇面"与"光棍儿面"吗?

"寡妇面",就是没菜没肉的汤面,也就是外地人说的"阳春面"。与"寡妇面"相匹配的是"光棍儿面"。"光棍儿面",就是光有炸酱而没有任何菜码的拌面条。二者相比,萝卜白菜,各有所爱。"光棍儿面""寡妇面"味道各有千秋,吃法不同,味道不同,意境更不同。

"官司"不一定是"打官司"

一提"官司"人们想到的一定是"打官司"。其实,在北京话里"官司"不一定非是"打官司"。北京人形容有心事、忧虑、外来的烦恼也比喻为"官司"。如:姓原的这小子,整天愁眉苦脸,一脑门子"官司"。

"老爷""娘娘"都是官

什么叫官?旧时为七品以上,俗称"七品芝麻官"。今夫妻两口子都当官,已不罕见。然昆虫界里也有两口子都是官的,终身制,不过现在看不见了,其昆虫学名叫"蜣螂"。北京土名雄的叫"官老爷",雌的叫"官娘娘",具体是什么官——"屎壳郎官"。雄屎壳郎大而黑,头顶有一锋利的尖,浑身黑亮。雌的头顶部是个扁方的鼓包,颜色也不如雄的黑,呈暗红色。

旧时庙会上有卖"屎壳郎车"的,虽不卫生,但十分招人喜欢。由于环境的改变,现在三环路以内基本上看不到"屎壳郎"了,只是还保留在口头上,马季先生相声中有蜣螂冲牌香烟。

昆虫也有"锔漏锅"

旧时北京走街串巷的修理手艺行里有"锔锅锔漏锅"一行。就是将裂开有璺(wèn)的锅碗补好锔合。北京昆虫里也有"锔漏锅"一名。这种昆虫的大小是蜜蜂的3倍,状似"牛蜂",身为黄、红、棕3色,夏秋两季多在院中的"西番莲""茉莉花""指甲草"的花蕊前快速盘旋,其形较为可爱。

此昆虫今在三环路内基本绝迹,但在国画花鸟中经常出现。其实"锔漏锅"就是一种不会蜇人的蛾子。

"过珑"与"澄浆罐"

"过珑"与"澄浆罐"是北京人常用的专用土语或名词,主要是在养、斗蛐蛐时说的。"澄浆罐"就是高档的蛐蛐罐,以"古燕赵子玉"的最好。"过珑"则是放在蛐蛐里的小房子,多为胶土制作,左右贯通,上有提盖。

当您轻轻打开蛐蛐罐时,您会看到罐里的蛐蛐很快地贴着地皮钻进"过珑"里,因为这是它的家,这里最安全。此外,"过珑"也是蛐蛐做爱的新房,主人经常给"打客思"寻偶的蛐蛐配置"过珑",供蛐蛐享受,看来北京人养蛐蛐也有人情味。

巫婆、神汉的"过阴"

旧时,巫婆、神汉在全国各地都有,他们以装神弄鬼、替人祈祷为职业,骗钱、骗物、骗色。在北京地区提到"过阴"这个专用词语时,就与巫婆、神汉有关系。"过阴"就是巫婆、神汉装神弄鬼。巫婆、神汉假装睡觉,谎称他到阴间去了一趟,带来了神灵的旨意,欺骗善良的老实人。

旗营里的"过枝子"

清朝的时候,满洲及隶属各旗的旗人享有俸禄,待遇优厚,所以在旗营内时不时地出现"过枝子"现象。"过枝子"就是过继儿子。汉人之间继子之风是因为收养儿子的家庭乏嗣无后,过继儿子是为了继承香火,而满人家庭中的"过枝子"与汉人继承香火的目的截然不同,有占有钱粮之嫌。

比如:南营房北三条老寇家已有两子,后经人说合,又将西边大森里汉人袁家的老儿子收为义子。入门后,改为"寇"姓,与老寇家亲生儿子们辈分顺序排列,写入《家谱》中。这干儿子到十岁时便可挑取养育兵钱粮,以后再运动于"领催",可以每月关饷,每季领粮。此时满汉两家各得一半钱粮。以后成为马甲(正式旗丁),钱粮还会递增。不过,只要义父、义母在世一天,干儿子的钱粮总有义父、义母的一半。更有甚者,北五条老白家老两口只有二女,而无孙辈,还是这个袁家,愿将自己的勇儿过继给人当孙子。后因没买通领催,不了了之。

"过枝子"之风盛行于清中叶,那时满人优势明显。庚子之变后,满人生活日益艰苦,故不再盛行。辛亥革命后清廷逊位,"过枝子"更为绝迹。

"过枝子"有一显著特点,就是"汉娃"过枝"满家",而没有"满"过"汉"的,这是人性多贪而决定的。

谁还记得"蛤蟆嘴"

什么叫"蛤蟆嘴"?现在的年轻人肯定不知道,今天的年轻人要想看到"蛤蟆嘴"一是在舞台上,一是到古旧市场淘换去。

"蛤蟆嘴"就是过去煤油灯的油捻调节器。为什么呢?为了保护油捻不倒伏和便于上下调节,人们发明了油捻调节器,因其形状酷似青蛙嘴的一张一合,故得名"蛤蟆嘴"。原料为铜、白铁两种,由模子压制而成。

"清汉奸"与"日汉奸"是两回事

小时候我们常玩抽"汉奸"的游戏,观其形:木制、圆锥状,下尖,嵌有一粒钢珠,其正名叫"陀螺"。为什么管陀螺叫"汉奸"?据说在抗日战争时,正义的人们恨透了那些出卖民族利益的奴才。因此小孩子在抽打陀螺时口中说着当时的儿歌:"抽汉奸,打汉奸,杂合面,涨一千……"

提起"汉奸"人们自然想起了明末清初的吴三桂、洪承畴、祖大寿、耿精忠等降将。认为这些人出卖了汉民族的利益,给所谓满洲贵族当奴才,是汉人中的奸细。

事实并非如此,我们的国家是一个多民族的国家,包括56个兄弟民族,满族、蒙古族也是中华民族大家庭的成员。上述这些清代"汉奸"的代表人物为中华民族的历史进步是做过贡献的,所以,我们应该正确地对待明末清初的"汉奸"这个概念。不能因为有些人研究清代文化、满族文化、皇家辈分,替满统治者在客观上说了实事求是的话,就被说成是"汉奸"。要是这样,今后谁还敢研究清史,谁还敢研究民俗文化,谁还敢替满族这个民族说话?

"日汉奸"则不然,这些日本帝国主义圈养的走狗出卖的是整个中华民族的利益,是中华民族中的败类。因此,"清汉奸"与"日汉奸"之间还是有本质的区别。

"黑老婆"洗脸不洗脖儿

"黑老婆"是北京地区蜻蜓的一种,但不属于老琉璃的范畴。其身体细长,颜色黑亮,然躯干只有火柴棍儿粗细。每当"黑老婆"沿河坡飞来,小孩子们就高喊"黑老婆、黑老婆,洗脸不洗脖儿"。

"青口、薄帮、核桃纹"

"青口、薄帮、核桃纹"这是老北京人对高档次大白菜的评价。一般人认为,白菜只要白净,体形抱团儿就好。其实,老北京人挑选大白菜是极有讲究的。"青口",是相对白口菜而言。青口菜叶碧绿且厚,耐储藏。"薄帮",则是强调菜的质量,厚帮其内筋多,故又称"老帮",薄帮则清脆可口,因此要求叶厚帮薄。"核桃纹",则表现在菜头圆紧,瓷实,绿叶上的纹路状如核桃外形,脉络清晰。

1989年冬月,北京地区卖冬季储存的大白菜,曾出现把买储存菜称为"爱国菜"的趣话。

"前锛儿头""后勺子"

这是北京人形容人脑袋的一句贬义词,"锛儿头"就是突出的前额。北京地区有一种蟋蟀,头状似棺材的前部,上部突出,故称这种蟋蟀为棺材板、棺材头、锛儿头。而有的人前额十分突出,人们就戏称其为"锛儿头"。

更有的人前面头额突出而后面也明显突出,其弧度状如一勺子磕出的模样,故人称"后勺子"。"前锛儿头""后勺子"是形容人的头形长得难看,但"前锛儿头""后勺子"不影响人的智力。

要命的"话赶话"

"话赶话"是北京土语,有被对方激将、挑衅、挑事后(不排除动机本身就别有用心),随之出现己方超常规的带有赌气的语言和动作。"话赶话"的后果十分严重,上到高级领导,下到普通小民,本来一句话,并没有什么严重性,但一经过"话赶话"，人又在气头上，问题的严重性就会发生质的变化。因此当出现"话赶话"的时候，第三者要予以劝阻，充当一下和事佬的角色。事后，双方一经醒悟，都会感谢您的。

钉锦儿、锁鼻儿和挺钩

钉锦儿、锁鼻和挺钩这三个土名都是京城木工的专业术语，但京城老百姓生活上离不开这三样东西。

钉锦儿：旧时锁门的部件之一，分雌雄两件组成，与锁配合使用。一固定在门框上，一固定在门上。用锁相连接。

锁鼻儿：用途与钉锦儿相同，是前者发展的产物，更科学、更省原材料，仅由两块有孔的铁板儿组成。

挺钩：旧时窗户开关固定的附件，由两个金属件制成。一圈状，固定在窗户框上，一前端钩状，后端固定在活动的窗上，钩圈相配，以供窗户开启后的固定。

三月"茵陈"四月蒿

茵陈：草本植物，嫩茎叶可入药，有清热利湿的功效。

"茵陈"四月长成蒿后，北京人管它叫香蒿子，会产生一种特殊的异香味，夏秋两季城乡结合地区多用香蒿子点燃后熏蚊子。所以北京老人说，香蒿子是好东西，小时候治人，长大了治蚊。

"话匣子"与"电转儿"

"话匣子"就是电子管收音机，这是民国年间和20世纪50年代北京人对收音机的叫法。"电转儿"就是留声机，只能放录好的唱片而本身不能录音。现在时代进步了，录、放、收三位一体，"话匣子"与"电转儿"这两个词基本被淘汰了。

"花哨"的褒贬

"花哨"一词在北京土语里是褒义还是贬义，我看二者兼具，因为"花哨"在北京土语里有多种解法。

请看：①衣服颜色鲜艳，图案多样而复杂。②人打扮得华丽。③各种技艺表演超出了常规的技法。

前述为褒义。但"花哨"的贬义也贬得很厉害，如私生活不检点、不严肃及语言下流，骂人词语花样繁多均为贬义。"花哨"与"花里胡哨儿"不同，后者完全为贬义词。

《沙家浜》里的"虎撑儿"

现代京剧沙家浜里有这样一个场面,一位游方郎中(医生)为沙七龙诊病,游方郎中手里拿着一个金属响器。这是游方郎中做生意的专用工具,用以代替吆喝,正名叫"虎撑儿"。作用如磨剪子磨刀的"报君知",剃头匠的"唤头"。"虎撑儿"是用一根直径15毫米的铜管弯成圆形,内装三个钢珠儿,两头焊接。当摇起"虎撑儿"时,钢珠与铜管发出清脆而有节奏的响声,以告知病人。

"虎撑儿"一名来自民间故事和成语"虎口拔牙"。

传说一雄老虎夜到郎中家,将郎中驮至深山。待至,郎中看到虎穴中一雌虎口内有竹签嵌入,牙齿欲坠,顿时明白老虎的用意——除签拔牙,但又怕雌虎咬了手。于是,郎中就地做了个竹圈儿撑在雌虎口中,用手在竹圈儿内完成了除签、拔牙、敷药等医疗程序。后来的郎中们为了纪念行业祖师的善德和精湛医术,以竹圈儿为模子,以金属铜管为原料,又鉴于郎中不准吆喝的行业特点,故内装钢珠,作为行业响器而定名为"虎撑儿"。

"回笼觉"与"送铁锅"

北京人有句土语叫"回笼觉"。"回笼觉"就是早上醒了以后又睡着了的小觉。别看是小觉,就二三十分钟,却格外香,格外解乏。为什么叫"回笼觉",大概是和蒸馒头、包子有关系,把不太熟的包子、馒头重新上笼蒸叫"回笼馒头""回笼包子"。

与"回笼觉"相对应的是"送铁锅"。"送铁锅",来自京西地区的一个典故。一个孩子偷了人家一口铁锅,事后告诉了妈妈,妈妈让他送回去。孩子强调天快亮了,怕让人家抓住。妈妈说,就是让人抓住也要连夜把铁锅送回去。妈妈感动了山神,于是山神将已经亮了的天又黑了下来,直等着孩子把铁锅送回去。于是人们管天亮前较黑的时分,称为"送铁锅"。

调灯上下的"瓷葫芦"

在潘家园旧货摊上看见了一件旧货,瓷制,白色,如梨大小,问卖主旧货叫什么名字,答:"灯砣子。"

何为"灯砣子"?就是旧时有滑轮的电灯线上的瓷制平衡器,与其配套的还有两个滑轮,瓷制平衡器的重量与另一端的瓷灯伞相当。二者通过滑轮来控制灯的上下高度,与秤盘、秤砣有异曲同工之妙。不过老北京人管这玩意叫"瓷葫芦"。

"豁牙子"与《三味书屋》

鲁迅先生的《从百草园到三味书屋》一文里有"笑人齿缺曰狗窦大开"之语。

何为"狗窦"？何为齿缺？"狗窦"，即"狗洞"；"齿缺"，就是人掉了门牙。这句话是说人掉了门牙，人的嘴就像狗洞一样。

北京人对人掉了门牙或牙齿过稀的说法较为文雅，称为"豁牙子"。豁牙子与兔唇是两码事，北京人管兔唇叫"豁子"或"豁口"。

"虎皮冻儿"与"虎皮墙"

北京人管猪肉皮切成条块，加调料和卤汁熬成半透明的凝固体叫"肉皮冻儿"，而北京西山和香山脚下的旗人们管"肉皮冻儿"又叫"虎皮冻儿"。为什么？因为肉皮冻儿的褐色和猪皮斑纹很像虎皮。而人们经常看到的北京清代皇家园林建筑里的"虎皮墙"，就是因为外形像虎皮而得名。现在颐和园、香山公园、玉泉山的围墙多为"虎皮墙"。

"剞"腰花的做法

北京人的饭桌上常见一道菜——"熘腰花"，然生腰花在加工的过程中有一个北京土语——"剞"。何为"剞"？就是用利刀在肉类的表面上划出有规则的纹路。"剞"，讲究刀工，轻了则无效果，重了则会划透。所以，厨子往往在腰花旁边垫根筷子，防止将腰花划透。

熘腰花讲究嫩，色泽鲜艳，口感润滑、脆嫩。

趣谈四

跳高高手"磕头虫"

"磕头虫"是北京城内常见的一种昆虫,长约1.7厘米,黑色。用手捏住下半身,上半身迅速仰起,然后用力前倾,如磕头状。"磕头虫"的学名叫"叩头虫"或"跳麦虫"。"跳麦虫"一名来自孩子将其仰放在地上,问:麦子现在长多高了,"磕头虫"会弹起四五十厘米的传统故事。

现在形容求人办事说好话,连续点头行礼,递嘻溜。过多道歉、道谢也称为"磕头虫"。

"蛤蟆"与"疥肚"

北京人管青蛙叫"田鸡"或"蛤蟆",管蟾蜍叫"疥肚""癞蛤蟆"或"疥癞蛤子",管吉祥富贵的黄色疥癞蛤子叫"金蟾"。金蟾的小主人叫"刘海"。北京人对"蛤蟆"与"疥肚"的看法截然不同,喜欢蛤蟆,光洁漂亮,吃蚊子,是益虫;讨厌疥肚,因为其身上麻麻约约膈应人。

南方人不同,很喜欢疥肚。马连道的茶叶城里,各家商户的茶海里都供奉他们喜欢的金蟾,金蟾口中含有铜钱,称为"富贵蟾"。

"小鲫瓜儿"与"鲫瓜子"

北京人管鲫鱼叫"鲫瓜儿"。因鲫鱼有大小之分,所以"鲫瓜子"又有"小鲫瓜儿"与"大鲫瓜子"。为什么叫"鲫瓜子",因为小鲫鱼儿的模样像葵花子,葵花子在北京叫"瓜子"。

"九九重阳"赏"九花儿"

"九九重阳"过去叫"登高节",日期是农历的九月初九,是北京地区传统的民俗节令之一。是日,人们出游登高,有赏菊、插茱萸、饮菊花酒、吃重阳糕等习俗。

现在"九九重阳"又叫敬老节,所以菊花又叫"长寿花",重阳节又叫长寿节。此外,北京人认为菊花是辟邪之物。

进入九月还有一样活动,那就是赏"九花儿"。什么叫"九花儿"?进入秋末,一般的花多凋谢,然金秋九月的北京,独菊花正竞相开放,文人称九月为"菊月"。所以,老北京人直呼菊花为"九花儿"。北京有特定的菊文化,包括办菊花展,作有关菊的诗词联赋,堆九花山,插九花塔,邀友赏菊,饮菊花酒,吃菊花火锅。为什么叫"赏九花儿",而不是"看九花儿"和"品九花儿"?那是因为"九花儿"花傲霜枝,另有一番风骨,令人钦敬,所以叫赏"九花儿",而不是看"九花儿"和品"九花儿"。

过去,北京城内赏"九花儿"的地方,主要有中山公园的唐花坞和西城新街口北大街的刘洁园菊展。

"九吊六"与"幺二三"

一开始我也不明白"九吊六"与"幺二三"这些数目字怎么会联系在一起。"九吊六",在北京人的口语中,实际上是指好听甚至是奉承的话,但也包括自吹、炫耀的成分。而"幺二三"与其相反,是一个事物的具体细节,而且多半是人所共知的不露脸的短处。所以爱抬杠的老北京听到有人自我炫耀时,往往说:别光说那陈谷子烂芝麻的"九吊六",你也把那"幺二三"也露出来。

蔑视之词"坷垃丸儿"

这是旧时北京的一些年轻人蔑视老年人无用时的常用语,有时候前头还加个"老"字,称"老坷垃丸儿",是年轻人不尊重老年人的表现,不宜提倡。但在极特殊的情况下,由于双方关系较熟,"坷垃丸儿"一词可做戏称。

高谈阔论"侃大仙"

"侃大仙"多指的是没有真本事而长于高谈阔论的人。在较多的情况下,"侃"带有吹牛、夸张、说大话的成分,属于贬义词。但在特殊的事例中,"侃"也有褒义的成分。如:这笔买卖居然让小刘给"侃"下来了,真不简单。这是赞美小刘有口才,是谈判的高手。

搔小孩手心叫"扐芝麻酱"

芝麻酱,是老北京人饭桌上的稀罕之物,这主要是因为旧时市场上供应芝麻酱有严格的定量,每户二两。但北京的老太太在哄婴幼儿时,往往用小拇指的长指甲去搔小孩手心,称其为"扐(kuǎi)芝麻酱"。其目的是让小孩大笑,这也算是那个年代调整婴幼儿身心健康的一种方法。扐也作搲(wǎi)。

"拉帮套"是好还是坏

"拉帮套"是好还是坏？首先要了解北京土语中"拉帮套"是什么意思。北京话中"拉帮套"，是男人给予相好女人及其丈夫家庭生活的经济资助。"拉帮套"源于赶大车的口中，即驾辕的马叫"辕马"，是车的主力，其旁边帮助辕马拉车的偏马、边马及其套具均称"拉帮套"。

柿子去涩需要"㴫"

老北京土语中有这么一个字"㴫(lǎn)"，什么意思？秋后的柿子虽然光亮可爱，但有涩性，俗称"生柿子"。如何去掉涩性，老北京人采用"㴫"的方法。就是将生柿子放进热水或石灰水里泡几天。至于小户人家则将生柿子放在米缸里，几天后柿子涩性全无。

近人发明生柿子与梨装在一个塑料袋里封好，几天后柿子即可食用。此外，腌雪里蕻也叫"㴫雪里蕻"。

蔑视老人的"老梆壳"

老北京人绝大多数是讲礼貌的，因为老北京里面旗人多。旗人礼多，规矩多，讲究多，即使破落了，规矩、礼数、讲究也不能丢，所以，人们说旗人是穷讲究。甚至旧时有些人家的姑娘都不愿意嫁到旗人家。那么，为什么在老北京的土语里有蔑视老人的"老梆壳"这一词呢？

在旗人没有了俸禄以后，生活比较贫困，冬季菜蔬以萝卜、白菜为主。白菜在冬储时，为了少受损失，往往将白菜最外面的一层留着，用稻草捆绑起来，用以保护菜心。等到吃的时候，将外面的老帮子一扒，白菜即可食用。有些人就将年纪大且没有劳动能力的老人比喻为不能食用的白菜的外面那层壳，"老梆壳"后演变"老梆子"，这种说法对老人很不尊重，不提倡。南城人说时，"子"发"菜"的音，成为"老梆菜"。

"老刚""老紫""老琉璃"

老琉璃就是蜻蜓。老刚、单刚与老紫、菜紫、夜紫都是老琉璃中的最好种类，这种蜻蜓是北京地区十多种蜻蜓中最为高贵的一种，体积最大，颜色最艳，色彩丰富，最为好看，价值也最高。一朵精神的老刚，旧时可以卖到一角钱或换两个二两一个的芝麻烧饼。一朵精神的老紫，当时可以卖到一角五分或换三个二两一个的芝麻烧饼。老刚是公的，腹部呈湖蓝色。老紫是母的，腹部呈紫红色。这种蜻蜓多生活在有水草的湖边、水塘。老刚与老紫雌雄交配前，老刚会用自己的尾部钳在老紫脑后的颈部，孩子们管这种现象叫"架排"。其交配时，后面的老紫会把自己的尾部下卷,直到老刚湖蓝色的腹部。这种现象,被孩子们叫作"小车子"。孩子们认为只有这种蜻蜓,才是真正的"老琉璃"。

麻雀又叫"老家贼"

北京人管麻雀叫老家贼,称呼奇特。"老家儿"一词多指老辈,主要是指父母。北京满族人多,满族人多信奉萨满教。除崇敬狗、马外,还崇敬天鸟,即乌鸦、喜鹊、麻雀。院内的影壁后面多立有索箩杆,上置料斗,内装各种杂粮供天鸟食用。众鸟之中,独麻雀在吃一口后便跳出料斗东张西望,警惕得很,故称"老家贼"。岁数大的老人因经验丰富,不易上当也叫"老家贼"。"老家贼"多为贬义词。

20世纪50年代初,北京曾搞爱国卫生运动,主要是"除四害"。与苍蝇、蚊子、老鼠一起,麻雀也被列在四害之中。北京人上房摇旗呐喊,四处放鞭炮,甚至敲洗脸盆,眼看着劳累惊吓的麻雀在空中时时突然摔下,小命呜呼。麻雀倒是濒临灭绝了,而大面积的病虫害也随之而生。树木、绿化、农作物深受虫害困扰。数年之后,人类觉悟了,有关领导及时为麻雀平反,"四害"中,讨厌的跳蚤取代了麻雀的位置。

"肋脦兵"与"肋脦臭"

"肋脦(lē de)"与"邋遢"实际上是一回事,都不是好词。"邋遢"是北方的通用语,而"肋脦"是老北京常用的土语,都是形容衣服不整齐,衣服过大,不合身,不整洁,不利落。

"肋脦兵"原指清末民初新军中年纪小、身形瘦矮的孩子穿着过大军装不整齐的样子,但没有反感,甚至还有褒义,认为孩子已经成年了,有出息了。"肋脦臭"完全是贬义,是指邋遢、肮脏得令人讨厌的人。

"遛"字多义

"遛(liù)"字的本意是就是人散步遛弯儿和牵着牲口慢走如遛马、遛鸟。可在北京土语里又有下面的意思。

(1)无价值的奔走:为买本书,遛了我好几趟。

(2)反复练习:遛嗓子。

(3)习惯成自然:说遛了嘴,花遛了钱。

(4)抻面前的动作:遛面。

(5)填补:遛缝儿。

(6)再啃:遛骨头、遛西瓜。

(7)浏览:大致一看,遛了一遍。

(8)长久与频繁的讲话:说了一遛够。

(9)行话:复习,遛活。主要在评书、绕口令、相声等说的艺术中使用。

(10)牲口的岁口、牙口:遛口。

(11)练习,顺手:遛手。

(12)迅速,快:一遛飕地跑了过去。

(13)多次买东西没买到,无价值的徒劳往返:遛趟。此外鸽子放飞也称"遛趟"。

(14)一面:这一遛都是商铺。

泥石流又叫"龙爬坡"

泥石流是指在山区或者其他沟谷深壑、地形险峻的地区,因为暴雨、暴雪或其他自然灾害引发的山体滑坡并携带有大量泥沙以及石块的特殊洪流。北京土语里把泥石流叫作龙爬坡,这是北部山区传到京城的土语,官方文字上也曾引用。土语龙爬坡是形容山石、山间洪水造成山体滑坡的凶猛惊人的场面,就像巨龙发怒。泥石流爆发时山鸣地动,暴雨带着山石泥沙沿陡坡席卷而下。因来势凶猛,往往埋没农田、村庄,堵塞公路、桥梁和河道。

颐和园里的"罗锅桥"

电视剧有宰相刘罗锅,罗锅就是北京土语,普通话叫"驼背"。颐和园里有一座拱形桥,正名"玉带桥",因其形状像人的驼背,所以老百姓叫其为"罗锅桥"。

北京有歇后语:汽碾子(压路机)压罗锅——死也直(值)了。罗锅上山——前(钱)紧。钱紧,就是手头上没有太多的钱。

雌蝈蝈叫"驴驹子"

秋天,在山地常常听到山坡草丛中的蝈蝈叫声。寒冬腊月,雪花飘飞,也常常听到北京老人怀揣的葫芦里的蝈蝈叫声。冬天的蝈蝈是人工养育出来的,行话叫"分(代替字,有音无字,音:fēn)",是生育的意思。

拿什么生小蝈蝈?要靠母蝈蝈。然母蝈蝈在北京土语中不叫雌蝈蝈而称为"驴驹子"。因其个大,腹部往往拖到地上,比正常蝈蝈体形大三分之一,身体多为褐色,尾巴拖着一根一寸五长的大扎枪,实际是昆虫的输卵管。之所以叫"驴驹子",说明母蝈蝈个大,生育能力强,就像小驴崽子一样壮实而有生命力。

不孝的子女叫"马蜂儿子"

北京人管不孝子女叫"马蜂儿子"或"马蜂犊子"。原因不明,老人讲,当小蜂出生后,生育后的老马蜂无力喂养众多的幼虫,于是,小马蜂便在窝内吞噬父母亲的身体,所以我们很少见到自然死亡的成年马蜂。

北京的家庭中也有那些不争气的孩子,在外吃喝嫖赌,在家里吃老家儿、喝老家儿,最后还虐待,甚至斥责、打骂老家儿。这样的不孝儿女与马蜂儿子无异。孝也多写为"肖"。说明一下,由于社会发生着飞速的变化,今天的啃老族不属于马蜂儿子范畴。

山西面食"猫耳朵"

山西有一种用拇指搓成的面食莜面卷,北京人则称呼其为"猫耳朵",因为这种面食的样子像猫的耳朵,蘸作料吃味道鲜美。

另外,北京人管国外传进来的"眉豆"也叫猫耳朵。20世纪60年代,人们将眉豆也称为洋扁豆、紫扁豆或猪耳朵扁豆。"眉豆"的特点是越到晚秋,果实结得越多。

从无稽之谈"猫打镲"谈起

北京还有"猫打镲"的土语。猫是个灵物,老人说猫有九条命,但猫也不会像人一样懂得乐理,拿起铜镲打出响声来!所以,当有人言过其实和胡言乱语时,有经验或上过当的老人就会说:他这是在"猫打镲",别信他的。有文化的人,则形容猫打镲是无稽之谈,整个一个胡侃。

与猫有关的北京土语还有:

猫:①躲藏,小孩游戏藏猫猫。②闲待,在家待着不干活。

猫冬儿:北方冬季寒冷,冬仨月不干活。

猫腰:弯着腰。

猫儿食:饭量特别小,如小猫吃的量。

猫儿饭:猫不吃菜,老人便用菜汤、肉汤拌大米饭给猫吃。

猫儿盖屎:从表面上能过得去的敷衍做法,糊(hù)弄事。如一条直线画歪了,把这条直线加粗,后画的粗直线盖住了先画的歪线,叫"猫儿盖屎"。

猫儿尿:酒,专指烈性高的白酒。不是啤酒,啤酒因为酒精度数低,喝得比较多,加上其为黄颜色,北京老人称啤酒为"马尿"。

猫儿匿(腻):外来的北京土语,多指私弊的内情或见不得人的动机和动作。

猫儿头:带锛头的筒瓦。

猫儿洗脸:草草了事的意思,多指简单敷衍凑合事。

猫儿:新式纸牌(扑克牌)中的大、小王,又叫大、小猫。能充当任何牌,相当于麻将牌里的混儿或百搭。

现在常说的从屋里看外面的小凸透镜类的猫眼儿不在此列,那时候住四合院、大杂院,有谁用猫眼儿啊!

"缅裆裤"能做"水骆驼"

"缅裆裤"现在的年轻人不要说是穿过,就是见过的都很少,就算见过也是在舞台上和电影中。"缅"原本有音无字,本文暂时先用它来代替。"缅裆裤"是中式的传统裤子,腰部肥大,穿上以后,要将腰部多出的部分"缅"起来,再用布裤腰带系好。"缅裆裤"的特点是没裤腰,没裤袢,没裤线,不分男女,不分老幼,不分前后,人人适宜。

什么叫"水骆驼"?"水骆驼"是北京旧时在游泳时的一种救生工具。

用"缅裆裤"做"水骆驼"的步骤是,①先将两条裤腿分别挽成疙瘩。②双手提拉裤腰在空中左右挥动,使裤子内充满空气。③将充满空气的裤子迅速摁在水里,在水里用腰带将裤腰处扎紧,"水骆驼"就做成了。充满空气的裤腿在水面上仿佛是骆驼在水里露出的驼峰,它在孩子们游泳时起救生圈的作用。

偷偷斜视的"母狗眼"

"母狗眼"是贬义词,是指喜欢偷偷斜视的人。"母狗眼"一词来源于生活。有的小狗平静地趴在地板上,当主人叫它时,它虽然听到了主人的呼唤,却并不动弹,只是用余光长时间瞟窥主人。

人群中也有这样的,我的对门就是这么一位。这种人以高傲、心眼小的女人居多。话剧《邻居》中的鼋(yuán)姨太太就长着一对喜欢偷偷斜视他人的"母狗眼"。

"母里母气"的"娘娘腔"

在日常生活中,有的男人总带有女人气,尤以语言为甚,有时再加上女人的动作,实在让人难以接受。对有女人气,或说女人腔调的男人,北京人叫二尾(yǐ)子,意为不男不女。对此北京人常说:说话"母里母气"的是男人吗?

"母里母气"与舞台上的坤伶的艺术表演截然不同,是两回事。

"杀熟"与"拿搪"

俗话说"老乡见老乡,两眼泪汪汪"。《四喜》诗中第二喜就是"他乡遇故知"。可北京却有"杀熟"的土语。什么叫"杀熟"?就是旧时的商人、小贩利用熟主顾的信赖和脸面关系,进行欺诈的手段,如以次充好或卖高价儿等。越是熟人越宰你,叫您说不出,道不出。此外,"杀熟"还有另一层意思,就是指刚刚成熟的水果,一是早上市卖个好价钱,二是怕被冰雹或霜打了而提前下树。

"拿搪"过去与"杀熟"同样是贬义词,但与"杀熟"意思不同。"拿搪"主要是表现假意搪塞、推托而实际的刁难,拿一手儿,甚至从中谋利。

现在进入了市场经济时代,人们的观点发生了根本的变化,认为付出劳动者就应该得到合理的经济报酬。如果对方给予合理报酬,也就不要"拿搪"了。

京城难见"牛打滚儿"

人类驯养的牲畜、宠物在身上痒痒的时候,往往采用在硬物(如大树、墙、石碾)上蹭,更多的是用在地上打滚儿的方法止痒。诸如马、驴、骡、猪、狗甚至骆驼。

然在北京城内,牛很少,人们很难见到"牛打滚儿"。因此,北京老人认为"牛打滚儿"是少见的事,是奇迹,意味着不大可能实现的事和物,犹如太阳从西边出来。比如:对借钱久而不还者,往往会说:让他还钱,等"牛打滚儿"再说吧。

拐带小孩的"拍花子"

拐卖妇女和儿童的事现在仍有发生。近期电视里常播南方某省公安联手破获跨省拐卖妇女和儿童案。

北京旧时也有拐卖儿童的事。人们管这种犯罪手段叫"拍花子"。民间谣传"拍花子"的手段十分厉害,用手轻轻一拍小孩的脑袋顶,小孩就老老实实地跟拍花子走。还有用食物玩具诱骗小孩的。拍花子无孔不入,一度在北京市十分猖獗,有的老人甚至用"拍花子"吓唬孩子。孩子哭,孩子不睡觉,孩子磨咕大人,老人都用"一会儿'拍花子'来了把你拍走"来吓唬。"拍花子"在孩子心中很长一段时间都是邪恶的代名词。电视剧《康熙微服私访记》(食盒计)中就有一女性老"拍花子"拍小女孩楚环的故事情节。

流氓术语"拍婆子"

同样是"拍",但意思不同。流氓术语有"拍婆子"一词,意思是生活作风差的男人勾引妇女,更有的女子主动迎合,"一拍即合"这句成语用在这种男女身上是最恰当不过了。20世纪60年代初,"拍婆子"一词在北京相当流行,甚至出现在中学生的口中。

大小便的量词叫"泡"

量词是表示事物或行动单位的词。比如一张纸、三口人、一头驴、四匹马、两双鞋等。北京人管大小便叫"泡(pāo)"是十分奇怪的。如拉一泡屎、撒一泡尿。

当然,"泡"是多音多义字,还有泡软、涨,消磨时间和久缠,使对方不能忍耐,从而达到目的等意思。如泡爷、泡蘑菇、泡将、泡妞、泡儿局、泡儿轻、泡泡囔囔等。

群鸽飞翔论"盘"

天上飞的鸽子一般论群,多指鸽子从天空短时间飞过。在特定的情况下,北

京人管家养的群鸽在天空上飞论"盘"。家养的鸽子从窝里飞出后,往往只在自己主人的院落上空盘旋,多不远飞,飞翔轨迹呈盘状,故老北京人管家养的群鸽在天空上飞叫"盘"。反之,鸽子的远飞称为"走趟",偶尔还会带回别的鸽子。鸽子每盘以21只为准。现在城区内养鸽子的日益减少,"盘"的标准不再特别严格了。看自家鸽子的盘在天空上飞有好处,有文章记,梅兰芳大师就是用看鸽子飞来练习自己的眼神。"盘"还有女人的脸、向日葵花托等解释。

汽车也会"趴窝"

鸡、鸭、鸽子等禽类孵蛋时,北京人称为"趴窝",因为母亲要用自己的体温静静地在窝里将自己的子女孵化出来。汽车因为故障不能行驶而静静地停在那里,也叫"趴窝",只不过它不会孵出小汽车就是了。

"片儿汤"与"片儿汤话"

"片儿汤",是老北京老人爱吃的一种面食,把白面和好,擀成薄片,刀切或手拉成约一寸见方的薄面片,煮熟后加上有菜有肉的汤即可食用。"片儿汤话",则是开玩笑时说的逗趣话。北京人常说的是,老没正经的,净说些"片儿汤话"。

"盆里碰"也叫"煮球"

"盆里碰",是老北京人吃的一种面食,用极少量的白面和玉米面做成面疙瘩,在盆里摇圆,面球在盆里上下左右翻滚,得名"盆里碰"。煮熟后拌以韭菜花、芝麻酱、辣椒糊(变音:hù),初吃时味道鲜美。因其为球状,也叫"煮球"。

趣 谈 五

"钱板""搓板"和搓衣板

小标题上说的三块板"钱板""搓板"和搓衣板实际上是一回事,就是现在的洗衣板。"钱板""搓板"是北京人给洗衣板起的土名,于是"钱板""搓板"就进入了北京土语的行列。

为什么洗衣板又叫"钱板""搓板"?"钱板",过去是商行里数钱、放钱的专用工具。"钱板"长约一尺五,宽约八寸,上面横向剜刻出条条沟槽,每条沟槽内正好可立着放入现大洋(银圆)一百枚。"搓板"与"钱板"宽窄、厚薄相同,2尺2寸长,因洗搓衣服,故称为"搓板"。"搓板"也叫"钱板",是取其形似。只不过"搓板"上的沟槽窄且浅,有直线与弧线两种,弧线沟的目的是为了搓衣带水,木料多为柳木。

警惕"敲锣边"的人

"敲锣边"在北京土语里是指用语言煽动、唆使别人出面争执,自己旁观,达到挑唆、使坏的目的人。"敲锣边"的人品质很坏,本来双方就有小矛盾,"敲锣边"的人用语言来讽刺、挑唆、激将,如火上加油,结果本不应发生的恶果发生了,"敲锣边"的人挑拨阴谋也就达到了。所以我们要警惕"敲锣边"的人。

从"怯八邑"谈起

何为怯(qiè)?见识不广,语言、动作不合当地时宜。何为邑?就是旧时的都城,民国年间的县城。"怯八邑"指的是旧时京东八县"宝坻、三河、蓟县、滦县、丰润、玉田、遵化、唐山"的居民的语言和动作等和北京人不同,带有歧视性。老北京人管上述地方人的口音叫"怯老嗒儿",也带有歧视性。

旧时,北京流传一副京郊八县联,内含其中四县。

密云不雨旱三河,虽玉田也难丰润;
怀柔有道皆遵化,知顺义便是良乡。

其实,河北的承德比上述八县距离北京还要远得多,但承德人却能讲一口流利的北京话,包括大部分的北京土语。为什么?因为承德有避暑山庄,有大量的满族人和蒙古族人,有清廷的常驻官员。现在北京城内北京人讲北京话都没有承德人讲得纯正。为什么?因为现在北京的外地人太多了,各地口音太杂。

"肉枣"里面病菌多

老北京人管各种肉类里因为含有病菌而形成的枣状硬瘤叫"肉枣儿"。旧时北京人认为肉瘤犹如人体中的癌变体,所以有肉枣的肉,价钱比较便宜,现在则禁止出售这种肉。此外,北京人对体形矮胖、行动迟缓的人也称"肉枣"儿。

足球场上"傻钵依"

在北京看足球比赛,不管是工体还是丰体,不管主队是输是赢,不管裁判判断正确与错误,北京一些球迷都会有节奏地喊傻钵(bō)依!傻钵依!新闻媒体称为"京骂"。其实,这还真是冤枉了老北京人。

20世纪50年代,北京市内体育场很少,所有的国际比赛和国内重要的足球比赛都在先农坛体育场,观众席上基本都是北京人,少数外地观众多坐主席台左右。那时候,队员球技与今日队员不可同日而语,精彩程度没有现在这么激烈,裁判水平也没有现在这么高。有哪位读者、听众能回忆起,那时候有没有所谓的"京骂"?没有!为什么,原因是北京是辽、金、元、明、清的古都,是政治文化中心,历代京官也不会允许在国都内出现代表性的骂人词汇。

清代的北京人以满族、蒙古族为主体,时至现在,有些人还在说满族人礼多,规矩多,甚至有姑娘也不愿嫁给"旗人",怕自己的闺女在旗人家受气。北京人对年纪大和尊贵的人称为"您"或"怹(tān)",其他地方人有这么称呼的吗?经常说的是你、我、他,极没礼貌。

当然,老北京也常常提到"傻"字,但极文明。如管傻小子(男孩子)叫"傻二哥"。"傻白"就是刷(shuà)白、苍白,脸上没有一点血色。"傻啦吧唧""傻乐咣叽""傻不愣瞪"都是形容傻头傻脑样子的词。"傻把式"是指旧时在天桥卖艺的艺人中,只凭表演而不是靠嘴皮子挣钱的人。"傻"并不都是贬义词,也有褒义词的"傻锛儿锛儿"。"傻柱子"也是褒义词。不俊俏的姑娘或穿着肥大衣服而令人感到不灵巧的姑娘叫"傻大姐"。"傻帽儿"是社会上常常称呼初来北京的外地男人。称厚道而且不爱多说话的人为"傻葫芦"。憨直而勤劳的人或身体粗壮高大的人为"傻骆驼"。在脑筋急转弯中没反应过来的孩子叫"傻瓢、傻壳"。最厉害的骂人话就是说人是"傻蛋,傻狗"。

真正的老北京人在社会上碰到足球场上喊的"傻逼(bī)"一词时,会含蓄地用"傻钵依"一词来代替。

"屎"字另解

人吃五谷杂粮,就得拉屎。屎是臭的,所以老北京人将屎和臭画上了等号。引申出了以屎代替"臭"的北京土语。

"屎":多指的是正常人中技能低劣的人,经常走出屎棋的人称"臭棋篓子"。

屎盔儿:幼儿的屎盆儿。

屎克郎:蜣螂,"蜣螂冲"牌香烟,马季先生表演的《宇宙牌香烟》。

屎克郎车:用格档儿、篾儿做的儿童玩具车,用蜣螂拉。

屎蛋、屎球:讽刺那些无知的人。

屎猴:旧时对掏粪者的蔑称。

屎瓜子:臭瓜子。

屎到屁股门儿才说话:比喻事情紧急,不能再等待。

歇后语中的屎克郎上马路——冒充黑色小卧车。因此有人管黑色小卧车叫屎克郎。

屎克郎胡同:就是今天新街口地区的时刻亮胡同。

"事儿妈"的事就是多

北京对爱挑刺、不好伺候的人和爱多事,而且花样多,一会儿一个主意的人叫"事儿妈"。"事儿妈"不分男女,不分老幼,以中老年妇女和中年男子居多。尤其是孩子,北京人常说:这么小的孩子,现在就这么多事,整个就是一个"小事儿妈"。

手脖子、脚面与脚脖子

手脖子,就是手腕子;脚脖子,就是脚腕子。脚面,指脚的上部,即脚脖子至脚趾的那部分,学名叫"跗面"。我在《德胜门西水关》一文中提到"脚面"一词说:河水只有脚面那么深,形容水浅。

妇女专用"手揣子"

男人在天冷的时候可以将手揣在宽大的棉袄的袖筒里,女人则不允许,认为不礼貌。于是女人想出了新的保暖方法,做一个棉筒子,棉筒的两端开口部分缝上一半,留出两手出入的筒口。最后在左右的筒口缝上一根布带子,挎在脖子上,天冷时手在棉筒内保暖。北京人管这种保暖的棉筒子叫"手揣子"。北京妇女手很巧,会在"手揣子"的正面绣上美丽、吉祥的图案。

儿童游戏分组的方法——手心手背

最近流行一首歌,叫《手心手背》,演唱者贺玉振。其实,这首歌的歌名就是北

京土语,是旧时北京众多儿童在玩游戏时,决定人选、分组或淘汰的一种方法。

届时众人围在一起,在统一的口令下,每人突然将手伸出,手心者一组,手背者一组。类似另外一种决定人选、分组或淘汰的方法——"单锛儿我倒霉"。

金鱼排卵叫"甩子"

北京人管金鱼排卵叫"甩子"。

京城四门"四大仙"

北京老人常提"四大仙",就是在老宅院子里"闹鬼"的几个主要"演员"。即黄鼠狼、狐狸、刺猬、蛇。

盖房求吉利——"四破五"

老北京人住的四合院,北房(正房)多为五间,以求正房堂屋在中轴线上。如果院子不够大只能盖四间的地儿,怎么办?用"四破五"的方法,以图吉利和建筑上的美。即正中三间为标准住房,左右各盖半间。也有"二破三"的。

怯懦之人"尿蛋包"

北京人管怯懦的人叫尿(sóng)蛋包、尿包、尿骨头。有武大郎卖棉花——人尿货软,武大郎叫门——尿人到家,武大郎跳井——尿到底了。北京旧时有一种排子车,老人们称尿人车。

"孙子"引申出的词

孙子在普通话里是儿子的儿子及后代的意思,同样在北京话里也是这个意思。不过,老北京人对"孙子"一词还有别的解释。

(1)胆怯、怯弱:如二马这小子一见到头儿(上级领导)就孙子了。

(2)骂人的话:如二马这小子尽装孙子。

(3)家伙:这"孙子"怎么还不来? 在这里,"家伙"一词可以用"孙子"来代替。"孙子"一词也有褒义的时候,爷爷对外人夸隔辈人,官称"孙伙计"。至于隔三代以上的孙子辈,统称"孙泥"。

"拓蓝纸"就是蓝色复写纸

北京老人管蓝色复写纸叫"拓(tà)蓝纸"。拓,源于在刻铸的器、物上蒙上一层宣纸,捶打后凸凹分明,显出图形和文字。复写纸也是上面有一层纸,然后拓印到下面。

"你我他"与"您我怹"

老北京人极讲礼貌,在长辈和尊敬的人面前,每逢遇到你、你们的字音时,必须用您和您们来取代,否则被称为没礼貌、没家教。把你放在我的心上,尊重你,"你"加"心"就变成了"您"。同样把他放在我的心上,尊重他,结果"他"加"心"就变成了怹(tān)。

"怹"字是老北京特有的专用词。随着外地人的增多、老北京因搬迁而居住的分散,"怹"字在30年内估计要消失。

对于老北京人的这种称呼叫法,许多外埠人听不惯,更有人认为老北京人礼太多,甚至认为北京人在称呼上太虚伪。

"汤儿泡饭"与"汤儿事儿"

"汤儿泡饭",贬义词,指懒,过于简单没质量。一般指的是出工不出力,不抓紧时间干活,磨洋工。现在提到了不严肃的层面。

与"汤儿泡饭"相关的是"汤儿事儿"。"汤儿事儿"指的是敷衍了事,不动真格的。此外,徒有表面而没有实际作用的行为也叫"汤儿事儿"。

"弹弦子"和"弹琵琶"

"弹弦子"和"弹琵琶"是一个意思,都是形容轻微的半身不遂,手不停地抖动。

套磁与碰磁

北京人管主动拉拢、套近乎叫套磁,是由磁契、此起、起小而来。套是慢慢地扩展。"套近乎""套磁"不完全是贬义词,有恢复旧情的意思。与之相反,北京有"碰磁"一说,是指旧社会地痞、混混儿使用讹赖敲诈的卑鄙手段,在大街公开榨取他人财物。旧北京的这种丑陋现象一直延伸到今天,主要表现在机动车和吃老本上。

南方某市著名的瓷器市场上,个别的坐商"碰磁"手段也很厉害,本人深受其害,记忆犹新。个别货主故意将瓷器放在柜台的边缘上,只要顾客走到旁边,货主就在远处将瓷器震落下来,顾客赔偿部分钱钞方可离去。1993年,本人与4位朋友同时同地受到4位摊主的讹赖敲诈,近30年来,对其"碰磁"讹赖敲诈的卑鄙手段,恨之入骨,铭记于心。其"仁慈"的方面是让您赔得起,百十块钱,私了,别把事情闹大。走时还送您一件小礼物。

常说不常见的"熥"

"熥(tēng)"的字音北京人口中常说,但很少见到字,给人一种有音无字的印象。"熥"就是用蒸的方法重新加热一下。此外,在北京民间医疗方面有热敷的意思,老人们常说,用热毛巾敷在扭伤处,熥,可以消肿。

在采用蒸热食物方面,北京还有一个词,叫"馏(liù)"。比如:馏个包子、馏个馒头。

艺人最爱的"挑帘红"

在北京的戏曲舞台上,有的演员一直是配角,而有的演员第一次登台就受到观众的欢迎和称赞。北京戏曲界对新演员的这种现象称为"挑帘红"。

"铁雀"与"除四害"

20世纪50年代初期,北京曾搞过"除四害"爱国卫生运动,蚊子、麻雀、苍蝇、老鼠均在其内。数年之后证明,麻雀虽然糟蹋粮食,但相比之下,麻雀消灭害虫的功劳更大,所以,后来在"除四害"中为麻雀平了反。

可是北京的酒馆里,有人经常吃烧烤麻雀,其形状、颜色如铁状,故"馋人"称这道下酒菜为"烧铁雀"。"雀"读"巧儿"的音。

现在,北京有一种过去根本没有过的害虫应列入新四害之一,那就是蟑螂。

常说不常见的"投"

"投(tóu)"的字音北京人口中常说,但过去很少见到字,给人一种有音无字的印象。现在,"投"字已合法化了,收进了词典。"投"在总体的意义上讲是重复前面的动作。如将衣服上的肥皂沫洗掉的漂洗;使劲搓洗;洗米的淘洗和清除米粒中的轻浮物。

此外,北京近郊区的木工师傅将制作刨子、木犁等工具及将木料上原有的孔或洞再扩大一点儿也称为"投"。

土地爷掏耳朵——"㧪泥"

土地爷掏耳朵——"㧪(wǎi)泥"本是北京地区常说的一句歇后语。土地爷全身都是泥做的,土地爷掏自己的泥耳朵,自然挖出的是泥。本文说的是北京土语"㧪"字,其字由提手和歪字组成,是舀、扤(kuǎi)的意思。如:㧪碗白面,㧪碗水等。

高秀敏的"瓦凉瓦凉"

演员高秀敏的小品节目里有这么一句台词:"我心里瓦(wà)凉瓦凉的。""瓦凉瓦凉"是北方话,北京土语中也有,就是特别凉。"瓦"就是"特别"的意思。两个"瓦"字连用,突出了特别的气氛。此外,天空"瓦蓝瓦蓝的",就是天空特别特别蓝。

要命的"往前走一步"

一次,在农贸市场上看到一中年妇女与一外地商贩吵架,围观人很多,起因就是一句北京的土语——"往前走一步"。卖菜的小伙子的原意是:"你嫌我的东西不好,你别老在我的摊位前站着,你再到前面的摊位上问问。"

但旁边劝架的一位北京人重复这句话时,竟有意无意地说成了这样的话。"您再往前走一步,非在他这一棵树上吊死"。此言一出,这两位北京人就对骂起来了。吵架变成了骂架,急得小伙子又忙着从中劝架。其原因,就是不能轻易对北京中年妇女说"您再往前走一步",因为老北京把希望寡妇再嫁说成"您再往前走一步"。

收藏"碗足儿"热

近十几年来,北京收藏爱好者掀起了一阵儿收藏瓷器热,这里面包括收藏"瓷片儿"和"碗足儿"。什么叫"碗足儿"?"碗足儿"就是碗外底部围墙状的圆圈,就像碗的脚,使碗能平稳放置。"碗足儿"也叫"碗托儿"。

艺高胆大的"窝脖儿"们

"窝脖儿"是旧时北京人对一种搬运工作的称呼,以肩扛、手提为主,多是给人搬家或把人家的嫁妆送到喜轿铺。这种行业的正规名称叫扛肩的。"窝脖儿"这种行业干久了,每个人都会落下职业病,甚至残疾,有的人脖子上会有一个大肉腱(jiǎng)子,有的人还会被压成驼背而成为"罗锅子"。

老北京忌说"蛋"

老北京忌说"蛋"字音,忌用"蛋"字眼,这和男性生殖器及宫中太监睾丸被割掉有关。所以,北京人碰到"蛋"字时,都会巧妙地避开,用其他字代用。如鸡蛋汤叫"苜蓿汤""甩果汤",去壳鸡蛋整个放入水中煮叫"卧果儿",摊鸡蛋叫"摊黄菜"。

另外,北京人管鸡蛋叫"鸡子儿",煮鸡蛋叫"煮鸡子儿",咸鸡蛋叫"老腌鸡子儿",茶鸡蛋叫"茶鸡子儿",酱鸡蛋叫"酱鸡子儿"。普通话的笨蛋叫"笨鸡"。

人、马都能"卧槽"

中国象棋里有一杀着,即本方马与对方将帅形成横日字的形状时,象棋术语叫"卧槽马"或"马卧槽"。在生活实例中,最有影响力的是三国演义中关云长战长沙时,老将黄忠的战马"马失前蹄"一节。

在北京的土语里也有将"卧槽"比喻人的时候,表现在人在跌倒前,双腿呈跪状。形象地说:他腿一软,一个"卧槽"摔在那儿了。

京人爱吃"五月鲜"

北京土语里的"五月鲜"一词,指的是在农历五月上市的新鲜果品,如鲜桃子、鲜玉米。"鲜"也有"先"的意思。

人也可称"香饽饽"

饽饽,一般指的是北方的馒头或其他块状的面食。"香饽饽"则是饽饽里的上品。在北京的土语里"香饽饽"也可以比喻在长辈或领导面前吃香的人。比如"咱可比不了人家,现在人家是'香饽饽',领导的红人"。

"橡皮纸"和"牛皮纸"

"橡皮纸",是一种新式样的图画纸。"牛皮纸"是北京人对一种内含植物纤维,纸质坚韧,特别结实,颜色黄亮像牛皮状的一种纸张的称呼。此纸用途甚广,北京市场上多用于包装。

细长的"仙鹤腿"

北京人管人的细长腿叫"仙鹤腿","鹤"读"豪"字音,因为天上飞的丹顶鹤、白鹤、黑颈鹤等鹤类的腿又细又长。对于现在人来讲,"仙鹤腿"还是褒义词呢!

小本经营称为"小鼓捣油"

北京老人管小规模、小本经营的小生意称为"小鼓捣油"。此外,在领导面前说别人的不好,也叫"小鼓捣油"。其源于"添油加醋"这句俗语。

趣 谈 六

"下三滥"指的是什么

旧时,北京人骂人最狠的话莫过于"下三滥"这句话了。"下三滥"指的是什么?说不清。据说和"磨面"一次、两次、三次有关。本人不同意该观点,故不引用。实际上"下三滥"所骂的是指那些自甘堕落的下流之徒,"三"应该是"散",而不是专指社会上哪三种人。

"蝎拉虎子"掀门窗——"露一小手"

这本是北京地区的一句歇后语,是自谦的语言。"蝎拉虎子"是北京土语,就是普通话中的"壁虎",身长、尾长,而爪子短小。有"照猫画虎"引申出的笑话:照"蝎拉虎子"画鳄鱼。

"叫茬疤儿"与"找邪茬儿"

北京人管挑衅叫"叫茬疤儿",管无端挑衅叫"找邪茬儿"。

吃功夫的"蝎子爬"

"蝎子爬"是戏剧武生行当里较为吃功夫的一个动作,官名叫"竖蜻蜓",即用双手代替双脚在舞台上倒立行走。新中国成立后,随着体操运动的普及,现在的名字叫"倒立"。

"菜码"与"戏码"

北京人爱吃面食,诸如馒头、烙饼、馅饼、包子、面条等。北京人吃面条又有打卤面、氽面、芝麻酱面等。这里提到的北京土语是炸酱面里的"面码"。"面码"北京又称"菜码",在北京炸酱面里占有很高的地位,有人说:在北京吃炸酱面吃的就是"面码"。北京的炸酱面面码有黄瓜丝、黄瓜条,去头去须的豆芽菜,青蒜末、青

蒜段、水萝卜丝、香椿末、芹菜丁、小红萝卜丝。正规"面码"不得低于八种。北京炸酱面的"面码"要的是鲜脆可口、色泽青亮并与岁时节令相匹配。面码的"码"字一定用儿化音。"码儿"就是在桌子上整齐地摆着,显示老北京旗人的那种气派。

与炸酱面"面码"相辅相成的还有北京戏园子里的"戏码"。什么叫"戏码"?就是本场剧目的节目单。节目开演之前,伙计将"戏码"送到观众面前,观众根据自己的喜好安排自己的时间。收藏爱好者中的老戏迷现在还有人专门收藏旧时的"戏码",价值不菲。

刚和的面要睡觉——"醒"

人要睡觉,刚和(huó)的面也要"睡觉"。在北京的土语里有一个字,"醒"。我们和面时,由于干面的着水程度不同,面和出来往往不滋润甚至里面有面疙瘩。当我们将面揉几下,放到一边,在上面铺块湿布,十几分钟后,这块面就会好揉并十分滋润、有劲。

为什么?窍门就在这十几分钟里。其间,这块面因为水渗透得均匀而变得柔软,使操作人无论是抻还是擀均得心应手。看来刚和的面也要睡一会觉,"醒"了以后才有筋道。

"雄黄年间"与"驴年马月"

老北京有一句土语——"雄黄年间"。什么意思?就是形容年代十分久远。如:那都是"雄黄年间"的事了。与"雄黄年间"相匹配的是北京的另一句土语——"驴年马月"。"驴年马月"就是根本找不到的日子,因为12生肖里根本没有属驴的。

"叫板"与"叫板"

"板眼"是戏剧里的节拍、节奏速度变化的各种组合。当演员在唱的时候,鼓师左手持檀板,右手持鼓键子,每击一下檀板,就是一板;每打一下单皮,就是一眼。演员在唱之前有语音和声腔方面的提示,叫"叫板",而后演员、鼓师、全体乐队成员珠联璧合,完成演唱过程。此外,主动打架,寻衅滋事,即使是正义的,也称为"叫板"。

砖砌拱形称为"券"

在特殊地面上施工时,工人多需要采用砖砌拱形的建筑形式。比如一扇墙正好从水井上通过,但墙又不能直接砌在水井上面,于是工人采用砖砌拱形的形式避开水井。北京管这种形式叫"券(xuàn)""起券"。券的种类有多种,常见的有券底下走人的"券门洞";有券底下走水的"券水洞",大的券水洞就形成了桥洞。

写字最怕出"须尖"

"须尖"这句土语是个专用词,指的是在用毛笔写字的时候,毛笔笔尖突出一两根毛,需用手指轻轻揪出。其原因是,毛笔笔毛捆扎不紧,固定的胶没有使匀。

写毛笔字的人最怕出"须尖"。一怕影响笔锋,二怕"须尖"与墨留滞在作品上污染作品。

"轧马路"

老北京人将男女青年长时间在马路或公园里边慢走,边谈恋爱,说成"轧马路"。"轧"有着慢走的含义。

此外,"轧"字在北京土语中还有在椅子上前后左右晃动身体,小幅度地摇荡,致使椅子脱榫散架的意思。

"狗吃屎"与"仰八壳"

狗走千里吃屎,这是北方地区的一句俗话。北京人管人向前方跌倒叫"狗吃屎",意思是嘴接触到了地面,如同与"狗吃屎"一般。如果人向后方跌倒,后脑勺先着地,则称"仰八壳"。"仰八壳"多发生在冰雪季节,易产生脑震荡的后遗症。

讨厌的"杨剌子"

北京旧时有一种蛾子,其幼虫攀伏在花草或树叶的阴面,寸长,浑身是毛,人一旦触及便会瘙痒,并且瞬间红肿,愈挠愈痒,瞬间连成一片。北京人管这种幼虫叫"杨剌(lá)子",其成虫叫"剌蛾"也叫晦(huì)晦儿。

"拉拉秧"与"蝎子草"

"拉拉秧"与"蝎子草"都是北京旧时野生的植物。共同点是人的皮肤一旦接触其蔓、叶便会刺痒无比,红肿片片。不同的是,前者为爬蔓状,后者为灌木状。前者长在平原坡地,后者长在山沟里,包括香山公园、鹫峰一带。前者叶、蔓均刺人,后者仅叶阴面蜇人。前者刺痒较轻,后者蜇人甚重。

"幺二三"与"么蛾子"

原来"幺(yāo)二三"指的是极少的数,微不足道。现在引申为有层次的具体内容,如"你得给我说个'幺二三'来。""幺蛾子"本身是牛牌中的一张,三点在下,斜为一排,另一点在上。侯宝林、郭启儒的相声《空城计》里的四个小兵一边一个一边仨的站样就是"幺蛾"。

此外，"么蛾子"在北京话里还有怪花样、怪主意、节外生枝等贬义。

府里"要饭"是气派

在普通话里"要饭的"是指向别人低三下四乞要剩饭菜的行为。在北京旧时的深宅大院和王府里也有"要饭"一词，其意义正好相反，指的是府第的主人通知开饭了。为什么？主人认为，一切食物都是我的，我要什么就上什么，必须给我，理直气壮，一副盛气凌人的气派。

现在在宾馆、饭馆有人改称为"叫菜"，其间也有一定的道理，主要是年轻人没有过去的那种生活。

"丫挺的"

旧北平的街头巷尾的地痞、流氓和土混混常使用一句骂人的脏话——"打你丫挺的"。这句北京土语原来只是用来骂人，没有人深究它的来历，用以表示对对方的蔑视。

20世纪50年代末期，文化大普及，有人有了文化，开始借题发挥，抠字眼，将"丫挺的"引申为"丫头养的"，演变成了没出阁的姑娘生的孩子，使"丫挺的"的骂人杀伤力大大地增加。

路程远近论"绷子"

老北京人说的一段路的远近称为"绷子"，这是外地人很难理解的语言。比如：老三出差去西安了，这绷子少说也得千百里路。路程近一些的也论绷子，比如：祥子这绷子得跑到孙河了。形容年代久远也用绷子：敢情，哥俩这绷子有40年没见（面）了。此外，"绷子"也可以形容快。"绷子"一般指往外比画的单位，而且是单程。

侮辱人的"一支夯"

与胳膊相比，北京人称粗壮的大腿为"夯"。孩子们在买蛐蛐时，见到缺一条大腿的蛐蛐称为"一支夯"。后这一词不知何时运用到了人的身上，是侮辱人的恶劣词。

今人谁还穿"油鞋"

"油鞋"如今的年轻人多不知道。旧时北京夏季多雨，土路泥泞，但没有雨鞋、雨靴，于是就用木工用的桐油涂抹在布鞋的外面，用于防水，故自制的桐油防水鞋又叫"油鞋""水鞋"，冬天的叫"油毛窝"。

随着社会的进步，如今自制的桐油防水鞋、油鞋、水鞋均已淘汰，取代的是用橡胶原料做成的雨鞋、雨靴。但有的老北京管橡胶雨鞋、雨靴还是叫"油鞋"。

人死后的北京土语

人死了,现在人称"走了",较为文明,含蓄。相声演员高英培有这样一个段子。

然而,旧时北京人说"死"则五花八门。

(1)嘎锛儿了。

(2)踹腿儿了。

(3)吹灯叭——吹灯拔蜡了。

(4)吹台了。

(5)作古了。

(5)打卦了。

(6)打老鸹了。

(7)蹬腿儿了。

(8)踹了。

(9)嗝儿了。

(10)翻白眼了。

(11)撂了。

(12)无常了。

(13)嗝儿屁了。

(14)嗝儿屁招凉大海棠了。

(15)呜丢丢了。

(16)哇儿哈。

(17)弯回去了。

(18)没熬过去。

(19)走人了。

(20)眼儿猴了。

(21)听蛐蛐叫去了。

(22)没脉了。

(23)咽气了。

(24)死球子了。

(25)烧了。

(26)梆档仓了。

(27)撂挑子了。

(28)地下工作者了。

(29) 死鬼了。

现在人只选择称"走了""不在了""过去了""火化了"几个词，都较为文雅、文明。

"十三悠"的"油葫芦"

"油葫芦"是北京地区昆虫的一种，个头儿比蟋蟀大，有黑、金黄、棕等多种颜色，也善斗，但不激烈，北京人养"油葫芦"主要是听它的叫唤。好的"油葫芦"可以叫到"十三悠"，甚至"十七悠""十九悠"。

什么叫"悠"？"悠"就是"油葫芦"在空间回荡的声音。一"悠"由"得儿—悠—悠—悠—悠—悠—悠—悠八个音节组成，每"悠"持续约5秒钟。如果是"十三悠"的"油葫芦"，那么这只"油葫芦"一口气可叫一分多钟，这就算中上等的了。如果您屋子里有十几只"十三悠"的"油葫芦"，那么您家一天24小时都能听到"油葫芦"的叫声，此起彼伏，乐而不疲。

"油炸豆儿"不能吃

"油炸豆儿"是老北京人一种下酒的小酒菜，又叫"开花豆"，即蚕豆经过油炸后很酥脆，较为好吃。旧时北京有一种昆虫绿色，全身油亮油亮的，会飞，体如油炸过的小蚕豆，所以，人们管这种昆虫叫"油炸豆儿"。现在这种昆虫已经绝迹，人们开始将蟑螂叫"油炸豆儿"了。

蟑螂代替了"灶马儿"

旧时，北京冬天取暖做饭多用黄泥、碎砖头砌的灶台，每年一进冬，有一种叫灶马儿的昆虫鸣叫不停，声音悦耳，怕冷，离开热灶后很快死亡，因此它不啃噬衣物，只在灶边能偶尔见到它。住户中的老人与厨师很喜欢他们，但这种昆虫藏匿很深，而且不能盆罐育养。随着火炕和灶台的拆除，在20世纪60年代就基本听不到"灶马儿"的鸣叫了。取代"灶马儿"的则是讨厌的蟑螂。

"拉便宜手"与"拉偏套"

老北京人有句土语叫"拉便宜手"，意思是俩人打架，第三方以中间人劝解为名，实际上是用身体挡住一方，束缚对方的还手能力，让另一方趁机打对方，造成对方吃亏。对于第三方在双方打架中明显倾向一方的举动，老北京人叫"拉便宜手"。

"拉便宜手"一词源于"捎子马"与"拉偏套"或"拉帮套"。旧时马车往往用两匹马拉车，车辕之内的马称"辕马"，起着驾辕的主力作用，而辕外之马则称为"偏马"和"帮套"，起着辅助的作用。"拉便宜手"就是在打架时起着"捎子马"与"拉偏套"或"拉帮套"的作用。

"拉帮套",在北京土语里还有另外的一种解释,即旧时姘夫帮助、资助姘妇本夫家的家庭生活。

露天场所"雨来散"

指人们露天聚集的场所,侯宝林的相声《三棒鼓》里有"雨来散"一词,说的是天桥、护国寺、什刹海荷花市场等地的场景。露天茶座、露天农贸市场、露天小吃都称得上"雨来散",雨一来,上座的客人自然就散了。露天的买卖人就怕下雨。

"贼"不是好词

现在小品里的东北话较多,经常听到"贼漂亮""贼舒服""贼亮""贼酸""贼胖""贼邋遢""贼冷"。在上述词语中,"贼"当"特别"讲。

可在北京的语言中,"贼"不是好词。如:让人家"贼"上了,当"暗中追踪""盯住""看"讲。此外,还有胡同地面上盖着浮土的"贼"冰,这种冰有欺骗性,上面有浮土遮掩,下面坚冰"贼滑",人一不小心,就会摔倒。贼头贼脑的"贼骨溜滑"。累个极度疲劳的"贼死"。有偷盗恶习的"贼腥味儿"。从缝隙钻进屋内的冷风叫"贼风"。从外表看不出来的人身上的肥肉叫"贼肉"。不正当的"贼心眼儿"。

婴儿难分真假的"咂咂头儿"

"咂咂头儿"就是让婴儿吸吮的奶嘴,因为北京人管乳房叫"咂儿"。

婴儿幼小,虽不懂真假"咂咂头儿",但有的婴儿懂得"咂咂头儿"里的奶水有糖没糖。我先后见过几个小女婴,有糖狂吸,没糖拒之并大哭,可能婴儿认为大人欺骗了她。

水草京人称"闸草"

北京四合院的住户爱养鱼,有"天棚、鱼缸、石榴树,先生、肥狗、胖丫头"之谚语。院内的鱼缸也叫鱼盆,里面主要养的是"龙睛""虎头""望天"一类长尾巴的金鱼。鱼缸里的水草能起到增加水中氧气和接纳鱼卵的作用,并且也会使鱼缸里看起来更美观。

北京人管鱼缸里的水草称"闸草"。其原因是有些水草生长在护城河的水闸的出水口处。为什么?因为水闸的上游蓄水极深,水草不易生长,而水闸的下游处水极浅,甚至只有一两寸深,只有水闸处水流缓慢,阳光充足,易于鲜嫩水草的生长。

老和尚埋地雷——"炸庙"

老北京人对大惊小怪、虚恐乱叫、惊慌失措而实际上根本不存在惊恐因素的语言、动作称为"炸庙"。意为庵、观、寺、庙、堂乃是平静之地,无原因的大声恐叫,犹如佛门净地一声雷。所以,北京人有了一句诙谐幽默的歇后语,老和尚埋地雷——"炸庙"。

拆字谜语"赵不肖"

北京有一句土语是由字谜组成的,即"赵不肖"。什么意思呢?繁体字的"趙"字是由"走""肖"两部分组成的,赵字不要"肖"字了,只剩下了"走"字,所以北京人用"赵不肖"来隐语"走"。

"招呼"多解

"招呼"在普通话中被解释为"举手示意人来,呼唤"。可是"招呼"在北京土语中却有多种解释,其中最多的是与打架有关,用"招呼"一词取代"打架"二字。比如:快去劝劝吧,两边"招呼"上了,血渍呼啦的。这是双方殴斗的场面。被迫参与打架的有:"弟兄们! 招呼吧,不还手不行了。"在这里,"招呼"起着动手、上手的意思。

"招呼"在北京话里的含义较多。如您替我"招呼"一下摊儿,"招呼"就变成了"照顾""照料"的意思。如果"这是咱头儿'招呼'过的事",那么"招呼"就变成了"吩咐"、"嘱咐"的意思。如果"咱头儿招呼了那小子一顿",那么"招呼"就变成了"呵斥""斥责""严厉批评"的意思。此外"招呼"还有"快速而过"的意思,如:他这一"招呼"就跑出去三里地,哪儿追去?

"招呼"还有"提醒""注意""小心""留神"的意思,如:"招呼"着,小心上头这块板子掉下来砸着谁。

放屁拉抽屉的"遮蹓子"

老北京有一句很让人难理解的话——"遮蹓子"。

何为"遮蹓子"? 就是自己给自己找台阶。自己给自己打圆场,掩盖前时自己说错的话或做错的事。北京的歇后语有"放屁拉抽屉儿——遮蹓子"(遮读 zhě)。

残羹剩菜话"折箩"

总体说,"折箩"就是宴会酒席过后,伙计将餐桌上没怎么动过的菜混在一起,再加热出售,是处理残羹剩菜的一种好办法。然而折箩与残羹剩菜还是有区别的。首先,"折箩"的菜基本上是炒菜,盘内的剩菜较多。其次,"折箩"菜里不包括鸡鸭鱼及凉菜。"折箩"菜的优点是香,所以有些人专吃"折箩"菜。文史资料中,京剧名家郝先生专到馆子里定"折箩"菜,认为价格便宜,不浪费。"折箩"菜缺点是油大。在自助餐的饭馆和食堂里,有些厨师出于节约,往往主动吃"折箩"菜。

京人多过"整生日"

人人都有自己的生日,然过法不同。老北京人说岁数时,多说虚岁,然后再找补周岁。生日则以阴历(农历)为准,因为阳历(公历)是辛亥革命以后的事,历史并不悠久。

京人多过"整生日",什么叫"整生日"? 即年龄在整十岁或整几十岁及百岁。由于老北京人说岁数时,多说虚岁,所以北京老人过生日时多在59岁、69岁、79岁、89岁时过,到99岁时就称"百岁老人"了。这就是北京人常说的"过九不过十"的原委。

"镇尺"还是"镇纸"

"镇纸"是压书、压纸的文具,多用金属、瓷质、玉石、硬木料制成。其形状如尺形的称为"镇尺",又叫"压尺"。"镇尺"就是"镇纸",是"镇纸"的一部分。而"镇纸"的包含的范围要更广一些,因为有些"镇纸"不是尺状,而是其他形状的,如生肖状、圆形状、圈状、方形状等。

"镇尺"因使用人的不同,作用的不同,有不同的叫法。常在电视剧中见到旧时官员审判案件时拍打桌案的小木块,就叫"惊堂木"。

前人有诗曰:
一方木块上下分,上至君王下至臣。
君王龙凤辖文武,文武木块辖黎民。
圣人镇尺管儒教,衙门惊堂吓民魂。
僧人木块对佛法,道家木块劝玄门。
醒木若在艺人手,评书箴语劝世人。

新兴乞丐"镇桥侯"

"镇桥侯",这是旧时人们给在桥上行乞乞丐的雅号。因为桥是行人和车辆经过的必由之路,乞讨者可以以定胜动。在街面上一家一家地游动讨要多累啊,"镇桥侯"的桥上乞讨无疑是讨乞方法的改进。

现在,随着北京立交桥的增多,新兴乞丐"镇桥侯"也随之多了起来,他们在二环路、三环路的人行过街天桥上,采用姜子牙钓鱼——愿者上钩的方法发家致富,现在已经发展到了北京各个地铁出入口。新兴乞丐"镇桥侯"日益昌盛,据说有些

乞丐在老家还翻盖了房子,不知是否属实。

"纸壳背儿"与"马粪纸"

"纸壳背儿"是北京旧时对硬纸板儿的一种特殊叫法。因为旧时平民百姓很难看到废弃的硬纸板儿或包装盒,与今日随处可见的各种华丽包装无法相比。

笔者小时候多用点心匣子的粗"马粪纸"来制作儿童玩具。"马粪纸"属于"纸壳背儿"类,其名称不雅,质量也差,屎黄色,表面粗糙,有较多的废旧纤维,颜色与"马粪球"有一拼,故得名"马粪纸"。"纸壳背儿",今已规范为"纸袼褙儿"。

从我要"掫桌"说起

"掫(zhōu)"是北京土语中常用的动词之一,常有两个含义。一是掀翻,比如我把桌子"掫"了;二是扶,比如你把我"掫"起来。与把稀泥往墙上砍的"拽(此处读zhuāi)",剟(duō)刀子的"剟",往上码的"垛(duò)",打麻将或铲土的"搓(cuō)",受别人批评的"撸(lū)一顿"的"撸",拿人把柄的"攥(zuàn)",扠(kuǎi)水的"扠",将绳线等物品拉直、拉长的"抻(chēn)",含贬义词挣钱的"搂(lōu)",用圆棍将物品压扁、压碎的"擀(gǎn)",放在开水烫一下的"焯(chāo)",反方向转动的"拧(níng)",放东西或天桥摔跤的"撂(liào)",用力理通头发的"刀(dāo)",用拳头打击人的"擓(chuāi)",轻拢胡须的"捋(lǔ)",女孩子抓(有音无字,此处为代替字,读chuà)拐的"抓",用力平稳、均匀的"摁(èn)"一样,都是北京土语中常用的动词。

我为什么要"掫桌"?2008年,在上海的我应朋友之邀到江苏盐城滨海去考察,同行的主要人物为北京企业家姜、宸二总。汽车在沿海高速公路飞驰400多公里后,到达滨海,此后一切工作顺利。

第二天中午,主人设宴送行。其间,我的朋友与当地主人举啤酒相敬。随后,我得到一个惊人的消息:司机因有事,我们3位北京人将由这位喝了酒的朋友驾车送我们回上海。听罢,400公里的生死路让惜命、惜名的我暗暗叫苦。不料,主人按当地习俗还要逐一敬酒。

沉不住气的我当即失态地大声斥责说:我们还要命呢,你再喝,我就"掫桌"!主人不懂"掫桌"的含义,北京企业家姜、宸二总讲:"掫桌"就是掀翻面前这张桌子。由于我的大闹,喝了酒的朋友不敢再喝了,自然,我活着回来了,今天还能继续写我的《老北京土语趣谈》。

从"装"字引申出的

"装",在普通话里有多种解释,其中有故意做作、假作的含义,指的是装听不见,装模作样。北京土语将装字引申出了多种意思。

(1)装大头儿蒜:做出假象,以欺骗人。是"装蒜"一词的发展。

(2)装洋蒜:同装大头儿蒜,讽刺性强。

(3)装憨儿:即装傻充愣,伪装性强。

(4)装傻充愣:假装糊涂,不了解,不知道。

(5)装大尾巴鹰:装傻充愣,露出不讲理的征兆,甚至以势压人。

(6)装哪门子葱:同装大尾巴鹰,略逊。

(7)装孙子:恶毒斥责骂人的话,甚至出了"儿媳妇大肚子,你装哪家的孙子"的俏皮话。

(8)当上了圈套讲。如《旗营残梦》中有一句话这样说:姓冯的这孙子设了个局,把老常给装里了。

写字不能"蛛蛛爬"

北京人管蜘蛛叫"蛛蛛"。这种昆虫爬行时没有规律性,瞬间可前可后,可左可右。而小孩子初写字时同样不十分规范,所以北京老人对写得过于潦草的字称为"蛛蛛爬"。常说的是:看你写的"蛛蛛爬"的字,谁认识?

对于一般大夫写的药方子及洋号码字,普通人同样看不懂,所以人们也称为"蛛蛛爬"。

小孩发型"冲天锥"

北京人管在小孩子头顶上竖立的小辫叫"冲天锥"或"钻天锥",因为这种小辫梢直指天空。

"左撇捩(liè)"

北京人干活、工作多用右手,但也有少数人习惯用左手,表现在用左手使筷子、使剪刀,甚至写字,北京人管这种人叫"左撇捩""左扒子""左撇子"。

看到自己家的孩子是"左撇捩",大人往往都会管,甚至用筷子去"梆打"。其原因是社会上的机械、工具、军事武器等多是为右手使用而设计的。如汽车、飞机的操作杆儿。此外,"左撇子"让人看着也别扭。

现在,观念发生了变化。在体育方面最为突出。为了制约对手和适应比赛场地的需要,教练员特意挑选"左撇捩""左扒子""左撇子"类的体育苗子,包括用左脚踢球的足球球员。

车、店、戏院顾客叫"座儿"

观众是演员的衣食父母,顾客是买卖家儿的上帝。这样的语言是他们对外面公开说的,他们对观众、顾客还有一种叫法,那就是"座儿"。观众、顾客来的多少,

今称为"上座",旧时称"叫座不叫座"。

"座"的种类很多,洋车、三轮儿的乘客叫"车座";饭馆顾客叫"饭座";戏院、戏园子里的观众叫"上座";理发的顾客叫"活座";男观众叫"男座",女观众叫"女座";能招徕观众的演员称他为"能叫座"。小时候亲耳听到过两个蹬三轮儿的对话:"别介,不拉到头(目的地),'座儿'能给咱钱吗?"

趣 谈 七

"爱"不一定是好词

"爱"在普通话里是好词,表现在喜爱、喜好、喜欢、爱惜、爱护、爱好、爱人等多方面。但"爱"字在北京土语里不一定是好词。北京土语里有"爱小"一词,说的是贪小利而不顾脸面,"爱小"实际上就是爱占小便宜的缩写。"爱"在北京土语里还含有特别的意思。如这刀虽亮,但爱卷刃。人虽勤快,但爱叨唠。

此外,海外华人及外宾对用爱人代表夫妻关系不理解,甚至认为大陆"爱人"一词是情人关系。但总比现在年轻人称丈夫为老公强得多,因为老北京人管被阉割了的太监或不能生育的男人叫"老公"。当然,这一点可以理解,因为外地根本没有故宫,没有太监,所以不懂老公在北京土语里的含义。

最难接受的是简化字的"爱"字。繁体字爱字中间有个"心"字,人要用心去爱,简化字把"心"简化没了,没"心"怎么爱,拿什么去爱?

谈"安位"

"安位"一词今天没人提了,但在小规模公众场合还是常见的。什么叫"安位"?"安位"就是排位、排座次。梁山108条好汉谁在前、谁在后就有一定的顺序。

北京人在吃饭的时候最讲"安位"。其依据是按尊卑、老少、年龄、亲疏、长幼等分出上下顺序给予"安位",一是对长辈和客人的尊敬,二是让与座之人挑不出礼来。

现在为什么不提"安位"了呢?现在谁官大谁坐上首,谁出钱谁坐上首,年纪大也得当陪客,甚至5岁的孩子都能坐上首。出现了没大没小、没有教养的场面。

不招人"待见"的"碍事扒拉脚"

"碍事扒拉脚"这句北京土语属于文字较长的一类。指的是闲人在旁边,不招

人"待见",并妨碍别人工作或行动,有责怪他人的含义。

逼供信与"夜审熬鹰"

"夜审熬鹰"这句北京土语源于旧时养鹰人家驯鹰时的强硬手段之一,主要是不管白天黑夜刻意干扰鹰,不让它睡觉,使其疲惫。市政协《北京往事谈》:"熬鹰"行话叫上宿(xiǔ),就是不准它睡觉。白天鹰从来不睡,到晚上它要睡,不让它睡,熬它的野性。为什么在晚上熬它?因为它晚上不会乱飞。这就需要人也不睡觉,去熬鹰,并且还要到人多热闹的地方去,使它连闭眼的时间都没有。驯一只鹰最好有三个人,一个人担任前半夜,一个人担任后半夜,一个人白班。(海洪涛:《漫话熬鹰》)

人可以轮班睡觉,鹰却不行。您看"夜审熬鹰"厉害不厉害。

"吧嗒嘴儿"与"吧唧嘴儿"

"吧嗒嘴儿"和"吧唧嘴儿"都是形容人想吃东西或吃东西时,从嘴中发出的一种声音。据说"吧唧嘴儿"一词源于水中的小鲫鱼。当天气闷热水中缺氧时,小鲫鱼便会游出水面,大口大口地吸氧,发出"吧唧吧唧"的声音。

吃饭时"吧嗒嘴儿"与"吧唧嘴儿"都不礼貌,故北京老人常予以制止。现在小品里有句名词:人家那饿着,吃不上饭。咱这吃炖肉,咱怎么帮助人家哪?就是咱们吃肉时,少"吧唧嘴儿",别馋人好不好?

"吧嗒嘴儿"多是城里人说,而"吧唧嘴儿"则是京西营子里的旗人说。

"疤瘌眼儿"是好人

北京人管眼皮上有"疤瘌"的人叫"疤瘌眼儿"。笔者年轻时认识一个因眼疾得名绰号叫"疤瘌眼儿"的二哥。1966年8月24日晨,就是他最先将老舍先生的尸体从水中央拖上岸的。其绰号"疤瘌眼儿"名气太大,官名反而忘记了。22年之后,通过记者采访,才知道他官名叫韩庆祥。

"八宝菜"是哪八宝

北京老人爱吃酱园里的一种有名的酱菜——"八宝菜"。"八宝菜"是由黄瓜、茄子、花生米、杏仁、扁豆、姜丝、藕片、苤蓝八种原料的小片或小块酱成的。

有撇有捺是"八"字

"八"字是由一撇一捺组成的。没有哪一部分都成为不了"八"字。因此,就有了"八字还没一撇儿"的北京土语。撇都没有,怎么写捺,更提不上整个"八"字了。这句北京土语的中心意思是现在还没有头绪,离目的差得太远了。

"八竿子打不着的"亲戚

北京人有攀亲戚的习惯,一般找官大的、名气大的,其目的就是攀高枝,借别人的名望和势力,为自己脸上添光。有些人根本没有直系或直接关系,却千方百计地弄出辈分来。比如,有的相声里说,三国的关羽与唐将秦琼是姑表亲:关羽的九大爷的八姨夫的七姑姑的六姨的五婶的四叔的三舅妈的二大伯的岳母是唐将秦琼的丈母娘。这种关系太复杂,其实没有什么直接的亲属联系。北京人管这种圈套圈的亲戚关系叫"八竿子打不着的"亲戚。

"八万"与"二饼"

北京老人爱打麻将牌,因此麻将牌里的名称和术语也进入了北京土语的行列中,如"八万"与"二饼"。

"八万":万字牌中的一张。"八"字是由一撇一捺组成的。如果人的眉毛和嘴角纹呈"八"字状,这人的面孔该是什么样子?因此,"八万"是指紧皱的双眉或不好看的表情。

"二饼":表示眼睛。当某人瞪大双眼时,北京老人会说,瞧他那眼睛,瞪得像"二饼"一样。新中国成立后,戴眼镜的人日益增多,于是"二饼"又成了眼镜的代名词。

威震八方的八角鼓

北京曲艺艺种有单弦,其伴奏的乐器叫"八角鼓"。这种乐器以形状得名。

八角鼓,鼓体结构扁平,鼓身八面,每面有空隙,为的是嵌进两个小铜镲,两镲之间有一小铜片。鼓身八面象征八旗子弟兵,鼓上的铜活共24件,象征24固山,也是满八旗、蒙八旗、汉八旗,计24旗。

"拔火罐儿"与中医针灸的"拔罐子"

"拔火罐儿"与"拔罐子"都是北京的土语。"拔火罐儿"现在在城市里的日常社会中看不见了,但在吃铜锅子、木炭涮肉时依稀可见。

旧时北京市民冬季取暖、做饭是用一种可移动的煤球炉子,为了加速炉内的空气流通,使炉火旺盛,北京人用铁皮做成一二尺高,上小下大的小烟囱拔烟,使炉中火迅速旺起来。与"拔火罐儿"较为相近的是中医针灸的"拔罐子",有拔气治受风的功能。

"拔"字的变音——"拔毒膏"

上面提到的"拔火罐儿"与"拔罐子"都是四声中的第二声,平上去入四声中

的上声(bá)。

北京土语里的"拔"字还有变音为第三声(读作 bǎ),如"拔毒膏",在这里是中医治疗疮痈疥癫的一种方法和药物。它能把皮肤里面的脓和毒气抽出来,能使疮口早日消炎、愈合。"拔"也有用药物强力将皮肤里面的脓和毒气抽出来的意思。

"拔份儿"与"拔闯"

"拔闯"与"拔份儿"是意义截然不同的两个词。"拔份儿"是为自己,而"拔闯"是为别人。"拔闯",因为是用行动支持被欺辱者、支持弱者,有仗义的含义。而"拔份儿"纯粹是为显示个人,其行动和目的都是为了在同行、同班、同辈的人中抖威风,通过显示自己、提高自己来压服别人。

"八仙人儿"与"八仙"

北京人管道家汉钟离、张果老、曹国舅、韩湘子、何仙姑、吕洞宾、李铁拐、蓝采和八仙道祖称为"八仙人儿",起因是北京老人对建筑、图案、雕塑、花样中"道家八仙"的亲昵称呼,带有明显的儿化音。"八仙"则是对一种方桌的简称。这种桌子方形,因每边可坐二人,计八人。饮食者自认有吃有喝,一生无忧便是仙,故得名"八仙桌"。北京人往往将桌字省略,俗称"八仙"。仙字不儿化。八仙桌根据边长可分大、中、小八仙。

大八仙:每边长在三尺六寸以上,气势雄伟,非一般人家可有,多为王府、富贵人家及宾馆、大饭庄所用。

中八仙:每边长在三尺左右,为大户人家及中档饭馆使用。

小八仙:每边长仅二尺四寸,其小巧玲珑,适合一般小户人家使用。

"抠门"与"把家虎"

普通话中有一词叫"吝啬",指的是当用的财物舍不得用,过分爱惜。外国小说有《悭吝人》一书。北京土语将吝啬说成"抠(kōu)门",甚至出现了"大衣柜不安拉手——抠门"的歇后语。与"抠门"相辅相成的是北京另一句土语——"把家虎"。

"把家虎",指主持小买卖或家庭经济大权的人,太过于注重钱物节俭使用和支出,基本上属于只进不出。"把家虎",有贬义和褒义的不同理解方式。

谈"把"

"把"是多音字,在北京土语中表现得更突出,其含义和内容更加丰富。如"把"在第三声时,表现在手托着小孩子的屁股,使其拉屎撒尿,北京人管这个动作叫"把(bǎ)"。贪婪地占据财物叫"把和""把敛"。占据房屋某一位置叫"把椅角"。结实可靠叫"把牢"。临街口的位置叫"把街口"。亲自为学生做动作叫"手把手地教"。

戏曲演员第一次登台表演,其师傅必亲到舞台的上场门立足督看,一是表示对徒弟的关心,二是让徒弟心里有底,起到安定的作用。师傅的这个动作在戏剧界的行话里叫"把场"。谨慎、持重,目的在于稳妥的"把稳"。公共汽车为乘客保证安全的"把手"。把字的词意也在不断地发展,有今天形容掌握权力大小的"一、二把手"。刘关张桃园三结义的"拜把子"。与把字有紧密相关的是"把式"一词,下面我们将单独讲述。

而"把"在第四声时,则只限于用在带儿化音和特别的地方。如刀把(bà)儿、墩布把儿、茶壶把儿、大把儿缸子、辘轳把儿、旧时汽车窗户的摇把儿、发动机的摇把儿等。"把"在北京土语第四声时,其含义就是普通话中的"柄"字,是物体易于让手拿或攥住的部分,因此要带儿化音。不带儿化音显得把很粗很大,手怎么能拿着、按住或攥住呢? 如:说话不慎,给人家留下"话把儿"。评书演员在说西楚霸王项羽时有这样的语言:"项羽力大,恨天无把儿,恨地无环。"

"把"在第四声时,还指对特别厚重的东西的缝制或修补,如"将麻袋'把'几针"。

"把式"的多解

(1)天桥艺人中的武术、摔跤之人,被称为"打把式的"。天桥有俗语:"把式","把式",全凭"架势"。天桥的"把式"光说不练。光练不说是"傻把式"。

(2)有技术的劳动者。如赶大车的"车把式",侍弄花的"花把式",年纪大的技术人员称"老把式"。

(3)老北京人管睡觉时的撒呓症叫"打把式"。

由于北京土语多表现在语音上,所以"把式"与"把势"在某些地方通用。

"水舀子"与"大把儿缸子"

北京人管罐或碗盆状带把儿的取水工具叫"水舀子",而管有把儿的大茶杯,不管是铁的还是瓷的一律叫"大把儿缸子"。"大把儿缸子"在"文革"时期特别盛行,一般都能盛多半暖瓶的水,白底红字,印着毛主席语录和最高指示的字样。

"掰"不开镊子

当人手忙脚乱或思路错综复杂时,北京老人常说的一句话就是:这小子"掰"不开镊子了。镊子本来就是张开的,根本就不用去"掰",当人的正常思路乱了时,就会做出错误的动作。所以老人们常说,办事要谨慎一点。

木材本色儿叫"白茬儿"

木器做好之后,直接使用,该木器就叫"白茬儿",这里包括棺材。讲究的人家总要给木器家具打腻子、磨平、涂色、油漆,以求美观耐用。木器经人们不断地擦拭和使用,日久天长,油漆涂色便逐渐脱落,露出了木材本色,北京人称之为"白茬儿"。据说"白茬儿"一词源于北京的回族。因为当时的各种漆内含有猪鳔胶,回族同胞不愿意使用,故旧时回族饭馆内的家具多为"白茬儿"。此外,树枝刚折断露出的新茬也叫"白茬儿"。

"白花舌"与梁山好汉"白花蛇杨春"

相声表演艺术家李伯祥先生自称"李大白话(音:或)蛋",话字变音,且轻读,意思是特别能说。"白话蛋"一词源于"白花舌",表示舌头可以在口中随意转动。然能说会道的人并不一定是能干的人。于是"白花舌"一词出现了只说不干的意思。水泊梁山里有"好汉"杨春者,与神机军师朱武、跳涧虎陈达,雄踞少华山,其绰号"白花蛇","腰长臂瘦力堪夸,刀锋到处乱撒花",意思为行动(打仗)像蛇一样灵活。

"白脸儿"与"红脸儿"

过去北京人教育孩子的方法是"一说,二吓唬,三打"。这三招里打最厉害。在打孩子过程中,家里人有明确的分工,即有人充当红脸儿,有人充当白脸儿。光有白脸儿等于说,作用不大;光有红脸儿,那是出气的不合格的家长。

家长用"打"来教育孩子,必须有人充当红脸儿,有人充当白脸儿。什么叫红脸儿、白脸儿?红脸儿就是打,俗话说:打红了眼,眼睛都红了,脸还不红?白脸儿就是从中劝说打与被打的双方。白脸儿在这里有充好人的含义。

红脸儿、白脸儿,源于戏剧里的武将、文官。一般来说,红脸儿的武将忠君爱国,思想较为简单,观众认为是好人,如关云长;反之,白脸儿多为文官,一般被当作坏蛋,且奸诈,如曹操。

"瞎子点灯白费蜡"

北京有句通俗的土语"白费蜡",源于在全国都流行的"瞎子点灯白费蜡",这是一句有意或无意伤害残疾人的歇后语。

但北京老人十分讲礼貌,注意到了这一点,常常不提"瞎子"二字。如:"人都把钱都拿走了,您这还算计着借不借,这不是白费蜡吗?"意思是徒劳、浪费、白耽误工夫。

"鸡子儿"与"白果儿"

北京人管鸡蛋叫"鸡子儿",油鸡蛋叫"油鸡子"。皮蛋叫"松花",腌鸭蛋叫"老腌",炒鸡蛋叫"炒黄花菜"。以鸡蛋为主与黄花、木耳炒的菜叫"木樨肉",就连鸡蛋汤都叫"木樨汤",其主要是忌讳"蛋"字。前面已经提到过,这是因为北京人认为"蛋"是骂人的话,这和男性的生殖器睾丸和宫内阉割的太监有关。

此外,北京带蛋的词里好词不多,如捣蛋、扯蛋、浑蛋、滚蛋、操蛋,甚至最厉害的王八蛋。

"鸡"字过去是可以说的,甚至可以摸婴幼儿的小鸡鸡。现在不行了,鸡代表"妓女""站街女",暗娼则叫"野鸡"。不信您可以试试,瞎叫非挨打不可。

"白果儿"就是煮熟后,剥了皮的鸡蛋,"白果儿"是雅称,忌讳"蛋"字。此外鸡蛋还有一种吃法,叫"卧果",很像热汤里的荷包蛋。

"白肉"与"白汤"

"肉"与"汤"大家都明白,"白肉"与"白汤"就费解了。"白肉"是旧时清宫里的宫廷菜,后传出民间,成为富贵人家的一种能上桌的考究名菜。老人俗称"白煮肉",就是白水煮肉,连盐都不放,蘸着调料提味,调料就是酱油、蒜末点上几滴香油,调料看似简单,但效果极佳,味极鲜美。

"白肉"不单是煮猪肉,还包括猪身上的任何部位,如头、蹄、耳、拱、五脏。北京旧时单有"白肉馆",专做四大件、二十四碟的"火燎白肉席"。"白汤"即白水煮肉剩下的汤,可熬菜或打卤及调味。

"百灵"与"白惑"

北京人有时说话喜欢省略,如八仙桌叫"八仙","百灵"就是"百灵鸟"的简称,"百灵鸟"善于鸣叫,许多北京老人都喜欢养。"百灵"在这里读第二声"白"的音。

"白惑"与"白话(音:或)蛋"相似,但二者还是有区别的,"白惑"表现在花言巧语方面,比"白话蛋"更胜一筹。

面条里的"白坯儿"

北京人爱吃面条,诸如炸酱面、麻酱面、打卤面、茄子汆面,桌上的各种炒菜及剩汤菜均可拌面。于是北京土语里出现了一个词——"白坯儿"。

何为"白坯儿"? 就是面条出锅后,不加酱、卤、汤等。旧时在饭铺里要"白坯儿"的目的是省钱,此外还可以把喝酒时剩下的菜打扫干净而不浪费。

"柏水窦章"与"茶喝后来酽"

这是两个不相干的北京土语。"柏水窦章"本是百家姓中的一句,即赵钱孙李,周吴郑王;冯陈褚卫,蒋沈韩杨;朱秦尤许,何吕施张;孔曹严华,金魏陶姜;戚谢邹喻,柏水窦章……

"柏"与"白"二字字形相似,字音相近。所以北京茶馆里的"茶腻子"(整天在茶馆里泡的人)每当将茶喝到没茶味,没茶色了,就会装出文绉绉的样子,说"柏水窦章"了。实际上,就是茶都没色了。这种"茶腻子"还往往借用富贵人家的一句客气话来自嘲自己,说"茶喝后来酽"。其实,这是"茶腻子"的本色,腻着不走。

"白头到老"与"白头老"

北京人结婚有一句吉祥话,"白头到老",意思是两口子不离不弃,和和美美一直生活到长满白发。

与"白头到老"差不多的还有一个词——"白头老"。二者虽然只差一个字,含义却截然不同。"白头老"是指人身上、脸上长的小疮疖,顶部有小白尖,疮疖挤破后,内有白色分泌物,患者以年轻人居多。今人称之"粉刺",或"壮疙瘩"。

"折腾"与"摆忙"

"折腾"和"摆忙"都是北京土语,属于贬义词类。其意义基本一样,都是讽刺或自嘲没有必要的忙乱。如无目的地移动笨重家具,无目的地翻找衣物,没完没了地反复做一件事。

人、狗"摆尾儿"各不同

狗为了讨好主人或迎合主人指令,常常向主人或他人做出摇尾巴的动作。北京人对狗的谄媚逢迎的动作称之为"摆尾(yǐ)儿"。

狗的这种动作传染给了人类,于是人类中也有了狗"摆尾儿"的动作。具体表现在两点:一是日本翻译官和汉奸见到日本兵的时候;二是下级中的部分软骨头见到了自己的顶头上司。这些软骨头本能地做出类似狗的谄媚逢迎的动作,人们也称之其"摆尾儿"。这是从狗的动作引申出来的。

此外,母狗同意公狗的求爱时,也会向公狗做出"摆尾儿"的动作。

调风正水在"摆设"

老北京人讲究风水,于是出现了"摆设"这句土语。"摆设",作为动词,就是物品在室内摆放的过程和位置。"摆设",作为名词,也指屋内陈设的家具和物品。老北京人认为,房屋的空间有气场,物品的摆放可以调风正水,摆放特殊物品可以加速气场的流通。因此,物品在家中的"摆设"很重要。

"百八十的"到底是多少

北京老人常说"百八十的""百八十斤""百八十人"。"百八十的"到底是多少?应在八十到一百之间,介于九十左右。

"扳不倒儿"就是"不倒翁"

北京旧时有一种土制的儿童玩具,你怎么扳它,它都会在前后左右的晃动中直立,土语称"扳不倒儿"。其原理和做法是,在一个直径5公分的泥球上用牛皮纸粘一个高12厘米、上面尖尖的纸帽子,再用一张白纸全部糊上,在泥球处,画上人的五官,上面涂红色,象征帽子。这种玩具的帽子总是向上。其要诀是,"扳不倒儿"的底部是半个泥球,圆的部分朝下,下圆上平,下重上轻,怎么扳都不会倒。普通话就是"不倒翁"。

后来人们将"扳不倒儿"拟人化,称多次丢官,而又多次重新上任的领导叫"扳不倒儿"。

《愚公移山》与"搬山"

我国有传统的《愚公移山》的典故,主要是反映古代劳动人民改造大自然的伟大气魄,以鼓励人们奋发图强,不畏艰险。人要把一整座山搬走,一是累,二是困难,三是时间漫长。所以北京出现了"搬山"这句形容极为困难的土语。

"半大脚""解放脚"和"解放头"

电视剧《乡村爱情》里面有一重要人物,叫谢大脚,其应该是大脚片子。北京旧时有"半大脚""解放脚"一说。"半大脚""解放脚"是相对汉人妇女中的陋习裹脚缠足而言。清代,汉人家庭的妇女以裹脚缠足为美,有"三寸金莲"一说。而满蒙汉八旗和其他少数民族的妇女则不缠脚,官称"天足"。汉人称旗人妇女的脚为"大脚片子",反过来,旗人称汉人妇女裹脚缠足为的"三寸金莲"为"小脚娘儿"或"小脚婆"。

随着时代的进步,人们感觉到了裹脚缠足是陋习。于是,缠足妇女在新中国成立后陆续将已经缠足的脚放开,不再使用长长的裹脚布。人们将这样的脚称之为"半大脚"或"解放脚"。

和"半大脚""解放脚"相关联的是"解放头"。旧时北京妇女的发型只有两种,一是梳辫子,二是将头发盘起,用一网子罩住,成髻。北京平谷有丫髻山,就是说该山的形状像两个髻。髻,北京人俗称"纂(zuǎn)",赵丽蓉在小品里曾用过这个词儿。

民国时期,革命者剪了辫子,出现了烫头,发长齐肩。解放战争期间,女性革命者将头发剪成齐耳短发,由于女性齐耳发型既新潮又符合生活,新中国成立后,齐耳发型得到普及,20世纪50年代初期,北京人称女性齐耳发型为"解放头"。

"半不大"与"半大小子"

"半不大",是北京老人经常说的一个词。"半不大"究竟有多大?一般说来,"半不大"指的是不到一半大。以儿童来比喻,七岁就上学了,一半应在三岁半,"半不大"又在其中,故"半不大"指的是两岁左右的孩子。

"半大小子",首先要理解小子的年龄段。北京人一般理解为14～18岁,所以"半大小子"应为14～16岁。

"半斤八两"和"半斤五两"

"半斤八两"就是两个事物基本上差不多,表面上虽然有些差别,但实质还是相等或者相同的。因为过去的老秤一斤等于十六两,所以有了"半斤八两"这句土语或成语。

现在计量单位改了,一斤等于十两了,应该是半斤等于五两。但是,当遇到表面上有些差别,但实质相同的情况时,却没有人说"半斤五两",依然是说"半斤八两"。

京城也有"半坡房"

出差到山西、陕西等地,常见到当地民居的特殊性,房屋顶呈半坡状。其原因是,黄土高原降雨量较少,房屋顶上呈半坡状可以将雨水接到院中储存起来。

京城也有"半坡房",但意义截然不同。北京"半坡房"是由于占地面积的限制而产生的。由于地面窄小,盖不了整间,但又要从院落的整体布局考虑,于是就出现了"半坡房",即只建前半间充实门面。京城"半坡房"多为东西厢房或东西耳房。

"半头砖"与"填楦"

老北京的泥瓦匠在砌墙技术上有绝活,于是出现了"半头砖""打狗砖"与"填楦"这样的北京土语。"半头砖"好理解,即整砖的一半(1/2)大。"打狗砖"就是不够"半头砖"的碎砖头。"填楦"则是泥瓦匠在砌墙的时候,为了美观和省料,墙的内外两面用较为整齐的砖,即使一块砖十分残破,但只要有一面整齐就行,把整齐的这面留在外面,使人看着整体十分齐整。内外面之间的空隙则填上"打狗砖"、碎瓦片,再灌上灰浆凝固,北京人管这种工艺叫"填楦"。

后来北京人将"填楦"一词引申到了生活俗语中,意为"白饶",不起作用。

如:让一个弱不禁风的书生去打镇关西、蒋门神(水浒传里的恶汉),那岂不是白"填楦"。

"填楦"也可以说成"填馅""填限"。

"黑不溜秋"与白癜风

"黑不溜秋"是北京土语,是形容人的脸或身上的肤色很黑,有贬义。不过,"黑不溜秋"这句北京土语已经走向了全国。话剧《霓虹灯下的哨兵》中有,排长陈喜斥班长赵大大"黑不溜秋一边站着去"的剧情。

与"黑不溜秋"相对应的是白癜风,白癜风本是一种皮肤病,中医称"白驳风"。

试改赵本山的小品如后。赵问:"什么地方长白癜风让你不揪心?"范抢答:"长在腰上、屁股上不让我揪心。"赵说:"错!还长在屁股蛋上?长在屁眼儿里那叫痔疮!"高答:"长在别人脸上不让我揪心。"全堂哄然。

趣谈八

"棒糁儿粥"与"棒子面粥"

北方人管学名"玉蜀黍"的农作物叫"玉米",南方人叫"苞谷"。北京人又管玉米叫"老玉米"和"棒子",用"老玉米粒儿"或"棒子粒儿"磨出的面叫"棒子面",用"棒子面"熬出的粥北京人叫"棒子面粥",而用玉米粒儿碾碎的小渣子熬的粥叫"棒糁儿粥"。

"糁儿"就是谷类碾磨出的小渣。

"包头"与"包头儿"

内蒙古自治区有个地方叫"包头",旧时的名气比区府呼和浩特还大,因为包头是我国最早的钢铁基地之一,通称"包钢"。北京有句土语,叫"包头儿",俩字一样,因为北京土语儿化音了,其意思也就变了。

"包头儿"指的是旧时缝补鞋尖儿的过程。缝补包头儿的过程叫"打",而不是叫"缝",这与打鞋掌有关系。旧时北京人有一勤俭的习惯,就是在新袜子的袜跟、新裤子的膝盖、新衣服的肘部、新布鞋的顶部都缝补一块,为的是结实,使用长久。前几年北京也曾出现新衣服补补丁的现象,但意义截然不同,谓之"时尚新潮"。

拌嘴、拌面与拌蒜

"拌嘴""拌面"与"拌蒜"这三个北京土语从字面上都和吃有关系,其实不然。"拌嘴"与吃一点关系都没有,是北京人形容人们发生争执。"拌嘴"不同于吵架,而是双方各执一词进行辩解,据理批驳指责对方的观点,争辩双方十分理智且语言力度小,通常有一方感觉自己委屈。北京的"拌嘴"相当于普通话中的"发生口角"。

"拌面"与吃有关,即吃面条时加入不同的调料后的调和动作。如炸酱拌面、鸡子拌面、韭菜花拌面、牛肉拌面、芝麻酱拌面、茄丁拌面等。

"拌蒜"则与吃一点关系都没有,但与醉酒有关。通常北京人将"拌蒜"用在两个方面:行动与语言。一是指腿脚行动不利落,不能正常地走路,多指醉酒之人;二是指说话不利落的现象,除醉酒之人说胡话外,相声演员学说绕口令时的不利落也称为"拌蒜"。

说话时的"拌蒜"是暂时现象,与口吃不能混为一谈。

什么叫"包圆儿"

北京市面上有"包圆儿"一词,说的是买东西时将一批货物或所有剩余的东西一次买下。"包圆儿"对于买卖双方是有前提的,那就是比零售价格便宜。据说,这句土语源于买方的一个动作,即用手对所要买的物品画出的轮廓呈圆状。

"包圆儿"不一定是专指购买物品,其他地方也可以用。如吃饭时说:"桌上的这些剩菜我'包圆儿'了。"干活时说:"剩下的零碎物件儿,我'包圆儿'了。"等。

"包子有肉,不在褶儿上"

北京有一句烦琐的土语,很有逻辑性,叫"包子有肉,不在褶儿上"。什么意思呢?包子里面有没有肉,在表面的褶儿上是显露不出来的。褶儿再整齐、漂亮,也不能说明包子里面的肉多。多比喻有钱的人不露富,看着表面上破衣邋遢,实际家中很有钱。这说明表面现象能掩盖内部的实质。

"打春"与"吹喇叭"

"吹喇叭"实际就是老北京人家在"立春"时节的一种饮食,即"吃春饼"。"立春"是我国农历的24节气之一,民俗中有"打春牛"的活动,所以"立春"又叫"打春""鞭春"。"打春"这天在饮食上是极有讲究的。届时妇女多买食心里美(萝卜),谓之"咬春",据说可以解春困,还可以防止牙病。生活条件好的则把两张一块烙后揭开的荷叶薄饼,卷上葱、酱、酱肉、肘花儿、摊黄菜(摊鸡蛋)、炒青韭、菠菜、豆芽菜等吃。

许多人对一年只吃一次春饼不太满足,为了解馋并兼顾实惠,就出现了用大饼卷肉的吃法。其形状、动作都像吹唢呐(北京人管唢呐叫"喇叭"),于是大饼卷肉就被"吹喇叭"这个有趣的名字代替了。

"抱"字多解

"抱"字在普通话中有用手臂围住的含义,如抱着小孩,抱头大哭,抱头鼠窜等。

北京土语对"抱"又有多种解释。形容趋炎附势、狗仗人势的"抱粗腿";普通

话中的"抱团",在北京土语里说"抱攒儿",而且多指"馅儿"与"鸡蛋黄儿"。比喻人时,说"抱攒儿"多为批评的贬义词。鞋袜穿着合适的,叫"抱脚儿"。老母鸡孵蛋,叫"抱窝";花费力气而毫无所得,叫"抱空窝"。衣服穿在身上肥瘦合适、长短合身,叫"抱身儿"。收养他人的孩子为自己子女的,简称为"抱"。冻得双手交叉抱着双肩的动作,叫"抱肩儿"等。

此外,凡是苍蝇爬过的食物都称为"抱",如这硌窝鸡蛋让苍蝇抱过了。

谈"背雨"与"避雨"

北京人形容下雨的土语挺特别,其中有的土语里连"雨""水"俩字都不提。如"掉点儿了",就是下雨最初稀稀拉拉时的样子。"点"是雨点的简化,"大点儿"就是比稀稀拉拉的雨点儿稍大稍密。雨下得最大时,称"可劲拽(zhuāi)""瓢泼""可筒灌"。外面大雨已停,屋檐下仍断续地滴答水称"挤咕尿"。雨下得极小,如雾状叫"雨星星"。北京的雨水确实会出现"东方日出西边雨",路东下雨路西晴的现象。

京剧程派代表剧目《锁麟囊》中有《春秋亭》一折,讲的是山东登州富户女薛湘灵与贫女赵守贞出嫁时,同在春秋亭内"避雨"的事。贫女赵守贞倍感世态炎凉悲伤啼哭,薛湘灵仗义怜贫,以内储珠宝之"锁麟囊"相赠的故事。

"避雨"在北京话里不知道为什么读"背雨",又如胳膊、胳臂在北京话里读"胳臂(bei)"。影壁读影背。所以说,北京话不等于普通话。

"背"字多解

"背"字是多音字,所以"背"字在北京土语里也有多种解释。

当"背"字读第一声(平声)时,北京土语里有:

"背着抱着一边沉"这是北京人常说的一句用于比较的土语。一般指的是人们在劳动强度、待遇上虽然表面上看着不一样,而实质上是一样的或仅有极小的差别。如:这公司每天给80元,那公司给60元,两处工资差得太多了。可是那公司一天管三顿饭,每月报销公交月票,两边差不多,背着抱着一边沉。

"背着抱着一边大"与前句意义一样,只是说法不同。

"山背子"是西北部山区以背篓的形式贩卖和运送货物的专职人员,以劳动人民和买卖人居多。

"背拉":"拉"字轻读。在分配、购买、劳动时,采用大配小、多配少、熟配生、老配嫩、重配轻、好配差、贵配廉等平均调配的一种方式。

"背黑锅":待人受过,或让他人承担责任。

"背包儿握伞"

如果一个人外出时,他的形象是肩背着包儿,手里握着伞,那就会让人感觉他很劳累。北京的土语为我们逼真地勾勒出"背包儿握伞"那种败兵的形象。

当"背"字读第四声(bèi)时,北京土语有以下含义:

(1)空无一人阴森,使人害怕。
(2)倒霉,运气不好,称"背气"。
(3)"点背":打麻将牌时输者常说的一句话。
(4)"背":耳朵有点聋,北京人称之"耳背"。
(5)"背运":运气极不好,时间较长。
(6)"背灯影儿":挡住灯光的黑暗处。
(7)"背风":是风不容易吹到的地方,在这里风是吹而不是刮。
(8)"背犄角":指的是房屋、院落、楼群、街巷、胡同的角落,人们不常去或人们不常注意的地方。
(9)"背旮(gā)旯(lá)":与"背犄角"基本相同,多指房屋、院落、胡同等小范围的地方。
(10)"背过气儿":暂时昏厥而不醒人事,多因气恼、急怒、劳累过度、天热所致。"背过气儿"不同于死,经人抢救或较长时间患者会苏醒过来。
(11)"背阴儿":是太阳不能直接照到的地方,阴就是阴凉。
(12)"背影儿":有两种解释,一是隐隐约约看见人的身后;二是"背灯影儿"的简说。
(13)"背静":就是普通话的僻静,指人少或没有人去的地方。

"被窝儿"与"被卧垛"

北方冬季很冷,为了保暖,北京人睡觉时,有将棉被铺叠成筒状,人钻进棉被筒里的习惯。北京人管棉被筒叫"被窝儿"。

白天,棉被叠成块状或长条状,称为"被卧",多块"被卧"整齐码落在一起,称"被卧垛"。旧时的"被卧垛",往往放在炕犄角最里处。

"被卧垛"的大小、多少、质地的优劣和洁净,可看出一个家庭的经济概况。

啄木鸟又叫"镩得儿木"

啄木鸟在北京地区常见,其爪锋利可攀住树干,其嘴长、尖且带钩,能啄开树皮钩吃树干里的害虫,是益鸟。因啄木鸟在啄树干时发出"嘚嘚"的声音,所以北京人又叫它"镩得儿木"。"啄"在北京地区又当"镩"讲,瓦木匠有一种工具叫"刨镩儿",其名就源于"镩得儿木"。

"绷簧"与"绷弓子"

北京人管弹簧叫"绷簧",认为压下去再弹起的叫"弹簧",而拉开又自动弹回的叫"绷簧"。现在在体育健身方面的拉力器就是几个"绷簧"和两个拉手组成的。北京人管"弹簧"也叫"绷簧"。旧时的"绷簧"主要安装在门上,利用弹簧的拉力使之自行关闭,门上用的"绷簧"又叫"绷弓子"。

"绷弓子"还有别的含义,即孩子们玩的"绷弓子",普通话管"绷弓子"叫弹弓。北京的"绷弓子架"材料有两种,一为金属,用8号铅丝挝(wō)成;一为木制,即用树卡巴儿加工而成,选料多用枣木、桃木、梨木的丫形树卡巴儿。

硬币与钢镚儿

北京人管硬币叫"钢镚儿",更简称为"镚儿",这种名称大约源于清朝,当时的铜钱就叫"镚儿"和"铜子"。因为"镚儿"是面值最小的钱,于是有了"镚子儿没有""镚子儿不值""镚子儿不给"等北京土语。

鼻须不许叫"鼻毛"

现在小商品市场上有卖"鼻须剪"的,旁边标牌赫然写着"鼻毛剪"。这在老北京面前是大忌,因为鼻孔里的须毛不许叫"鼻毛"而应叫"鼻须"。因为老虎的"鼻毛"都叫"虎须",更何况"鼻毛"一词在北京是骂人较狠的话。

"吹鼻捏眼儿"的唢呐

唢呐,是我国民间的吹奏乐器,由苇簧、八孔(眼)锥形管和铜碗组成。

"吹鼻捏眼儿"在北京旧时的东西城为"吹鼻儿捏眼儿",原指吹奏各种乐器,"吹鼻儿"是嘴吹苇簧的功夫,"捏眼儿"是手按捏八个孔的功夫。

北京人管火车拉汽笛叫"火车拉鼻"。后来人们将这句话引申到了生活中,称赞那些在生活中什么事情都会干,而且干得利落、漂亮的人,比喻全能。

"鼻子是鼻子,脸是脸"

"鼻子就是鼻子,脸就是脸",鼻子和脸截然不同,要不马季先生的相声的段子里有《五官争功》呢?可是在北京土语里有"鼻子不是鼻子,脸不是脸"的话,其意思是一个人的五官已经失去应有的模样。"鼻子不是鼻子样,脸不是脸样",多为因受到外界因素的影响而恼怒并在五官上表现出来。这句话也有人简化为"鼻子、脸子"。如给脸子,甩脸子。

"明码标价"的书画家、篆刻师

现在北京的书画家遍地皆是,且价格高得惊人,而且越传越邪乎,每方尺竟高达数万元。

旧时的书画家、篆刻师为了生计也要钱,但"明码标价"。这些书画家、篆刻师在自己的书画店铺或展览会上按字体、幅面、取作品的时间及自己的知名度计价,公开抄录于纸而悬于壁上。对这种"明码标价",市面上土语称之"笔单",文化界的内行人则说是"润例""润格""润笔费"。

猫不一定"辟鼠"

猫是老鼠的天敌,猫鼠二者不共戴天。《七侠五义》里的锦毛鼠白玉堂就是因为展昭被封为"御猫"而不服展昭。现在说猫是老鼠的天敌不一定对,因为我亲眼看到过老鼠在猫面前挺精神地走过,没有慌不择路的样子,可见现在的猫不"辟鼠"。有人还将这事画成漫画,第一幅是猫睡觉,老鼠偷吃猫粮;第二幅是警察睡觉,小偷在派出所里偷警察的钱。老北京人说:北京的猫不"辟鼠"。

有音无字的"跋赤"

小孩爱玩水,尤其是在雨后,憋了很长时间的孩子多集中在胡同口玩水。回到院子里,余兴未脱,继续在院子里的浅雨水中玩,于是北京又出现了一个有音无字的土语"跋(代替字,有音无字,音:bà)赤"。因为"跋赤"是因动作而发出声音的土语,也就是说用脚踩水浅的泥水,光脚与穿鞋均可用"跋赤"。此外,在吃饭的时候,筷子没规矩地上下翻弄碟碗菜肴的举动也叫"跋赤"或"跋赤咕唧"。

牲畜的"鞭子"也能吃

"鞭子"是打人的,无论是中美合作所的"鞭子",还是工头、地主的"鞭子",没有一个不是抽人的。给人最深的印象是反映东北抗日救亡的话剧《放下你的鞭子》。

不过也有能吃的"鞭子",即指公牲畜的生殖器。北京人叫"牛鞭""驴鞭""鹿鞭"。"鹿鞭"可入药,因其药力补效极佳,故经济价值极高,所以在餐桌上很少见。牛鞭、驴鞭做成熟食后,还有个好听的名字——"钱儿肉"。

"心里美"与"卞萝卜"

"心里美""象牙白"与"卞萝卜"是北京人对萝卜各品种的自创词,多由外观、颜色和各种吃法而得名。如:"心里美"绿皮红花心,甜脆清口,水气足。"卞萝卜"原名"扁萝卜",皮红,不易生吃,易做馅儿。即使是现在,优质的"卞萝卜"体

形仍然是紫红、浑圆且扁。"象牙白"则像大象的牙齿,白色,又长又粗。

"灯管儿"与"憋火"

日光灯管,北京人以其外形、作用称为"灯管儿",称辅助打通电源的启辉器叫"憋火"。名称来源与"憋火"的作用和较长时间的启动、不断的打火现象有关。

"憋火"本意是心中存有气愤和恼怒,结果被北京人用到电压过低、迟迟打不开电源的启辉器上了。

"别扭"的叠用——"别别扭扭"

北京话"别(biè)扭"的意思是不顺心、不相投、不合自己的心意。"别"字当一个方向、一个思路,当"较劲"讲。重复的"别"字在这里同样当另一个方向,重复的"扭"同样当另一方"较劲"讲。"别扭"两字重叠使用形成"别别扭扭",指"别扭"的问题影响到了当事人双方的关系。

"冰镩"与"搭钩"

旧时很少有人家使用电冰箱。到了夏天有钱人家为了降温解暑,只能到冰窖去买冰。冰窖里的冰是冬季时"窖冰"人员从护城河和湖泊中把冰镩成大方块,拉到冰窖储存起来的。"冰镩"与"搭钩"就是窖冰人员所用的工具。"冰镩头,三棱状",长2尺左右,钢铁制,装有木把。搭钩,状如《水浒传》里金枪手徐宁的钩镰枪。

"玻璃花"与白内障

白内障是老年人所患眼病的一种,这种病是眼内长了一层半透明的白膜,既影响视力又很不好看。老北京人管这种眼疾叫"玻璃花",其意是眼内长了透明的花。"玻璃花"一词无贬义。

"没人缘儿"与"不得哥儿们"

北京人管群众关系不好叫"没人缘儿"。与"没人缘儿"相同,甚至有过之的是"不得哥儿们"。

"不得哥儿们"的意思是这人除了没人缘外,还被人们厌恶、讨厌。多表现在人的语言、动作、行为、相貌等方面。如抬杠、骂人、不孝顺、偷东西、嫖妓等恶习。

"地道"与"不地道"

"地道(dào)",是指地面下挖成的交通坑道,如"地道战"中的地道。但在北京土语里,"地道(dɑo 轻读)"是形容某些物件质量高、传统,符合人们的使用和审美观点(包括饮食、日杂用品)或形容工艺精巧的技术人员的手艺,是褒义词,有表扬赞誉的含义。

与之相反的是"不地道",是贬义词。后来"地道"与"不地道"引申到形容人的品德与作风上面了。对于人只限于讽刺方面,是贬义词。比如,有的人品德行为很差,就称为"不地道"。

"不得烟儿抽"的由来

"不得烟儿抽"这句北京土语,往往让外地朋友理解为不许抽烟。其实不然。"不得烟儿抽"在北京土语里是指个别人在社会上、工作中、生活里受到冷漠、歧视或得不到重用。"不得烟儿抽"应起源于"有烟大家抽""烟酒不分家"等俗语。

"三七就是二十一"

按照算术的口诀,"三七就是二十一",这是小学生都知道的基本知识。但北京土语中有"不管三七二十一"一句,是形容莽撞人做莽撞事。表现在说话、办事不考虑,不思索,不分辨,凭感情意气用事。其结果是个人吃亏,集体受到损害。因此,我们在办事、做人、处理事物时要按规定、法律、法规去办,不可感情用事,"三七就是二十一"。

吃人饭就得"拉人屎"

北京有句土话,"吃人饭,不拉人屎"。说的是按正常的规律办事,是人就要办人事,拉人屎。"吃人饭,拉人屎",是 个人在社会上的道德底线,否则怎么叫人呢?

"蛐蛐"的幼虫叫"秧子"

北京人把花草和部分蔬菜幼苗称之为"秧子",不知为什么,北京人管"蛐蛐"的幼虫也叫"秧子","秧子"就是没脱壳(qiào)的小蛐蛐。由于"秧子"有幼小的意思,于是北京又出现了另外一句土语:不论"秧子"。也就是不分男女老幼。

连"东西"都不如的人

"东西"本身是指物件。而北京人对那些品行不端、心术不正、不讲道德、人格很坏的人称之为"不是东西"。朱时茂、陈佩斯的小品里有此句。类似的这种北京土语还有"吃人饭,不拉人屎""不是玩意儿"等。

办事严谨的"不洒汤、不漏水"

北京老人把办事严谨人的动作称为"不洒汤、不漏水"。"洒汤、漏水"本是饭

馆里店小二、伙计、跑堂的大忌。如果将汤水洒在客人的衣物上,轻的要道歉、赔不是,请客人原谅。严重的则要自掏腰包,赔偿客人的损失。最为严厉的是被掌柜的辞退、解雇。所以,饭馆里店小二、伙计、跑堂的都有一套不洒汤、不漏水的绝活。后来,北京老人将办事严谨称为"不洒汤、不漏水"。

趣谈九

傍晚京人叫"擦黑儿"

老北京人管傍晚叫"擦黑儿",其来源不明。有人认为"擦黑儿"指的是黄昏时分。笔者认为,"擦黑儿"应是天空由亮而逐渐变黑的转瞬过程,说话的双方完全看得见。"擦黑儿"的产生应与旧时胡同、街面、院落没有路灯有关。

宁做"菜虎子",不做"菜包子"

"菜虎子"和"菜包子"只是一字之差,意思却截然不同。"菜虎子"说的是吃饭时特别能吃,多以饭桌上的菜肴为主,吃时的动作和形态如在荒山上饿了多日的老虎。京城画虎大家胡爽庵先生画下山虎时要把腹部的肋条画出来,说明虎为什么下山。反之,上山虎的肚子要画圆,说明老虎吃饱了。

"菜虎子"吃食物时,不顾左右,风卷残云。"菜虎子"一词有嘲笑的意思。即使如此,老北京人还是宁做"菜虎子",不做"菜包子"。因为"菜包子"是骂人的话,形容一个人是废物,没有用,故又称"菜货",而"菜虎子"毕竟有血气方刚的样子。此外"菜虎子""菜包子"与"菜篓子",不是一回事。"菜篓子"是一种肉极少,甚至无肉的薄皮大馅的菜包子。

禽类交配叫"踩蛋"

小型带翅膀的禽类(多为家养的鸡、鸭、鹅、鸟、鸽子等)交配、交尾的动作,北京人称之为"踩蛋"。只有"踩蛋"过的蛋才能孵出幼雏,没有受精踩蛋的蛋因孵不出幼雏,北京人称之"谎蛋"。

捉猫猫与"藏闷儿"

旧时,孩子们有捉迷藏的游戏,就是大家藏起来,再让先蒙上眼睛的人睁开眼去找藏着的人。南方称之为"捉猫猫",北京孩子叫"藏闷儿",官称叫"捉迷藏"。

"闷"是纳闷的意思,体现了找人者的思索心情。

捉迷藏与"藏摸哥儿"

与捉迷藏相似的游戏还有"藏摸哥儿",但二者有本质上的区别。捉猫猫、"藏闷儿"、捉迷藏是大家藏起来,一个人去找藏着的人。"藏摸哥儿"则是几个人围成一个圆圈,一个人用手绢将眼睛蒙上,在圈内摸到人为赢。

"凑乎"原本是"糙着糊"

北京人对办事粗心大意、不精益求精,但又能把事物完成的人和事物称之"凑乎"。据说"凑乎"一词源于糊灯笼。原意是"灯笼是粗糙糊的",后来简化为"糙着糊的",最后变成了"凑乎"。

言行爽快的"糙人"

"糙"的本意是不细致,而粗人就显得鲁莽。在京城,二者口语的表达是一个意思,只是旗民之间的说法不同。到了文化人中,一抠字眼,出现了粗糙与鲁莽的各自特点。

怯弱无能的"草鸡"

现在的人点名要吃柴鸡蛋,说是柴鸡野生放养,只吃虫和草,下的蛋天然而有营养。鸡吃草是可以的,此外北京人管母鸡也称为"草鸡"。

然而用北京的土语里的"草鸡"一词来形容人,就很难让人接受了。北京人认为,"草鸡"是怯弱无能者,是贬义词,多指临阵脱逃者或在关键时畏惧者。"草鸡"的形象多成为人们的笑谈。

侯宝林谈"蹭"

侯宝林大师的相声《空城计》段子里说到了"听蹭戏"一词。什么叫"蹭"?"蹭"是北京人的独创,指的是不花钱、不付出劳动而白吃他人的食物,如饭、酒、烟,白拿他人的物品等。于是出现了"喝蹭酒""吃蹭饭""抽蹭烟""拿蹭"等词语。

"听蹭戏"说的是不花钱而通过某种关系或某种手段在剧场里白看戏。

没有礼貌的"插嘴"

老北京人最讨厌"插嘴"。什么叫"插嘴"呢?就是一人讲话或多人谈话时,有人不礼貌地进行插话。讨厌的"插嘴"多出现在以下几种情况:一是大人说话,小孩子"插嘴";二是发言人在讲话时,领导"插嘴",美其名曰,"说到这,我来说两句……";三是几个人在讨论共同关注的正经事物时,不知情的人胡乱"插嘴"。

"茶根儿"与"茶喝后来酽"

老北京人喝茶是很凶的,每天第一件事就是先沏茶,俗语叫冲龙(咙)沟。老北京人喝茶多喝花茶,一是味香,二是顶(代替字,有音无字,音:dīng)时候。头一两碗茶因为有土腥味和茶叶没有沁透,所以并不十分好喝。真正好喝的茶是在第三碗以后,于是北京人采用回砸的方式来解决这一难题,即将头一两碗茶不喝,趁热再倒回茶壶或大把缸子里,将茶叶的土腥味冲散、把茶叶沁透。所以,老北京喝的茶是在第三碗以后。于是出现了"茶喝后来酽"这句土语。

"茶喝后来酽"后来延伸到了日常工作和生活中。比如后来的人的待遇比先来的人要好,就可以说"茶喝后来酽"。"茶喝后来酽"的意思就是越是靠后,越能受益。

"茶根儿"则是壶内、茶杯内剩下的少量残茶,土语也叫"茶底儿"。喝茶与喝酒最后的区别是,壶内、瓶内剩下的少量酒,被人称为"福根",认为是最好的酒,能给人带来福气和顺利。"茶根儿"没有剩酒这个荣誉。

北京人讲究"喝茶卤"

"喝茶卤"也是老北京人喝茶的一种方式。"茶卤"就是多放茶叶,少放沸水,泡出茶叶的浓汁来,然后用四分之一的"茶卤"兑上四分之三的开水来喝。这种方法方便、快捷,符合北京人的急脾气。沏"茶卤"南方客人很难接受。

"茶缸子"与"把缸子"

北京人管带把儿的搪瓷缸叫"把缸子",原因是"把缸子"个儿大,盛水多,外形像个小水缸,因其腰部有把儿,故北京人称之为"把缸子"而不叫"搪瓷杯"。在北京人眼中,杯是瘦高形状的饮用工具。

北京人中有脾气急者或饮者多位时,就用这种"把缸子"来替代茶壶。于是,"把缸子"变成了"茶缸子"。

"文革"前,北京东城交道口东北角路北有一个搪瓷厂(今为一超市),产品种类多样,质量上乘,很受市民喜爱。"文革"初期,该厂生产过印有毛主席像和毛主席语录的"把缸子",现在成了文物,今潘家园有高价出售者。

"茶馆儿""茶座儿"与"茶室"

北京带茶的地方挺多,先说"茶馆儿",就是民众喝茶的地方,南方又叫"茶楼""茶堂""茶厅",半露天的"茶亭"不在此类。"茶座儿"是指北京的公园、旅游点设立的露天林荫饮茶处,与"茶馆儿"里的"茶座儿"不同。"茶馆儿"里的"茶座儿"不是指桌椅板凳等物件而是指喝茶的客人。"茶座儿"的多少与"茶馆儿"

的经济收入有直接关系。有规模的"茶馆儿"则叫"茶园"。

"茶室"有两种解释,一是高档专用的饮茶的房间;二是一等、二等妓院的通称。"茶室"一词不"儿化音"。

"茶资""茶役"与"大茶壶"

与"茶室"相关的北京土语还有"茶资""茶役"与"大茶壶"。"茶资"即喝茶的费用。"茶役"是为喝茶顾客服务的专职服务人员。"大茶壶"则专指在妓院里的男性老板,实际上是女老板的姘夫,俗称"叉杆儿",蔑称"大茶壶"。

有音无字的"踳"

北京的土语里有很多有音无字的动词,如在雨水里踳(代替字,有音无字,音:chuǎ)来踳去。一是形容工作辛苦,像在雨水里奔走;二是呵斥小孩子在雨水里嬉闹。

"铲"与京城"锅贴儿"

北京有一种小吃,也可以作为主食,名字叫"锅贴儿"。"锅贴儿"类似水饺,做时须码放在铛上,加油、加水,用微火煎烙而成,外地人称之为油炸饺子。由于煎烙的"锅贴儿"是五六个粘连在一起,所以掌柜子称之为一"铲","铲"在这里为量词。京城卖"锅贴儿"的不吆喝,原因是老北京人管打耳光、抽嘴巴也叫"锅贴儿",因为嘴巴子上会留下五个手印。所以,饭馆里的店小二不能喊"哪位的锅贴儿?"要喊"这几铲是您哪位的?"

"长脖老等"指的是什么

什么叫"长脖老等"?"长脖老等"就是南方的鹭鸶,这是因为鹭鸶的脖子长,常立在水中等食鱼虾。旧时北方人不常见到这种长脖水禽,为了与同样长脖的白鹤有所区别,故以其形象称之"长脖老等"。后来,北京人将鹭鸶的形象引申到了人的身上,形容人在伸长脖子等人时东瞧西看的动作。

老人"绰"蚊子

北京土语里有"抄"字,但本节说的"绰(chāo)"与"抄"有所区别。"绰"在北京土语里是顺手快拿或抓的含义,如"绰"老琉璃,"绰"蚊子,"绰"家伙。占了便宜有时也被说成"绰上了"。北京四合院里的老人"绰"蚊子可为一绝,十之八九的蚊子都跑不掉。

记得,网上有美国总统奥巴马演讲时绰苍蝇的精彩画面。

买枣别买"焯"过的

北京人做凉菜,往往有"焯(chāo)"这道工序,即把蔬菜放在开水里冒一下后,迅速捞出。其目的是,除掉土腥气并起到清洗和消毒的作用。比如,焯豆芽菜、菠菜等。

"焯"在有些商人手里,很可能变成坑人利己的事。比如,树上的枣还是青的,商人为了提前上市,卖个好价钱,便用"焯"的方法加工、催熟。青枣用热水"焯"过后,迅速变红,看着很红润,但味道极差。

红白喜事"炒菜面"

"炒菜面",是旧时老北京家庭办红白喜事招待客人时最为简单、节约的一种方式。

"炒菜面"多由四个凉菜、四个热菜组成。四个凉菜均是即时菜蔬,盘大量大,可补添两次。四个热菜是熘丸子、熘肝尖儿、木樨肉、炒肉片。"炒菜面"经济实惠,普通家庭也可接受,因此是京城人家办红白喜事的传统菜。

咫尺之间的"车辙雨"

北京夏季数伏的日子里,天空时常出现一片云带来一片雨的现象。隔着一条马路,路东出太阳,西边下豆大的雨点,晴雨各异。北京土语把这种雨说得更为形象,因为,阴晴之间只隔着一道窄窄的"车辙",所以北京人管这种雨叫"车辙雨"。

这正应了古人的话:"东边日出西边雨,道是无晴却有晴。"

"城墙"引出的北京土语

现在北京的内外二环路,是在明清时期古城墙基址上建成的。由城墙而形成的北京土语很多,别具特色。如今由于北京的城墙已经拆了,所以想体会这些土语的含义和实物的话,也只能到古城西安去了。

北京与城墙有关的土语有:

城门楼子:指的是城门门楼,而不是箭楼。

城门洞儿:指的是城门门楼与箭楼之间的闸楼门洞。箭楼本身并没有门洞。

城门脸儿:指的是城门外大街和关厢临护城河一带,简称门脸。

城门券儿:即瓮城,指的是城门门楼和与箭楼之间的空地。

城墙垛口:城墙顶部锯齿状的女儿墙。

城墙垛子:指的是城墙每隔一段距离,墙体突出的那部分,老北京人也有将这部分称为垛口的。

城墙根儿:指城墙脚下及附近地界儿,多指城内。

城墙豁子：新中国成立后，为了方便交通，消灭城乡差别，在两城门之间的适当处，拆开城墙作为通道的地方，简称"豁口"。北京以城墙豁子命名的地名有新街口、朝阳门十条豁口、北新桥豁口等。

城砖：城墙之砖，块大沉重。少数砖上留有工匠的名字。

城门过不去扁担：城门高大宽阔，怎么会过不去细长的扁担呢？其实是说，有人为横扛着长扁担过不去城门而想不出好办法。这是老北京人讽刺那些不动脑筋、不善于应对突然遇到的小困难，只知墨守成规、不知变个方法的人。

谈"吃"

"吃"字，在普通话里有咀嚼、吸、消灭（两军作战）等含义。但"吃"字在北京土语里又引申出了下面的特殊含义。

"吃屎的孩子"：不懂事的孩子，骂人的语言。

"吃凉不管酸"：贬义词。指的是只管自己，不考虑他人；只管眼前，不考虑后果及其他因素；只管现在，不考虑将来；只管局部，不考虑全局的人。有眼光短浅、不思进取和意气用事的意思。此词也可自嘲用。

"吃顺不吃戗"：爱听顺从、顺耳和尊重自己的话，不爱听他人发号施令、野蛮粗暴、态度生硬的语言，甚至会发展到变相不服从命令。

"吃稳"：办事可靠、稳妥。也可作为嘱咐、指导性的语言。

"吃香"：很受人们的喜欢和重视。主要说的是人与物在人们中好的影响。

"吃香的，喝辣的"：主要表现在饮食方面，比喻生活条件优越。俗话说："要解馋，辣和咸。"

"吃心"：疑心过重，总是怀疑他人的议论是在咒骂、陷害自己。

"吃咂儿（zā r）"与"吃妈妈"：婴儿吸吮母乳。京人旧称乳房为"咂儿"与"妈妈"。

"吃捧"与"拍马屁"：人大多数是"吃顺不吃戗"，因为听着舒服，从而出现了"吃捧"这句北京土语，说的是听了人家恭维的话以后，心甘情愿地为人家出力。反过来，说恭维话的人一是聪明、会来事，能达到自己的目的；二是怕别人听着不舒服。

"吃墨纸"：旧时的吸墨纸，多用数层宣纸叠制而成。现在书法家写大字用的沾纸就是起着吃墨的作用。

"吃了耗子药"：据说，老鼠（北京人叫"耗子"）警惕性极高，经常搬家，不喜欢长时间住在一个地方。于是北京人讽刺那些多次搬家的人"吃了耗子药"，意思是跟耗子一样经常搬家，移动住处。

"吃了横（hèng）人肉"：贬义词，形容那些说话态度恶劣、举止野蛮、蛮横无理的人。

"吃了蜜蜂屎":形容一个人达到了自己的目的喜悦的样子。"蜜蜂屎"并不是蜜蜂屙出来的屎,而是蜜蜂酿造出的蜜。这句话有得意忘形的意思。

"吃了枪药":"枪药"就是火药。形容有些人说话一股子火药味,蛮不讲理,态度恶劣,说出的话横着出来。

"吃里爬外":"里"指的是自己、本家、本方。"外"指的是他人、外方,甚至是对立面。"吃里爬外"就是吃自己、吃本家、吃本方,说、做让自己一方受到损害的语言和事,却让他人、外方、对立面从中得到好处,得到利益。

"吃儿":即食物,或称"吃的"。

"吃生米儿的":指的是横竖不吃,干艮倔的人。"吃生米儿的"人在特殊情况下,很可能是褒义,是赞扬。

"吃枪子":是指被枪毙,与战场被枪打死有区别。

"吃黑枣儿的":意义同"吃枪子"。"黑枣儿"就是子弹,京人称之为"枪子儿"。

"吃石头,拉碌碡(liù zhou)":通常这是句赞美的话。形容人的身体健壮且消化力强。"碌碡"是经过加工的石器,重且坚硬。但在某些人嘴里,也可能变成讽刺的语言,更有人将这句话引申到了骂人的土语——"吃铁丝,拉笊篱"。

"吃伤了":对于某种食物吃得太多而产生了反感不愿再吃了叫"吃伤了"。普通话叫"倒了胃口"。

"吃蹭儿":借别人的光,白吃他人的饭、烟、酒,叫"吃蹭儿"。

"吃水":"吃水"有两种含义,一是吸收,二是船只在水中的吃水量。

"吃葱、吃蒜、不吃姜(将)":这是北京土语中的俏皮话。意思是不因别人的语言和动作而动摇自己的主意和打算。"姜"与"将"二字同音,"将"是对方想用激将法激怒你,使你就范。葱、蒜、姜均为辛辣调味品,姜刺激力更浓一些。我们遇到他人的激将法时,要"任凭风浪起,稳坐钓鱼船。"

"吃不了,兜着走":遭受到的打击超过了当初的预计,而且还必须承受。此句话现在成了戏言,饭馆吃饭,菜叫多了怎么办?"吃不了,兜着走。"

"吃高了口":在饮食方面养成了吃好东西的习惯,对差一些的饮食,短时间难以接受。这里面包括吃饭、喝酒、吸烟,甚至可以引申到穿衣服、使用物品等。

"吃喝儿":平民人家指的是日常饭食。吃,表示干的食物;喝,则表示稀的食物。酒不是人生活的必需品,所以不包括在里面。

"吃虎子(重音在'吃'字上,'虎子'轻读)":指饭量大,吃饭时动作大且快的人。因普通话里的"狼吞虎咽"没能表达出饭量大的特点,所以北京人用"吃虎子"来替代"狼吞虎咽"。

"吃货":斥责人的语言,形容被斥责的人只知道吃,其他什么都干不了。

"吃劲儿":是指承受重量和事物的关键之处。

"吃挂落"与"吃官司":"吃"并不一定是好词儿,也不一定是好事。比如"吃挂络"就是贬义词,意思是受到不好事情的牵连。"挂落"本作"挂络",是附在网上的东西。而"吃官司"则是被他人诉之法院,成了被告。

"吃着碗里的,瞧着锅里的"与"包二奶":现在流行"二奶"这一新词,意思是正妻以外的同居女人,再多者则称"三奶""四奶"。北京人形容这种"贪"的人也有自己的语言,即"吃着碗里,瞧着锅里的,嘴里还没嚼干净。"后来有人甚至加上了"筷子头儿上还夹着",这种情况大概到了包四奶的水准。

趣 谈 十

"重孙子"就是曾孙

老北京有一"论(代替字,有音无字,音:lìn)"辈分和骂人的话,叫"重孙子"。

"孙子",本身就比爷爷小两辈,那么"重孙子"比爷爷小几辈?普通话有"曾孙"一词,《辞海》解释说"曾孙就是孙子的儿子",也就是北京人说的"重孙子"。

"能耐梗"与"充大尾巴鹰"

北京老人把自吹自擂,标榜自己比其他人有特殊才能的人称为"能耐梗",其中"梗"为重要因素。"梗"实为因过分的耿直而成了人们不喜欢的榆木脑袋,不开窍的"轴(zhóu)"。对假装有能力、有本事的吹牛人来说,北京还有一个词,即"充大尾巴鹰"。"充大尾巴鹰",就是你充哪门子英雄。甚至说"充大尾巴狼"。

"抽疯"不是抽风病

"抽疯"应该算是病类,如抽羊角风。可北京土语中的"抽疯""抽风病"是区别开来的。"抽疯"不是病,是胡来、胡闹的意思,多是大人呵斥孩子时用,个别时也比喻成年人做不应该做的事。"抽疯"一词常和"摆忙"二字联系在一起。

"臭大姐"学名叫"椿象"

北京有一种昆虫,身体的大小如大拇指盖儿,形状似古代时士兵用的盾牌,黑灰色,体形极扁,有翅会飞,学名叫"椿象"。因其背部的硬壳上有好多小白点,如花衣服一般,故叫花大姐。又因为人们用手触及它时,手上会留有一股臭气,"花大姐"又被叫成了"臭大姐"。

这种昆虫在北京市里很难见到,最近我在郊区的家多有发现。每周回到家中,向阳的窗台上都会有十几个"臭大姐"干瘪的尸体。

谈"揣着明白装糊涂"

假装糊涂以暂时应付他人,其实,心里比谁都明白。

"串皮"与"串胡同儿"

北方冬季天气极冷,所以人们很喜欢在冬天喝烈性酒。有的饮酒者,饮酒后皮肤发热泛红,北京人管这种现象叫"串皮"。据内行人讲:喝酒"串皮"者,多酒量不大;反之,出汗者则酒量很大。由于人的体质不同,有些人吃药也"串皮",酒后驾车者就经常以这种现象为理由来逃避责罚。

"串胡同儿"则有两种解释。原意是说旧时的小生意人在北京街巷、胡同里走街串巷时叫卖、出售的过程。"串胡同"还有一层意思,就是老的相声表演艺人郭荣启先生在相声《打牌论》里说的:用手指头上下搓脚趾缝,其目的是解痒。郭荣启先生诙谐的表演和精练的语言令人难忘。"您那儿用手指头串胡同,您倒是舒服了,这味谁受得了?"郭先生接着说:"尤其我拿牌又爱沾唾沫。"精彩之极,活灵活现。

"糊窗户"的"高丽纸"

我国国土幅员辽阔,南北气温相差很大。因此北京人在入冬前有"糊窗户"的习惯。什么叫"糊窗户"?就是用雪白的延展性强的薄纸糊在旧时的窗棂上。目的是透亮、防风、防土和保温。不知为什么,北京人管这种专用的窗户纸叫"高丽纸"。这种"高丽纸"可代替宣纸写墨笔字,张大且价格便宜,缺点是有条状的暗格。侯宝林相声《打灯谜》里有:转年来到五月中,家人买纸糊窗棂,丈夫出外三年整,一封书信半字空。谜底:半夏、防风、当归、白芷。

"窗户纸"一词在北京土语里还有其他解释。如表示关键步骤的解释,"窗户纸"一捅就破。此外"窗户纸"也不是好词,形容人受到惊吓或病态常用"窗户纸"一词。

"吹灯拔蜡"与西方过生日

我们都知道中西方语言、风俗、文化有着很大的差别,但确实没有想到人在过生日时的习俗差别这么大。西方人过生日讲究吹蜡烛,唱生日歌,吃生日蛋糕。北京人过生日讲究大吃酒席,亲人祝贺,有钱人家讲究唱堂会,就是把能唱的、能写的请到家里或酒楼茶园中。北京人过生日最反对吹蜡烛。北京人有句土语,叫"吹灯拔蜡",意思是人死了,没有了。您听下面这句话是什么意思:大原子,今天你爸爸要"吹灯拔蜡"了,是不是祝贺一下,祝愿他早日来个"嗝屁跟铛大海棠"。

酥脆无核"挂络枣儿"

北京干鲜果品里有"挂络枣儿"。大红枣成熟后用专用的管形刀具捅出枣核儿,再用火烘烤,酥脆无核,味道甜香,很受平民百姓欢迎。因枣体上下贯通有孔,所以小贩有用棉线串起来叫卖,吆喝其"挂络枣儿"。

"翻眼皮"与"错翻了眼皮"

"翻眼皮",是清除眼睛内脏物的一个动作,与"错翻了眼皮"这句北京土语截然不同。"错翻了眼皮"意为,小子,你看错了,语音强硬甚至恶劣。当然,看错了指的是被人小看了。如:小子,你和我玩三青子(不讲理,犯混),你也不张开你的小眼看看,可别"错翻了眼皮",找不自在。

"脱臼"

"脱臼"是普通话,是骨头错位的意思。北京人则叫"错环儿"或掉环儿,多指的是胳膊。民间的捏骨匠(正骨医师),能很轻松地让其复位。一些走街串巷的理发剃头匠,也会这门技术。

母鸡"错窝也下蛋"

北京有句土语叫"错窝不下蛋",意思是一个人只愿意待在一个地方工作和生活,有故土难离、固守而不愿求变的意思。

这句话本来是说老母鸡的,母鸡换了一个新的环境后有陌生和恐惧感,影响下蛋。不过我曾经看过,刚从农贸市场买回的母鸡也下蛋,让买主舍不得杀它。事实是,母鸡"错窝也下蛋",是因为肚子里有货。

谈"搭"

"搭"在普通话里大致有"支起""相交接""共同抬""搭乘车船"等几种意思。但在北京土语里有很多与"搭"有关的京味词组。

"搭人情儿":求人办事后,向别人表示感谢或还礼。

"搭街坊":住处周围的邻居。

"搭子":从旁边稍微地助力、帮助,多是推或扶。

"搭补":稍微添补。

"搭(耷)拉":下垂。

"搭(耷)拉孙儿":曾孙之后的玄孙,只有五世同堂时才有"搭拉孙儿"。

"搭调":协作、合作、合拍、合适,共同在一节拍之上。

"搭(耷)拉话儿":主动找话题闲谈,有讨好的意思。此外,婴儿有意无意地

喃喃学说话也叫"搭拉话儿"。

"搭头儿"：买卖中，为凑足斤两而搭小块小分量的物品，多表现在食品上。

"搭搭手"：请人帮忙顺手传递较轻、较近的东西。

"搭(耷)拉手"：形容那些在别人需要帮忙的时候袖手旁观的人。

"搭脚儿"：顺路坐他人不收费的车。旧时乘驴骡车也称"搭脚儿"。

"搭档"：合作共事的人。多写成搭档，比喻关系如同裤腿在裆处紧紧连在一起。

"搭帮"：临时成为同伴，多指行路或做买卖。

"搭帮结伙"：临时凑成的帮伙，多为贬义。

"五世同堂"的"搭(耷)拉孙儿"

"搭(耷)拉"是向下垂的意思。于是，北京人将"五世同堂"中的后人称"搭(耷)拉孙儿"，即普通话里面的玄孙。因为"搭(耷)拉孙儿"的辈分太小了，提都提不起来。

"搭(耷)拉孙儿"也是骂人的话，讽刺对方无法与之相比，相差太多。

老北京的礼貌——"打横儿"

"打横(hèng)儿"是老北京人讲礼貌的一种表现。旧时吃饭多用八仙桌，主人、宾客、陪客、老幼、主卑应该坐在什么位置，这都是有讲究的。一般说来上首是主客，左右两边是陪客，在主人的对面位置坐的就叫"打横儿"。此外，晚辈见到长辈走过来要主动停步侧身而立，表示对长者、客人的尊敬，这一动作也叫"打横儿"。

旧时北京人住房小，孩子多，几个孩子睡在一个炕上，众人脚下横躺的那个位置同样叫"打横儿"。

谈"打"

在北京土语里有很多与"打"相关的京味词组。

"打锛儿"：说话、朗诵、表演中因心理紧张造成的不应有的停顿、忘词，影响语音流畅。

"打把式"：原指练武术，北京土语里发展为人在睡觉时手脚、身体有较大的动作。

"打岔"：两人说话时，有他人说另外的事叫"打岔"。即使是二人说话，一人突然将话语转移方向也叫"打岔"。相声单有装傻充愣的"打岔"小段。

"打镲"：形容他人做事不认真，敷衍了事，不负责任。

"打春"：即立春，吃春饼的正日子。

"打喳喳"：低声耳语，内容不公开。开大会时常有的现象。

"打滴溜儿"：悬垂物自行旋转。此外，人发出的一种紧促嘘声也叫"打滴溜儿"。

"打尖"：干活或行路时在中途吃饭。

"打底儿"：即打草稿或裱糊时的最底层。此外，心里有数也称先"打底儿"。

"打地摊"：原指在地面上铺垫薄东西睡觉，现在引申为临时性的小买卖。

"打游飞"：到处无目的地闲逛。

"打嘟噜儿"：说话时发音带有音调滚动和颤音。

"打个照面"：短时间的见面、露面。

"打发"：支使、派遣。用食物和钱让别人尽快离去。

"打盹儿"：即短时间小睡，也就是普通话的打瞌睡。

"打短儿"：短期的临时工。

"打灯虎儿"：猜谜语。

"打灯笼"：冬天寒冷，只穿一件宽大的单衣。

"打榧子"：用大拇指与中指用力搓出清脆的响声。"打榧子"动作既轻浮，又亲昵，既有调笑之义，又有戏弄之义。

"打冰"：冬季最冷时，将天然冰从河湖中凿成尺寸大小一样的冰块，存入冰窖，以备夏日用。

"打不着狐狸落一身臊"：俏皮话，意为做事不但没有成功，反而导致恶果。

"打出溜"：一是儿童玩的游戏，二是同"打坠坡"，拉不起来的意思。

"打飞翅"：飞速潜逃。

"打愣儿"：短时间发呆、出神。

"打攒盘儿"：多人打一人。"攒"当集中讲。

"打逮逮"：特别冷，同"打嗦嗦"。寒冷时牙齿相叩以及身体颤抖发出的声音和动作。

"打戳子"：加盖图章。与书画家盖印有别。

"打鳔悠"：抓住横物，身体悬空，做动作。

"打咕"：小声争吵或儿童之间的小打小闹。

"打卦"：对他人取笑或无目的地游荡。

"打捆儿"：将零散的东西捆成束状。

"打卷儿"：毛发和物品不平直，呈卷曲状。

"打开鼻子说亮话"：原话应为"打开窗户说亮话"，而北京老人管活动的窗户叫篦子，篦子与鼻子谐音，成了"打开鼻子说亮话"。意思是公开真相不再隐瞒，实话实说。

"打了眼"：买东西没看出来其缺点，被假象欺骗了。"打了眼"与"打眼"虽差

一字，但意义不同。

"打价儿"：自由贸易时互相提出的价钱。于是产生了"给价儿""还价儿""要价儿""打价儿""出价儿"等词。

"打架"：北京土语中的特殊词，不是双方动手打架，而是人犯困时上下眼皮不断地接触。

"打开天"：长时间下雨后，天空放晴。

"打糠灯"：不干正经事、游荡。"糠"，不值钱的东西。

"打滑"：路上有冰雪，车轮空转而不能前进。大牲畜蹄子拿不住，滑溜不稳。

"打欢翅"：禽类在欢喜时张开翅膀不断拍打、跑跳、口中鸣叫。

"打蔫"：人或动物精神疲惫、不振奋，也指菜蔬不新鲜。

"打耙"：已经答应和承认的事物又改口否认。多指不认账、出尔反尔或人品极差，没有信誉。

"打绺"：分散细丝状的东西成为条缕状或缩聚在一起，多指头发或上衣下摆。

"打连台"：工作不停顿，连续作战。

"打马虎眼"：假装糊涂或糊弄。

"打便宜手"：双方打架，有人劝解拉架，看上去公允，实际上却偏袒一方。

"打偏手"：同"打便宜手"。

"打旗儿的"：京戏里面的龙套。一般为四人，表示千军万马。侯宝林的相声《空城计》里有。

"打扫"：清理，消灭。

"打闪"：人们为了能看到后脑勺，要用两个镜子互相照。"打闪"并不是下雨时打雷闪电。

"打盘儿"：数量多的鸽子在天空上盘旋。也指老鹰在高空侦查猎物时的动作。

"打泡儿"：京剧剧团初到一个新地方时的最初几场戏，目的是看观众的上座率。万不可与今日男女之间的"打泡儿"相联系。

"打磨"：对手工制品的再加工，使之美观、锋利。

"打响鼻"：鼻子出气有较大的声响。多指马、骡等大牲畜。

"打伤耗"：货物在储藏、搬运时的自然损耗，尤以天气造成的水分流失最为明显，所以计算成本时，应考虑程序。

"打挺儿"：婴幼儿突然用力滚动身体。此外，还形容较大的鱼的挣扎。

"打算盘"：不是真打算盘，而是心里算计如何节约、节俭或占便宜。

"打头"：从头、带头、领先、根本等，都可以用"打头"来形容。

"打头碰脸"：表示某地熟人多，自己不宜在那里工作，包括做买卖。

"打退堂鼓"：已经答应的事，之后又反悔。

"打死卖盐的"：讽刺做得菜太咸了的俏皮话。

"打小"："打小时候"的简说，也说成"起小"。

"打小算盘"：用钱精打细算、斤斤计较。人们评价此动作有褒有贬。

"打坠坡"：小孩倒在地上，拉他反而抗拒、哭闹，甚至打滚，死不起来。

"打杂儿"：做零碎工作。

"打一巴掌揉三揉"：先严厉，后虚情假意给予安抚。是玩弄人的手段。

"打眼"：把贵重的物件暴露于外，如钻戒、金镯，引起贼的注意。

"打眼儿"：车停后，为防止车辆自行滑动，在车轮下用砖石、木块顶住。

"打佯儿"：装不知道，不理睬。

"打旋"：专指老鹰在高空侦查猎物时的动作。

"打牙帮骨"：即打牙祭，改善伙食，解馋。

"打籽儿"：植物花草果实里面的种子。

"打夜作"：指夜里赶制工作，多指突击活。

"打腰站"：在走远路时中途休息、歇脚的地方。类似今天高速公路中的服务区。

"打印子"：源于过去借高利贷的利息盖章印记。后引申为产品质量不好返修的费用。

"打净捞干"：贬义词，是压榨、剥削强夺的代名词，在普通人家有全都算上的意思。如刨去正常吃喝，"打净捞干"就剩这两钱。

"打前站"：事先的勘察。

"打水漂儿"：在水砍石片的游戏中看石片在水面上跳跃多少次。后引申为付出代价却毫无所得。

"打连连""打里打外"：总管内外一切事物，忙碌、能干。特点是能处理复杂事物。

"打呼"：打呼噜的简单说法。

"打晃儿"：站立不稳，多形容病态之人。

"打哈哈"：开玩笑。

鸟类"打食儿"与人的"打野食儿"

鸟类离开巢窝去找食物称为"打食儿"。"打食儿"一词，只限善飞的鸟类，不包括鸡、鸭、鹅等。

刘宝瑞单口相声《四兄弟赶考》有一段房檐下老燕子出窝"打食儿"的贯口：抬头看见一燕窝，里面小燕八九个。大燕出窝把食打，我把大燕说一说。清晨出窝把食打，展翅摇翎向前挪。飞过三里桃花店，越过五里杏花坡。桃花店前出好酒，杏花坡前美人多。好不容易才把食打够，抿翅收翎进了窝，小燕一见笑哈哈，

叫声妈妈你听着,你到外面把食打,饿了我整整半天多。大燕一见不怠慢,叼过食来喂了个得。喂了这个喂那个,喂了那个喂这个。喂了这个喂这个,喂了那个喂那个……

老北京人很会联想,将已结婚的男女再与其他异性勾搭成奸或以其他方式(如嫖娼)发生男女关系的也称为"打野食"。

多种称呼的"伯父"

北京地区对普通话中的"伯父"有多种称呼。①满族人称伯父为"大大",现在教婴儿说话依然沿用。②"大大"可以简称为"大"。③在京的回族称伯父为"大爸",表示尊敬。④用"大伯"称伯父为社会流行语。⑤河北地区将大伯称为"大伯(音:掰)"这一称呼在北京市民内也很流行。

"蛐蛐"的大腿叫"大夯"

"蛐蛐"的大腿叫"大夯",前面的四只小腿则叫抱爪儿。"蛐蛐"的大腿没有掉,但不能动叫"瘸夯"。只剩下一条腿叫"一只夯"。街上的地痞、混混儿把对"蛐蛐"的叫法转移到了残疾人的身上,"大夯"也成了恶劣的骂人语言。

"大姑子"与"大舅子"

丈夫的姐姐叫"大姑子"或"大姑姐",妹妹则叫"小姑子"。妻子的哥哥叫"大舅子"或"大舅哥",弟弟则叫"小舅子"。喜剧演员陈佩斯、朱时茂表演的小品就叫《警察与小舅子》。

"大马金刀"指的是谁

"大马金刀"是褒义词,是用夸张的语气夸奖那些不胆怯、不畏惧、举止泼辣大方的十二三岁的女孩子。该土语源于京剧中的人物巾帼英雄刘金定,她立马横刀,有勇有谋。

京城"大料"与南方"八角"

近十余年来,一种调味作料的名字在北京有所改变,那就是老北京人常说的"大料"。普通话管"大料"叫"八角茴香"。这种叫法是科学的,因为这种调味作料有八个尖尖的角,造型美观。正因如此,北京妇女常用大料瓣儿沾上颜料(一般为红色),印在雪白的馒头、豆包上,鲜艳醒目、吉祥、喜庆。现在在农贸市场经营者多叫"八角","八角"一词将取代京城"大料"这一北京土语。

"大马趴"与"大仰壳"

普通话的跌倒、跌跤在北京土语里叫"大马趴"或"大仰壳"。二者的区别是全身向前跌倒,趴伏在地叫"大马趴",也叫"大趴虎儿"或"狗吃屎";向后仰跌倒,肩或后脑勺先着地叫与"大仰壳"。

在冰上向后仰跌倒时,北京土语叫"老太太钻被窝";向后跌倒屁股先着地,北京土语叫"屁墩儿"。

"大清早儿"与《黄半仙》

普通话中的清晨、早晨,在北京土语里叫"大清早儿"。北京人将清晨、早晨这两个词精练为两个字,这无疑是个进步。与之匹配的是,"不用"两个字合并为一个"甭"字,立刻和马上精练为"立马"。相声界老艺人刘宝瑞说的单口相声《黄半仙》里,就有"大清早儿"一词。说的是黄半仙猜皇上手里攥着什么,是个大青枣。如果将大青枣说成大早晨,黄半仙的脑袋立刻就搬家了。

"大婶儿"必须儿化音

婶子,北京话讲究儿话音,在特定的场合上尤甚。北京人管叔叔的老伴叫"婶儿","婶儿"必须儿化音。而普通话叫"婶母"。

除了叔叔的老伴叫"婶儿"以外,北京的孩子管比自己约大一辈的已婚中年妇女多叫"婶儿"。北京人忌讳"大婶子""婶子"等带"子"的称呼,认为不礼貌。冀中一带,却直呼"婶子""大娘"。

低档次的茶馆——"大碗居"

北京旧时较有名气的饭馆、饭庄多带有居字。如西单的恩成居、西四的同和居、缸瓦市的沙锅居、护国寺的柳泉居、北护城河的临河居、南城观音寺福兴居、煤市街的同兴居。其档次较高,多应喜庆宴会、包办酒席。

所谓"大碗居",就是低档次的茶馆,而且只管喝茶。"大碗居"实际是老北京人自嘲的一种方式,以提高请客的档次。近来,京城一家以经营京味传统菜火爆起来的饭馆,也叫"大碗居",那就另当别论了。

"血津儿"

"血津儿",是指鲜肉里有明显的鲜血成分,主要是表现肉的新鲜。但"血津儿"也有贬义的时候,往往用在花钱斤斤计较,视钱如命,极舍不得往外拿钱。如:看小袁这兔崽子从兜里拿出的钱还带"血津儿"呢,意思是如同割肉一般。

"当着矬人,别说短话"

"当着矬人,别说短话",是北京人口中一句近似俗语的土语,意思是不要在有缺陷的人面前还说类似缺陷的语言和事物,使人感到难堪。在这里当字读第一声(dāng)。

同姓称之"当家子"

当北京人见到本族、本姓、本家人的时候,往往会说,咱们都是"当家子",向别人介绍时,往往也会说,这是我们"当家子"。当在这里读第四声(dàng)。

谈"刀"

"刀"在普通话里是名词、量词。名词,单一指切、割、斩、削、刺用的工具。

"刀"在北京土语里的作用太大了,产生了外埠人很难想象出的词。用锋利的爪子抓或抓取叫"刀",如小猫吃水盆儿里的鱼叫"刀",北京的螳螂又叫"刀螂"。急急忙忙之中,见什么拿什么也叫"刀"。简单地挠、理顺也叫"刀",如"刀"头发。

此外,由"刀"引申出的北京土语还有"刀切馒头""刀裁似的齐整"。形容瘦窄、长条的脸为"刀条儿脸"。普通话的刀柄,北京人叫"刀把儿"。

"刀"着什么是什么。原指的是猫科动物用锐利的爪子抓、拉,因其动作凶狠快疾,有以强凌弱之势,故特殊之时也形容强取豪夺的歹人。

趣谈十一

说"倒"

这个"倒"字,过去基本属于有音无字类,如果要选个字应该是提手加"到"字;现在,已规范为"倒",读上声(dáo),就是左右手交替,快速地将较长的绳索收到自己的一方来。此外,"倒"在北京土语中还可以形容人跑得快,北京人会用两腿紧"倒"了形容两腿前后交替的样子。

通过"倒"还引申出人将死之前的急促的呼吸声"倒气儿",并且北京土语中管反复地挪动物品叫"倒腾",管反复地追究一件事叫"倒根寻源"。

吃酸东西爱"倒牙"

有些人爱吃酸的东西,但是青杏、青苹果、葡萄、烂酸梨等酸味的东西吃多了后,再吃稍微硬一点的食物时,牙就咬不动,并会感到酸痛。北京老人管这种现象叫"倒(dǎo)牙"。所以,有些人见到青杏,首先声明,我不能吃杏,甭说一个,半个我就"倒牙"。

"道儿北喽"与"路北"

老北京人在给别人指点道路时往往会说,您找的那个地方在某某街的"道儿北喽"。"道儿北喽"是什么意思,就是路的北边,与北京土语"路北"是一个意思。这是因为北京城是正南正北的方形,而街巷胡同多是横直、纵列排顺整齐的东西或南北向。

您到天津就不行了,因为天津斜街太多,所以天津人在给别人指点道路时往往会说前后左右。至于"道儿北喽"的"喽"只是个助词,体现了北京土话的用法别致,回味有趣。不过有的老人指出,"喽"是里头二字的合音,包括"道儿北喽"的胡同里面,而不单指临街的街面。

"絮叨"与"得啵"

"絮叨"虽然是北京土语,但一般的人都能知道是什么意思,因为普通话里也有"絮叨"一词。而"得啵(dēbo)"也是北京土语,知道的人就相对少一些。"得啵"是贬义词,就是不停地说一件事,而且一说起来就没完没了,使听者产生讨厌的感觉。

工作完成叫"得活"

工作完成叫"得活"(东城)或叫"得和"(西城)是很容易理解的,而且"得活"在东西城说法还不一样。说"得活"的意思是完了,主要指的是工作。由于"得活"有完了的意思,所以当听到有人死了的时候,有的老北京人也会说"这下得活了"。据说"得活"是满族人的语音。

"进了屋子还想上炕"

这是北京土语里的俏皮话,犹如蹬鼻子上脸、得寸进尺、贪得无厌。"街坊送来盘饺子,您还问为什么不带醋来。真是进了屋子还想上炕!"

"得便宜卖乖"

自己得了好处,还要假装谦虚说便宜话。犹如街坊送了盘饺子,还问人家:"您为什么没带醋蒜来,咱凑合吃了吧"。

为什么管父亲叫"老K"

在20世纪50年代,北京的孩子突然创出了一句新的土语,管父亲叫"老K"。为什么管父亲叫"老K"?起因不明,较为信服的是因国外传进来的扑克牌中13点最大,是人头像,而且有大胡子。孩子们之间说话时用"老K"代替父亲、爸爸,就可以避免别的孩子在称呼上乘机会占得便宜。

"登梯子爬高儿"

对于儿童、少年的上树、上房、爬墙等向上攀爬的动作,北京的老人往往说"登梯子爬高儿"。"登梯子爬高儿"不完全是贬义词,在某些特殊的场合里还有夸奖的意思。如"这几个孩子从小就'登梯子爬高儿',帮您摘几个柿子,没问题"。

"底儿潮"

20世纪六七十年代,北京新流行一句土语"底儿潮"。什么意思?就是人生的经历中有不光彩,不体面的经历。比如,因偷盗、打架斗殴或者冤假错案受到公安机关拘留、劳动改造、判刑而记录在案的人,多称"底儿潮",意思是"底儿不干松"。

不过有些人"底儿潮"不是自己造成的,最为突出的是家庭出身。于是出现了"可以教育好的子女"一词。

开车最怕"地穿甲"

冬季寒冷,雪落在马路上结成了薄薄的冰,地面贼亮,光滑异常,行人、牲畜、车辆多寸步难行。这种由天气造成的自然现象北京人叫——"地穿甲"。"地穿甲"是机动车驾驶员之大忌。如果雨雪落在树枝上结成了薄薄的冰,则称之为"树挂"。

"地窨子"、地窖、地牢

"文化大革命"时期,流传着这样的故事,即四川一女人控诉大地主刘文彩在庄园里私建水牢并关押过她。一时间,革命的人群涌向了四川大邑县。不过,50多年过去了的今天,竟出现了大量的文字,说庄园里根本就没有水牢,刘文彩是开明地主。现在刘文彩的庄园已经改建了博物馆。至于水牢是否存在,因笔者并未去过,所以不能下结论。

北京人管地窖叫"地窨(yìn)子",其原因是地窖建于地下,潮湿而"窨"。"窨"即地下,地下阴暗、潮湿而不见阳光。所以,旧时北京人管不多见的地下室也称为"地窨子"。

"点儿低""点儿背"在运气

"点儿低"一词来自打麻将牌,打麻将牌时以掷色子的多少为先后。"点儿"多,即大、高、先、吉利;反之,"点儿"少即小、低、后、自觉得运气不好,自认"点儿背"。其实不然,"点儿"多不一定取胜,反之"点儿"少的不一定输钱。要看内因与外因,包括牌友、牌技和运气。

早期的婴儿教育——"点牛眼"

旧时,北京人对婴儿启蒙教育的方式不多,"点牛眼"就是以前婴儿教育的一种方式。其动作是婴儿在八九个月的时候,大人将婴儿的手轻拉到他自己的脚尖,然后不断地用食指点触脚的大拇指,边点边唱儿歌:点呀点,点牛眼;牛眼大,买香瓜;香瓜苦,买豆腐;豆腐烂,摊鸡蛋;鸡蛋、鸡蛋坨了,奶奶背背驮驮,胡同口上买萝卜。儿歌唱完趁势将婴儿抱起。

用"点牛眼"的方式教育早期的婴儿,对婴儿的身体和大脑的开发十分有好处。"点牛眼"的动作和歌谣,在老北京的家庭中是常见的。

"掉点儿"

北京人管刚开始下雨时叫"掉点儿"。"点儿"指的是稀稀拉拉的雨点,当天空下稀稀拉拉的大雨点时,老北京人称之为"掉大点了"。北京的大杂院里经常听到这样的大嗓门:"掉点了嗨,谁晾的衣裳,该收了啊!"

"吊角儿"是什么意思

北京人把直线距离近而真正行驶距离远的地方称为"吊角儿"。"吊角儿"一语源于"对角"一词。如北京的内城呈方状,东北角与西南角之间的路线和距离,便是老北京人说的"吊角儿"。同样,西北角与东南角之间的路线和距离,也可以说是"吊角儿"。

"大吊角""掉腰子"与"幺蛾子"

"大吊角""掉腰子"与"幺蛾子"这三个北京土语根本不挨边,可为什么又一块谈呢,因为这三个北京土语有顶针续麻的意思。即"吊""掉腰"与"幺蛾子",其间有音同字不同的延续性。

"掉腰子":耍花枪。又叫掉花枪。

"幺蛾子":鬼点子,鬼主意。

"炕"与"床"

"炕"与"床"虽然都是睡觉用的,但其材料截然不同。炕的材料,是土坯、砖、炕面子和一条木制的炕檐;而床,多为木、金属、竹、棕等制成。所以,"炕"和"床"的取暖方式也就不同。

由"炕"引申出的北京土语很多,其中以叠炕、铺炕用得频繁。北京人旧时多睡土炕。白天将被褥叠起叫"叠炕",管临睡前将被褥平放在炕上叫"铺炕"。尽管现在的北京人几乎都睡床,但人们依然把清晨整理被褥叫"叠炕",把临睡前将被褥平放在床上叫"铺炕"。尿床仍叫"尿炕"。

"顶棚"上的"耗子窟窿"

过去北京市民居住的房屋多为平房,正是数字难以统计的平房组成了无数的小院、三合院、四合院、大杂院,组成了多如牛毛的街巷胡同。旧时,北京平房屋内的屋顶多是由纸和秫秸秆儿糊的屋顶,北京人称之为"顶棚"。"顶棚"既然是由纸和"秫秸秆儿"糊的,那就离不开由白面做的糨糊,北京人则称之为"糨子"。

旧时北京住户内的耗子较多,但不大,小得很,极怕声响。所以,形容胆儿小的人是"耗子胆儿"。过去人都吃不饱,于是屋内顶棚便是耗子嗑食的好地方。这些耗子不分白天黑夜在顶棚里乱跑乱窜,找到糨子厚的地方便大吃一顿。时间长了,抬头看顶棚,白白的顶棚净是黑黑的窟窿。怎么办？北京人不是登梯爬高去糊,而是用一根木杆儿将涂上糨糊的小块白纸顶起,粘在顶棚上。时间长了,顶棚就成了黄白花色。

一二五,打一成语

谜底有两个答案,即"丢三落(là)四"和"缺三少四"。这两个答案,在北京话里都有特殊的含义。前者,多指缺少物件和内容。因为一、二、五这三个数目字之间就缺三、四两个数;而后者,则是形容对眼前的事都容易遗忘,多指记忆力衰退,是贬义词,但也有自谦的意思。

谁还会在胡同里"抖风筝"

一般的地方都叫放风筝,空竹才叫"抖"。因为老北京人生活在狭窄的街巷胡同里,所以生活在城里的北京人称放风筝为"抖风筝"。为什么？在胡同和院落里放风筝不同于天安门广场和郊外的开阔地方,可以在跑动中把风筝放起来。在胡同和院落里放风筝需要一人用一根长竹竿将风筝先挑起来,迎风抖动。放风筝的人要借着风劲儿不断抖动手里拉着的线儿,随时放线,只有不断地抖动,风筝才能在狭小的地方直上直下放起来。《红楼梦》里有一句话说得好,"好风凭借力,送我上青云"就是这个意思。

而抖风筝的"抖"又引申出了对人的社会地位突然提高或突然富裕时摆阔的讽刺。如"抖阔""抖忿"。"抖机灵",则是讽刺卖弄小聪明的人。

"煤球炉子"

旧时北京人冬季取暖、夏天做饭都离不开炉子。北京人经常将炉子说成火炉子、煤球炉子,这与南方使用的炉灶在燃料上有很大的差别。北京人使用的炉子、火炉子是可以移动的,不用固定的烟筒,一年四季都能使用。而煤球炉子,北京人往往指的是冬春两季取暖做饭用的固定在屋内某一地方的炉子,有固定的烟筒用于排烟和废气。

由"煤球炉子"引出了北京土语——"擞火"

煤球炉子火力是否旺盛,取决于多种因素,如煤的质量、炉膛内搪的好坏等,此外还有一个重要因素,即炉内空气是否畅通。为了让炉火旺,在添新煤的时候,要用火筷子或通条插进炉下的小孔后上下抖动,把烧乏的炉灰抖搂下来,这样火炉内因无煤灰,炉内空气畅通,就会火力旺盛。用火筷子或通条插进炉下的小孔后上下抖动,叫"擞(sǒu)火"。

以食物命名的"豆包布"

"豆包"是以豆沙做馅儿的蒸食,有白面、黏米等多种。用食物命名的布本不多见,而"豆包布"就是用豆包这种食物命名的。"豆包布"是一种较稀疏的薄布,多由皮、棉衣服的里衬做成,经常用它做蒸馒头、豆包等蒸食的屉布。

"驴打滚"正名"豆面儿糕"

"豆面儿糕",是北京的一种风味小吃。在著名小说《金瓶梅》中就有记述。把黄黏米面蒸成面团,摁平,然后卷上红糖豆沙,滚成直径两寸的卷儿状,最后滚上炒制的黄豆面。吃时,用刀切成两厘米宽条状,撒上白糖,即可食用。"豆面儿糕"北京人又叫"驴打滚"。为什么呢?一说是,卷上红糖豆沙,在黄豆面中滚成直径两寸的卷状时,似驴在地上打滚;一说是,在用刀切成两厘米宽条状,撒上豆面时,豆面飞扬,如驴打滚时的扬尘。"驴打滚",在北京城内以回民老号做的最佳。

"豆嘴儿""豆芽""豆芽菜"

"豆嘴儿""豆芽""豆芽菜"这三种菜名是有区别的。"豆嘴儿",指的是大青豆或黄豆在水中浸泡,待豆子稍稍拱出芽后,当作菜肴食用;"豆芽儿",是黄豆在水中浸泡,发制成的;而豆芽菜,是用绿豆发制成的。老北京的满族和旗人,吃豆芽儿、豆芽菜十分讲究,吃时须将豆瓣儿和根部须子掐掉(豆瓣儿另做它菜),只吃中间一段白嫩粗壮的部分。经过这道加工的豆芽儿、豆芽菜,有了新的名字——"掐菜"。

小时候的"豆汁儿歌"

老北京人爱喝豆汁,有贬义词"窝头的脑袋豆汁嘴"为证。小时候在大街豆汁摊上喝豆汁时,有人会唱"豆汁儿歌"。谱为"511121765111,嗨! 25253231115",歌词为,"甜酸豆汁五百一碗还饶咸菜,嗨! 我们大家一人再来两碗"。笔者不知我国南方地区有没有窝头和豆汁。

趣 谈 十 二

"斗"和"逗"

　　北京土语里有两个相同音的"斗"和"逗"。虽然都是动词,但在北京话里的意义却不一样。如"斗",本身的意思是对打、比赛,而北京土语则引申出了"内八字"的"斗脚";两个眼珠同时向内斜视的"斗眼儿"(对眼儿);互相讥讽、口齿伶俐的"斗牙钳子"、斗嘴;表面上不显露内心的想法和动机,却心存猜疑,互不服气,暗地里使劲,扬己抑彼的斗心眼等。

　　而"逗",则引申出了说可笑的话、做可笑的动作的"逗乐儿",相声演员的"逗哏",互相调笑的"逗闷子",小孩惹人喜爱的"逗人儿",挑逗、激怒对方的"逗油""逗火儿""逗猴儿"等。其实"逗"本身的意思很简单,指可笑的言语、滑稽的动作,使人觉得逗笑有趣,言语动作完全出乎人们意料之外。如果言语动作顺理成章的话,那还有什么可笑的呢?

"对火儿""对过儿""对半儿利"

　　"对"在普通话里是对答、对面、校对、正确、双、对待等意思,而在北京土语里却有其他的含义。如用别人正燃的纸烟、烟袋锅直接点燃自己烟的"对火儿"。在这里要指出的是"对火"是火对火的接触,而不是借火柴、打火机等火种,多用于吸烟。

　　"对过儿",则是指与自己隔着一段距离的对面建筑,如隔着街巷、院落、河流,还能直接地看到,没有任何的隔挡。

　　"对半儿利",原指的是高利贷的一种高额利息计算方式,利息为借款的一半,即市面上常说的五分利。

两说着的"蹲坑儿"

　　"蹲坑儿",是北京土语中较为新潮的行业术语,内行人称"蹲点"。指的是公

安局的办案人员在办案的过程中对与案件有关的嫌疑人的住所、作案地点及嫌疑人经常出没的线路进行监视。

"蹲坑儿"在北京土语里还有另外的解释——即在茅房里解大手。老北京对进厕所的人常常嘲笑说：某某又蹲坑去了。这是因为旧时北京的厕所里没有马桶，只有茅坑的原因。

打酒打油论"墩儿"

旧时打酒论"墩儿"，工具叫"提"。旧时北京人经济条件并不富裕，从喝酒就能看出来，那时候家里人喝酒就到胡同口的小杂货铺里去零打，没有整瓶买的经济条件。掌柜的卖酒的工具很特别，名字叫"酒墩儿"，官名"提"。酒墩儿，有一两、二两、半斤之分。那时候一斤合十六小两。酒墩儿多用竹筒或白铁筒做成，筒边附有一根长二尺的细把儿。墩儿除了打酒外，打油、打醋也用。为什么要用"打"字？这和老北京人用水有关。老北京人无论是用辘轳将井水摇上来，还是用手提上来，只要与"提"有关，包括到锅炉房往暖水瓶里灌开水，都称为"打水"。今天人们常说：把钱打到我的账上。

谈"磴"

北京土语中有一个"磴(dūn)"字，其含义是用力急速地往下重放，往往会磴坏物品。此外，磴还有冷淡待人之讲。天津相声名家马志明、黄族民的《纠纷》中就有派出所警察将在气头上的双方当事人冷落在一旁，谓之"磴磴性"的段子。

还有，西瓜未熟便提前摘下，放置一边待熟，北京人称之为"磴熟儿"。"磴熟"的瓜瓤虽然也是红色，但味道不甜且难吃。发泄、气愤地使劲放置物品的动作也叫"磴"。人从高处落下，腿先着地且摔坏，同样叫"磴"。旧时坐马车走在崎岖不平的沟坎道上，身体的多次上下造成屁股的疼痛也叫"磴"。

我脚上的"跺指儿"

"跺指儿"，指的是人脚趾长得不正规，其中有一个脚趾压着另一个脚趾，笔者就有这种现象。出现这种现象的原因，主要是幼时穿鞋过小。"跺指儿"表现在二指压大拇指，四指压小拇指。患这种脚疾的人走不了长路。

"讹搅""讹赖"和"臭讹"

"讹"字在普通话里是敲诈的意思。在北京话里讹有抵赖、耍赖的含义，如臭讹、讹词、讹搅。

耳聋、耳背和耳沉

耳聋泛指耳聋之人,即通常说的聋子。耳背与耳聋有所区别,指的是轻度的耳聋。至于耳沉,老北京人极讲礼貌,当面说人是聋子等于当面揭短和骂人,所以用"耳沉"来代替耳聋、耳背,显得文雅而有礼貌。

"耳挖勺儿"和"耳挖子"

相声《昨天》里,甲说:我家西屋倒是做买卖的。乙问:什么买卖?甲说:卖耳挖勺的。耳挖勺,是指掏取耳朵里的脏东西的工具。其状似小勺,柄长且细。耳挖勺儿,多为金属制成,但也有竹制。

与耳挖勺儿有相同作用的是耳挖子。二者虽仅一字之差,但由于其放的位置不同,材料不同,所以其价格也有天壤之别。耳挖子,是旧时满族妇女发髻上插的头饰之一,多为银制,或镀亮,或镀金。耳挖子之所以不儿化音是因为它不是小件物品,而是价值高的工艺品。

如今哪里卖"耳枕"

耳枕,是老北京人用的一种特殊硬枕头,其枕面中间有耳朵大小的凹坑,可以正好把耳朵放在里头,今不多见。

今天难寻"二等车"

过去北京的交通工具主要是单轮子推车、排子车、轿子、马车、驴车、骡车、驴、骆驼、敞车、洋车、三轮车等,用自行车代步,不过是20世纪20年代的事。由于自行车的出现,"坐二等"和"二等车"这样的北京土语随之而生。

什么叫"二等车"和"坐二等"?"二等车"基本上就是驮人的自行车。自行车的后架处挂上两个荆条筐,既可载人,也可载物。自行车只有拉人的时候才叫"二等车"。而对于坐二等车的人来说,就称为"坐二等"。"二等车",在当时还是比较先进的,因为自行车后架上铺有棉垫,乘坐者较为舒服。20世纪五六十年代,这些以自行车载人而养家糊口的二等车劳动者(多为近郊农民),大多聚集在京城城门外的关厢一带等活。随着我国成为自行车王国,"二等车"和"坐二等"也走进了寻常百姓家。现在凡是坐自行车后架上出行的人,多自嘲是"坐二等"。

"二反投唐"与"好马不吃回头草"

"二反投唐",说的是隋末唐初的故事。农民起义军瓦岗寨头领混世魔王程咬金两次反李渊、李世民的唐朝朝廷,最后顺应历史潮流,归顺了李氏唐朝。"二反投唐"在北京土语里的意思是:离去以后,过了一段时间又回来了,是贬义词,多

指"没有骨气,有悔改服输,不知脸皮厚薄"的内涵。反之,北京还有一句俗语——"好马不吃回头草",则比喻有志气的人,立志以后即使遇到再大的挫折,也绝不走回头路。与之相媲美的名言是:"开弓没有回头箭"。意思是已经承诺了,就不反悔,已经做了,就不再收手,弓拉开了,箭也飞出去了,已经没有挽回的余地。

"二踢脚""麻雷子"和"呲花"

春节期间,北京人多放鞭炮。鞭炮,顾名思义是由鞭和炮组成的。老北京人管爆竹叫炮仗、炮竹,管编成辫子的炮竹叫"鞭"。双方或多方共同鸣放,并以时间的长短分出优劣称之"拉鞭"。旧时北京的鞭炮没有今天这么多的种类,以"二踢脚""麻雷子"和小鞭、钢鞭居多。"二踢脚",以地面一响、天上一响的两响而得名。"麻雷子",则是用麻扎制的大号炮仗。"呲花",则是缺了捻的小鞭、钢鞭的产物。将没有捻的小鞭、钢鞭折断,用细香燃其硝药,得"呲花"状。"呲花"最好的燃放方式叫"老头过河",即唾沫(河)的两端各放半截"呲花",只要点燃一头,河两端的半截"呲花"就会对"呲",十分有趣。

"发福"一词,男女有别

"发福",在北京话里既是礼貌词、客气词,也是言不由衷的虚伪词、恭维词,是当面说别人发胖的客气话。不过,"发福"一词在旧时男女有别,对女性则有发胖变蠢、变丑的含义,对男的则更多的是恭维。即使是在今天,"发福"一词女士们也不爱听。

"翻车"等于大怒

当今北京地区乃至全国的铁路、公路交通便利,各条路线如网状。公路上的机动车为我们带来方便,同时也给我们带来灾难。各地报纸、电视台经常报道机动车在路上"翻车"的新闻。"翻车"给国家和家庭带来巨大的损失。

北京土语里也有"翻车"一词,其意思与车辆翻倒在地无任何联系。北京土语里的"翻车"等于大怒。如:这事刚一提起,这小子就"翻车"了,非要找人家算账。您说为这点小事跟朋友"翻车"值吗?

失眠与"翻饼"

北京人有"翻饼"一词,意为夜间失眠,睡不着觉,反复辗转于床上。北京人烙饼时要把饼在饼铛上正反两面不停地"翻动",所以北京人把夜间失眠,睡不着觉,反复辗转于床的动作形象地比作"翻饼"。

谈"翻"

普通话在谈到"翻"的含义时,大致有这样几种解释:翻转、上下移位、改变。可是如果到了北京土语中,"翻"字的内容就丰富多了。

翻白儿:鱼死了以后,肚皮朝天。后来引申为人。人死后,不礼貌的说法也是:某某某翻白儿了。

翻白眼了:"翻白眼了"和"翻白了"二者有所区别。"翻白眼了"是动物和人在死前的一段时间内,有微弱呼吸,但眼珠儿已不能动或瞳孔在放大。此外,"翻白眼了"还指在有人骄傲自大、看不起别人时,给予翻白眼的动作。

"翻场"与"返场":"翻场",是京剧演员内部的行话,是戏德较差的表现,当台上的演员表演失误或忘词时,同台的演员不但不根据剧情给予帮助、提醒或遮掩,反而借题发挥,借唱念之机,在台上当着观众的面,张扬其过,让失误的演员难堪,下不来台。"返场",则与翻场相反,是演员表演得好,下台后,在观众掌声的要求下再次返回台上给观众表演。返场次数,往往体现观众对该演员的认同程度。

翻堂:即翻场。

翻哧:无顺序地翻找东西。多指所找物品在底下,其上面堆有其他东西,找时需要将上面的东西挪开。由于"翻哧"指的是无顺序地翻找东西,所以"翻哧"在生活中是贬义词。

翻个儿:北京话里有两层意思,一个是翻过来,底面向上,或是里面向外。另一层意思是,调过儿。调过儿,其实也是北京土语,意思是互换位置。

翻儿了:指言语不和或事物与自己相悖,当场大发脾气。与翻车一词同。

翻蛮:当外地人在北京与人发生争吵时(争吵对象不一定是北京人),往往会带出当地的土语或方言,使大伙儿听不懂,即使是外地人与外地人之间争吵,只要说出当地方言,就叫翻蛮。蛮,主要指的是古代南方人。

翻膛倒柜:翻膛倒柜与北京的另外一句土语"翻箱倒柜"意思差不多。翻箱倒柜专指箱子,翻并不是把箱子翻过来,而是翻箱子里的东西,多指衣服。其翻出来的东西摆放杂乱无章,一片凌乱。翻膛倒柜,则范围更广一些,包括壁橱和不可移动的衣柜等。翻膛倒柜,多是营房里面的旗人说;而翻箱倒柜,则是京城里的旗人说。因为京城里的旗人生活条件要比营房里面的旗人生活条件优越得多。

翻蹄亮掌:有些人一见到"蹄"字就认为把人的脚说成蹄,是贬义,是坏话。其实不然,"翻蹄亮掌"是北京老人赞美武术动作表演娴熟的一句赞语。最初指的是骏马奔跑腾空的动作形态,后来人们在赞美武术表演时,对表演者肢体大动作的气势磅礴、变换之快往往用"翻蹄亮掌,闪转腾挪"八个字形容。

翻着:在这里"翻着"有"反着"的意思,表现在事物、语言与面部表情上。随着现在全国各地的人来到北京,北京多年的土语"翻着"有可能被"反着"一词所

代替。

翻本儿:在赔本的前提下,想继续投资,以捞回以前赔进的钱或物。"翻木儿"一词,多用在做买卖和赌博上。

小翻:武术有一个向后空翻的动作叫"小翻","小翻"可连续做。

谈"犯"

"犯"在普通话里有抵触、违犯、侵犯、发作的意思。"犯"字在北京土语里引申出了特别多的词,真是内容丰富多彩。

"犯葛":又说成"犯嘎",这是东、西城的区别,主要表现在语言方面。"葛":北京人认为是言行古怪、不合群,其在语言上表现最为突出,主要指说出话来,尖酸刻薄,令人难以接受。

"犯嘎":"犯葛"的变音。

"犯混":不讲道理地发脾气。混也写成浑。

"犯二糊":犹豫不决,拿不定主意。一个人如果经常"犯二糊",笔者认为,这是一种病态,主要是因为胆子小又多疑。

"犯不上"与"犯得上吗":"犯不上"是不值得、划不来。而"犯得上吗"与"犯不上"相同,但用于反问。

"犯怂(sóng)":怂字在北京土语里的含义与普通话的怂恿、惊惧的解释完全不同。"怂"在北京土语里有三种含义。一是胆小,临阵退缩,甚至表现为认输,服输;二是男人精液的代用词;三是暗地里使坏主意和动作。"犯怂"是贬义词,甚至有骂人的意思。

"犯彪子":脾气倔强、动作粗鲁、性格任性。表现为突如其来,使人意想不到。

"犯刺儿":不服管束,多有故意挑衅的意思。刺,形容棘手,经常"犯刺儿"的人,北京人称之为"刺儿头"。

"犯牛脖子":指人的倔强,但有贬义的成分。

"犯牛脾气":同"犯牛脖子"。

"犯毛病":有两种说法。一是人和畜真的有病,情绪、动作、语言都不正常,不能自我克制;二是讽刺正常人话多,情绪、动作不正常,在经过别人指出后,仍然得不到克制。"犯毛病"的第二种说法是贬义词。

"犯小人":在工作和生活中遇到对自己说三道四的人。"小人"不是指小孩子,指的是背地里说人家坏话、有思维的成年人。老北京人把这种人使用的小动作称之为"上眼药"。为对付这种"上眼药"的小人,北京人在新年和春节期间新增加了送"踩小人"袜子的习俗。在红袜子的底部,印有"踩小人"三个字。

"犯忌":忌讳。别人不爱听的话和不爱做的事。

"犯机器":贬义词,多指莫名其妙发脾气。

"犯相":旧时迷信的一种说法。主要表现在结婚前对双方十二生肖和出生日期的占卜,如属相不合,便称犯相。具体是:白马怕青牛,羊鼠一旦休。金鸡怕玉犬,兔龙泪交流。蛇虎如刀锉,猪猴不到头。"犯相"一词现在还在用,形容两人或两动物见面就掐架,谁也不服谁。

"犯死凿儿":死心眼,过于认真,刨根问底儿,一根筋。

"犯疑":猜疑。

"犯瘾":"犯瘾"多指吸食鸦片烟者到时候不吸不行,难以克制和忍耐。人们对吸食鸦片烟者这时候的举动叫"犯瘾"。现在人们把"犯瘾"引申到了更多的方面。如酷爱戏曲的戏迷犯了戏瘾,就得自己唱上几段;嗜酒如命的酒鬼犯了酒瘾,就非得喝上二两;爱下棋的臭棋篓子犯了棋瘾,半夜三更也要从床上爬起来,求人陪他杀两盘。

"犯胃":吃的食物在胃里得不到正常消化,造成胃部不舒服甚至疼痛。

"犯性子":原指动物发原始的野性,后引申到人大发脾气。

"犯傻":明明听见了,却装没听见;明明知道,心里明白,却装糊涂,甚至答非所问,装傻充愣。

"犯劲":情绪激动,难以控制,照自己的性子一意孤行,谁说、谁劝都难以制止和说通他。有一根筋的意思,越劝越来劲。

"犯恶":恶在普通话里是讨厌、厌恶、憎恨、恶劣的意思。"犯恶"可以理解为正在做人们不喜欢的事情。

好事降临"飞来凤"

意外而想不到的幸福事物和消息突然降临,称之"飞来凤"。"凤凰"是吉祥鸟,寓意好消息、好事情、好兆头。此外,"飞来凤"也可以指带来吉祥、好消息、好事情、好兆头的具体人。

"分盆"与"分家"

孩子长大了,由于种种原因,会分家另过,更多的是组成新的家庭。因此,"分家"好解释。"分(代替字,有音无字,音:fen)盆",是北京老年人常说的一句话。旧时北京人在院内多种花草,而盆栽的花草由于不断地长大,需要将盆内过于密集的花草分别移栽到其他盆内,这个过程叫"分盆"。北京老年人在"分盆"时是要选季节和日子的,否则"分盆"的花草会长得不茂盛,甚至会根枯叶败。

昆虫、鱼类的繁殖叫"粪"

繁体字的"粪"字是由"米、田、共"三部分组成的。简化字则为"米""共"二字上下组成。"粪"就是粪便,是农作物、植物的肥料。"粪"本身是名词,可是在北

京土语里可以当动词出现。老北京人管昆虫、鱼类的繁殖叫"粪"。如:冬天里繁殖蛐蛐、蝈蝈、油葫芦叫"粪"。再如繁殖小金鱼也叫"粪":原来就五六条,现在一下"粪"了三盆,以后越"粪"越多。

开玩笑时也会将多生孩子叫"粪"。如:"当初少'粪'几个,何苦今天日子过得这么紧巴。"

"疯丫头"不一定疯

在北京的土语里有一个词是"疯丫头"。在这里"疯丫头"是褒义词,形容那些不拘谨、活泼又可爱的年轻女孩子。"疯"谐音"风","风"是风风火火、闻风而动、雷厉风行的意思。她们干活脆快,很受长辈的喜爱。

"凤头儿"是鸽子也是车

旧时北京市面上的自行车以英国的三枪、翰牌、凤头为多,德国的蓝牌、日本的菊花和富士,法国的飞燕数量随其后。诸多自行车里以英国的凤头最为抢手、最为先进。凤头车的特点是车型为二八,车架子为优质钢材料制成;钢丝带,骑起来轻便快捷;全链套,加快轴,瓦圈电镀,前后涨闸,车身的颜色为墨绿色。所以人们都知道"凤头",指的是自行车。此外,"凤头儿"也指北京鸽子的一个品种,这是因为这种鸽子的头上有突出的一簇羽毛,像传说中的凤凰。

谈"浮"

"浮"在普通话里是飘和表面的意思。而在北京土语里引申的词义较为丰富。

"浮皮儿":就是表面上。

"浮搁着":暂时放着,不固定。

"浮浮悠悠":不稳定,多指在水上或空中。也可形容人的心情。

"浮土":表面上相对比较薄的土或尘埃。

"浮油":本专指的是煮羊肉时漂在水上的羊油,可食用,多用于烙饼或炸制京味小吃。现在"浮油"又有了新的解释,即大饭店、饭馆、食堂泔水里面的污水漂浮油,冬季则凝成固体,也就是老百姓说的"地沟油"。

"浮皮蹭痒儿":是指不关紧要,不能解决根本的问题。

"盖火"与"火镲"

"镲"是我国的一种民族打击乐器,又叫小钹。钹是两个圆铜片,中间凸起成半球形,凸起的顶端有孔,用来穿绸条或布带。演奏时手挽布带,将两个圆铜片有节奏地击打,发出声音。

旧时老北京人在生活中有一种特别像"镲"的日常生活必需品,官名叫"火镲",直径有大中小三种类型。可是老百姓谁也不这样叫它,根据它的功能而叫它"盖火"或"火盖火"。"盖火"的功能是由于其中间凸起的半球形顶端有孔,可以使火不旺也不灭,达到既取暖保温,又节省煤的作用。在用"火盖火"期间,北京人称之为"封火"。

"干艮倔奱"要不得

"干艮倔奱"是老北京人比喻说话不礼貌、态度生硬的重复土语。

"干",多指不礼貌、不温厚,不委婉地接待人,甚至说话中有斥责挖苦的意思。"艮",则是说话憨直,不和和气气。"倔",是指语言态度生硬。"奱",指说话态度生硬,不心平气和。经常出现"奱"语言和行为的人称之为"奱头"。试想,上述四个字连在一起,"干艮倔奱"该是什么形象的人?

由于"奱"字不常用,现在有人用姓臧的"臧"字来代替。

趣 谈 十 三

纸票挺括的"骨立、新"

老北京人对特别新、特别硬楞的纸张、画片、纸币称之为"骨（gú）立、新"。具体解释就是较硬、平整且新。

害怕之极——"肝儿颤"

北京人管胆小而产生害怕的顶点叫"肝儿颤"。害怕不单单是动作引起的，有些时候，语言也会使人害怕。北京土语"肝儿颤"一词，将害怕形容得入木三分。

"泔水"也能卖钱

北京人管刷锅、洗碗水叫"泔水"。由于现在人们的生活、饮食条件大幅度地改善，所以"泔水"一词也增添了新的内容。现在的"泔水"除剩饭剩菜外，还有根本没动过筷子的完整菜肴。过去"泔水"多放弃，任其流走，现在则有"泔水桶"，饭店以桶为单位卖给养猪人。不要小看这些下脚料，买"泔水"也要凭关系、走后门。

不过有消息说，有些养猪人对大饭店、大饭馆的"泔水"极为不满，因为"泔水"里夹杂着部分竹制牙签，会把猪的口腔扎破，受伤的猪十分可怜。

"擀毡"指的是什么

中国人写毛笔字、画国画时，宣纸底下垫的是毡子，南方人称为毛毡。毡子是用细羊毛与胶水擀平压制而成。猫狗的毛，甚至人的头发交织在一起，因黏腻而结成疙瘩，梳理不开，北京人称之为"擀毡"。

"赶碌"和"赶命"

"赶碌"，又可以写成"赶罗"，经常理解为匆忙，多是因时间的关系出现"赶碌"。"赶碌",在北京土语里还有另一种解释,就是变相地把别人"赶跑",相当于"挤兑"的意思。

"赶命"比"赶碌"更为匆忙,"赶命"是和生命抢时间,"赶命"是贬义词,有不管别人死活的意思。

"赶嘴"与"赶饭"

"赶嘴"就是"赶饭"。同样是城里与城外旗人说话时的区别,意思就是记住人家吃饭的钟点,按着饭点去人家串门。有些人由于经常有意识地到点就去"赶嘴",白吃人家的饭被人称为"赶嘴的人"。但有的熟人由于情况特殊,正好赶上吃饭,即使是吃了、喝了,也不叫"赶嘴",而主人往往是说"赶上了"。"赶嘴"是贬义词,经常"赶嘴"是会让人看不起的。

60 年前"港式"装

60 年前(20 世纪 50 年代),北京市民的生活水平是相当低的。衣食住行很难和世界接轨,当时我们将留大背头、穿尖领衫、穿高跟鞋、住楼房、说粤语等称之为资产阶级生活方式。这种生活方式与中国北方的生活方式明显不同。由于当时这种方式的传入地区以香港为主,所以北京人将留大背头、穿尖领衫、穿高跟鞋、住楼房等称为"港式"。在语言上只说一个"港"字。这句土语的存在时间很短,随着社会的进步,现在北京人已经没人再说了。

"盖柿"与"高桩"

北京有好几种柿子,但有不同的叫法,最为突出的是"盖柿"与"高桩"。"盖柿",个最大,但高度比直径稍小,呈扁状。"高桩",与"盖柿"体形相反,高度大于底部的直径。北京人富有想象力,能把柿子与主食馒头结合在一块。有的馒头铺专做高度大于底部直径的馒头,号称"高桩馒头"。

妙峰香道"胳膊肘儿"

京西门头沟妙峰山是宗教圣地,旧时进香的山路有多条,人们称之为"香道"。其中在中道有一地名叫"胳膊肘儿"。"胳膊肘儿"是北京土语,就是"胳膊的肘部"。

妙峰香道"胳膊肘儿",是形容山路拐弯的角度小,或叫拐死弯儿。北京八达岭旧山道上的"胳膊肘儿"就十分险峻,现在通常叫"急转弯"。

"搁不住隔夜的屁"

这句北京土语较长,但却经常挂在年长人的嘴边,属于北京土语中的俏皮话。

意思是形容一个人的嘴快，存不住事，知道或做了什么事，便急急忙忙告诉别人，有嘲笑、讽刺的意思。反之，则称为"搁得住"或"真能存"。

与"各色"的人相处

北京人对因脾气秉性、习惯爱好与大家不同而造成与其他人难以接近的人称为"各色"。如脾气时好时坏、秉性让人难以接受、习惯不合群、爱好特殊、与众不同、极为特殊冷僻的。上述特点的关键在于他人难以接受。

儿童游戏——"跳间"

旧时儿童的一种游戏，在地上划几个方格，以扔包开始，单脚跳动，以占领方格的得分多少计算胜负。在南方叫"跳房子"。北京土语有逻辑性，因为房子论间，所以"跳间"更有京味。

"嗝儿了"就是死了

北京人管死亡叫"嗝儿了"。"嗝儿了"刚开始只限于形容小动物或鸟鱼之类的死亡，后来延伸到了人。人死了也叫"嗝儿屁了"，"嗝儿屁了"对于人死亡来讲是贬义词，有大快人心之意。后来更引申出了"嗝儿屁跟当大海棠""嗝儿着凉大海棠"，不知人死了与海棠有什么关系，而且还是大的。

谈"跟"

"跟"字，在普通话里有下面几种意思。①部位，脚后跟。②跟随在后面，紧接着。一个跟着一个。开完会跟着就参观。③和。我跟小胡都是清华大学的。④对、向。我已经跟小李谈过了。北京土语在"跟"字上有发明，在对话中当"在"讲。如，"您跟哪儿工作？""衣服跟柜里挂着呢。""李科长跟第一教室听讲课呢。""文件跟保险柜里哪。""身份证跟兜里哪。"

给个"棒槌"就纫针

北京土语中的俏皮话。"棒槌"是旧时妇女洗衣服用的捶打的洗衣工具。"棒槌"一不是缝衣针，二是上面没有针鼻儿。"纫针"的谐音是"认真"，一个人能把粗粗的木棒当针去纫，可见这种人太实诚了，居然分不出人家的话是真是假。

此外"棒槌"在北京土语里还有另外一种解释，意为不懂圈内事理的外行人。

"别给脸，不兜着"

这是一句比骂人还厉害的批评、斥责语。意思是，用好言好语、好的态度，但对方仍然不买账。双方一激化，紧跟着的语言很可能就是"敬酒不吃吃罚酒""牵着不走,打着倒退"的驴了。

京人的AA制——"公东儿"

现在几个人聚餐,有一种新的付费的方式——AA制。说白了,就是总数大家摊,个人付个人的钱。其实AA制这种形式过去也有,不过叫"公东儿"。为什么?因为这顿饭没有具体出钱的东家,大伙儿都是东家,所以叫"公东儿"。

"艮萝卜""辣葱"与"撅头拍子"

"艮(gěn)"在语言上是形容说话态度生硬、不委婉,令他人难以接受,而在食物方面多指咬不动、不酥脆,如胶皮一般,甚至出现一股发霉的"艮"气味。而"艮萝卜""辣葱"与"撅头拍子"均指的是性格、脾气、秉性、办事方法让人难以接受的"各色"的人。

老年夫妻多称"公母俩"

老北京人的老年夫妻多称"公母俩",这让外省市人不能理解,人怎么能论公母?实际上,北京土语"公母俩"就是夫妻的意思,而刚结婚不久的年轻夫妻多称"小公母俩"。

猪的口鼻叫"拱嘴儿"

老北京人管猪的鼻子叫"拱嘴儿",为什么?可能是猪的这个部位起着寻找食物的作用和功能。猪的"拱嘴"肉软且香,北京老人不分男女都愿将"拱嘴"煮熟切片儿,蘸酱油、蒜泥吃。

谈"勾"

北京土语中的"勾",主要表现在引、连、兑、补、阴险、挑衅等多方面,比普通话里的单一勾勒要丰富得多。

引:"勾人"打架。

连:平房中,前后两层房子的房脊连在一起的建筑结构叫"勾连搭"。

兑:往酒里兑水、勾兑。打卤面的勾卤,炒菜里面的"勾芡"。

补:泥瓦匠加工填充、抹平墙缝的一种技术叫"勾缝儿"。

阴险:庚子之变,英法联军烧了圆明园后,旧时北京老人就认为高鼻梁的洋人不好,管外国人的鼻子叫"鹰钩鼻子"。而后出现形容凶狠、狡诈、阴险、诡诈的贬义词——"勾儿心"。

挑衅:"勾火儿",想办法惹人发怒,达到自己的目的。

今天"沟耗子"大如尺

北京人管老鼠叫"耗子","耗子"历来都是四害之一,从来没有平反过,不像麻雀老家贼那样,最终得以平反。"沟耗子"指的是在饭馆、食堂下水道和秽水池旁长大的一种大老鼠,体长约4寸,以吃垃圾为生。现在这种大老鼠依然存在,大的体长8寸,再加上长长的尾巴,足有尺五长。此外,旧时管以捡破烂为幌子的小偷也叫"沟耗子",原因是捡破烂的又叫"捡沟货的","耗子"影射的是偷。

"狗鸡六条腿"

嘲笑骂人的语言。旧指豪门和官府里的恶劣随从、奴才、走狗。

"狗揽八泡屎,泡泡舔不净"

土语中的俏皮话,多指那些爱管他人闲事的人,大包大揽,满应满许,声称什么事都能办。其实这种人本来就没有这个能力,却硬充好汉。有一个小品叫《有事您说话》,内容说的就是这样的人。说有门路买到卧铺车票,结果自己扛着被窝卷儿到火车站连夜排队去。

草帽与"狗尿苔"

什么叫"狗尿苔"?狗一般在墙根底下、树根底下撒尿,其尿过的地方往往会长出一种形状像蘑菇一样的菌类,形状细高,但不能食用。北京人管狗撒过尿的地方长出的像蘑菇一样的菌类叫"狗尿苔"。人在雨后还戴着草帽,状似雨后的蘑菇和"狗尿苔"。所以,北京老人在开玩笑时,会嘲笑雨后还戴着草帽的熟人和极熟的朋友为"狗尿苔"。

谈"狗"

"狗"本来是家养的小动物,因此在狗的身上引申出了许多北京土语。如,游泳的"狗刨儿",软硬不吃的"狗屁",睡觉时间极短的"狗眨眼",坏人与坏人之间的争斗叫"狗咬狗",脸朝地面的跌倒,即叫"狗吃屎"。

至于单一的"狗"字,多是形容某些人瞬间喜怒变化,脾气非常大,北京人称为"狗食脾气",简称叫"狗"。更有特点的是,对于献媚、逢迎、谄媚、像狗一样摇头摆尾奉承领导的拍马屁的样子也称为"狗儿"。

两辈人都称"姑老爷"

北京人论辈儿与南方不同。如,母亲的姑姑,我们这辈人管叫"姑姥姥",姑姥姥的老伴我们管叫"姑姥爷"。而在旧时,北京人管女婿叫"姑爷"。为了尊重姑爷,当北京的老人向别人介绍姑爷时称呼为"姑老爷",但二者在语音的轻重和节奏上有所不同。

"咕丢丢"与木偶

这是北京老人管旧时走街串胡同的一种表演艺人的称呼。表演者表演的内容是简单的木偶戏,旧时叫"傀儡戏",其中音乐的伴奏主要是口中的哨子发出的"呜呜嘟嘟"的声音。这种艺人在民间称"耍咕丢丢的","耍"当"表演"讲。内容有"王二小打老虎""猪八戒背媳妇"等十几出。此外,过去戏的单位论"出",如表演哪"出"?

"花骨朵"

北京人管花蕾叫"花骨朵""花骨嘟"或"骨朵儿"。

随墙门上的"轱辘钱儿"

北京的民宅小院的随墙门顶部有一定的建筑装饰,除道士帽外,以"轱辘钱儿"样式居多。"轱辘钱儿",是由瓦砌成的有孔的铜钱图案。此外,有些老式家具也有镂空的"轱辘钱儿"图案。

"滚"与"骨碌"

"滚"是普通话,而"骨碌"则是北京土语,形容"滚"的程度。"骨碌"实际是迅速地"滚",也可以理解为在"滚"的过程中迅速地立起来。

趣谈十四

"砂鹽子"不只是熬药

北京旧时有多种砂制的器皿和日用工具。如烙饼用的支炉,熬药用的砂锅。不过熬药用的砂锅在北京人的口语中叫"砂鹽子"。其得名的原因有二:一是砂锅等砂制品是用黏结剂黏固而成。二是用"砂鹽子"熬药需慢慢地熬制,北京土语叫刴炽。"砂鹽子"不只是熬药,用于熬炖食品效果也极佳,北京旧时的"砂锅居"就十分有名。不过,砂锅现在不太好买,烙饼用的"支炉"更是绝迹。2011年春,与友人郑四爷等到河北怀来北辛堡影视拍摄基地参观,竟见到了作为道具的支炉,友人争相传看,讲述过去的往事。

葵花子怎么成了"瓜子"

"瓜子",顾名思义是瓜的籽,也就是人们常说的南瓜子、角瓜子、倭瓜子。因上述瓜的籽都是白色,所以北京人将它们统一叫"白瓜子",而西瓜籽是黑颜色的,所以叫"黑瓜子"。然而,有个奇怪的现象出现在我们面前,即葵花子为什么也叫瓜子?葵花子的母本官称"向日葵",又称"葵花",南方称"向阳花","文革"中有《社员都是向阳花》一歌风靡全国。因其有向日生长的特点,北京老人则称其为"转日莲",对有多头果实者则称"九莲灯"。向日葵在植物界属菊科,与瓜蔓类毫不沾边,为什么其果实也叫瓜子?笔者以为,一是"花""瓜"谐音,二是都是嗑其仁,三是20世纪50年代凭本供应闹的。尽管市政府有关文件明明写着每人凭本供应葵花子二两,但商店前的水牌却写着"新到年货,瓜子只供应到正月十九"等字样。不过将葵花子叫"瓜子"是北方人的叫法,南方人叫法很科学,现在依然叫其"葵花子"。

今人谁用"刮舌子"

"刮舌子",是老北京人使用的一种刷牙、漱口的工具,由薄金属条制成,状如

U形,其目的是刮去舌苔,清洁口腔。旗人老者不分男女皆备,材料多为银制。"文革"期间出现了塑料制品。现"刮舌子"多为不锈钢制成,不过现在年轻人使用"刮舌子"的不多,此物恐被淘汰。

《王二姐思夫》里的"呱嗒扁儿"

侯宝林大师的相声里有学唱《王二姐思夫》一节。唱词有"八月里的秋风,人人都嚷凉,一场啊白露一呀场霜,小严霜单打那独根草,呱嗒扁儿要是甩籽就在那荞麦秆儿上"。什么叫"挂打扁儿"?"挂打扁儿"是蝗虫的一种,有绿、黄两种颜色,体形修长约10厘米,然体宽不过1厘米,善飞,飞时翅膀能发出类似木板"呱嗒呱嗒"的相击声音。现"呱嗒扁儿"在北京三环路内已绝迹。北京地区又失去一种本来就不多见的昆虫。

谈"拐"

"拐"字在普通话里有四种解释。①转折,拐弯。②骗,拐骗拐卖。③腿脚有毛病,一瘸一拐。④拐棍儿,拐杖。

北京土语里除全部体现了普通话的内容外,还丰富了许多"拐"的内容。

(1)儿童玩具中的"抓拐"。"拐"是羊的踝骨,分四面,即好耳朵、坏耳朵、坑、鼓。

(2)买卖得利。里外里,您拐着我五分钱呢!

(3)猪羊的小腿骨。拐棒儿。

(4)怪癖之人。拐古,从不讲客气话。

(5)小型石磨。手摇的小石磨叫"磨拐子"。

(6)小鲫鱼。四两左右重的小鲫鱼北京人叫"小拐子",不知何故。

(7)脚腕子。北京摔跤术语有"抄拐子",就是抄脚腕子。

(8)过去的某件事。过去有那么"一拐子"。

(9)说话不直言。拐弯抹角。

(10)数目中的零头,多指个位。年龄50拐弯。

(11)牵连,贬义词。这事可别把我也拐了进去。

(12)机械上的一种弯曲部件也叫"拐棒儿"。

(13)麻将牌三人打叫"拐磨子"。

(14)陷害。小心给您"一拐子"。

(15)拐杖。

(16)阴谋,手段,坏主意。他有这么"一拐子"。

(17)巴掌打在脸颊上,普通话叫耳光,北京土语叫"耳刮子"。打在后脖颈上叫"脖拐子"。

"棺材本儿"与"棺材瓢子"

"棺材本儿",指人死后买棺材的钱。对于老人来讲,这是最恶毒的骂人话。即使现在实行火化,不再用棺材了,但北京地区个别的司机见到车前的老人,往往会说,咱别惹他,小心他找咱们要"棺材本儿"。与"棺材本儿"相连的是"棺材瓢子","棺材瓢子"是指快进棺材的老人。棺材是皮,快死之人就是棺材里的"瓢"。"棺材本儿"与"棺材瓢子"现在都是粗野骂人的话。

旗人的"关饷"

旧时旗人兵丁、官吏以及他们的家属,每季都能得到一定的俸银,社会上称之为"铁杆儿庄稼"。旗人认为这是官家给的饷银,所以每当拿到这笔钱时,便称之为"官饷"。新中国成立后,旗人管在国企单位领的工资也叫"官饷",因为这笔钱是官家给的。但"官"却慢慢变成了关门的"关",为什么?说明钱已经拿到家了。

从"光屁溜儿"想起的

北京人管不穿衣服的儿童叫"光屁溜儿",普通话大概就是小孩赤裸身体或光腚的意思。"光屁溜儿",在北京土语里本来是褒义词,我小时候在护城河和北大坑游泳,七八个孩子一水的"光屁溜儿",姿势当然是"狗刨儿"。北京的小孩自称是"光出溜儿"或"小光眼儿",大人则把他们贬称为"光眼子"。

京人两种"线桄子"

北京的老年妇女在做针线活儿时,常常将手使的工具集中放在一个笸箩里,其中包括做针线活儿时绕线用的"线板儿"。比线板儿大的绕线工具叫"线桄(guàng)子"。旧时北京地区的"线桄子"有两种,一种是放风筝时手持的棒形,一种是电业工人、纺织工人用的框形。现在社会进步了,放风筝的"线桄子"改成了扁圆形,风筝线也变成了尼龙线。而旧时的米字形棒式"线桄子"却成了古董,只有在古玩市场的地摊上才偶尔出现。

"鬼子姜"学名叫菊芋

北京四合院、大杂院里常种一种植物,既可观赏,又可食用,土语叫"鬼子姜"。为什么叫这样一个怪名字?原因是其果实长得像姜,形状不规范,鬼头鬼脑。其实"鬼子姜"学名叫菊芋,开有黄色似菊花的小黄花。"鬼子姜"是植物的根茎,可以腌制酱咸菜,清脆可口,可解腻。

"锅挑儿"与"过水儿"

南方人爱吃米,北方人爱吃面。"锅挑儿"与"过水儿"就是北京人吃面时的两种吃法。"锅挑儿",指的是将面条从热水锅里直接挑入碗内,浇上佐料热着吃。

与"锅挑儿"相反的是"过水儿"。"过水儿",则是将煮熟的面条捞出,放在清水里"过"一下再吃。北京人吃"过水儿"有两种,即过热水和凉水。过热水,要的是面条利落,好拌;过凉水的面条吃时较硬,有咬劲,北京人称之为"筋道"。有些壮汉甚至爱吃过两遍凉水的面,显得自己的胃好,消化力强,脾气豪爽。

"锅底""锅底儿"与"锅子底儿"

这三个字面相近的北京土语词,解释起来是不一样的。"锅底",指的是一种风筝。"锅底儿",是指锅里煮白薯时最底下的那些。"锅底儿"白薯极受老年人的喜爱,管"锅底儿"叫"喝了蜜"。"锅子底儿",指的是吃涮羊肉时的底料。如芝麻酱、酱豆腐、韭菜花儿、卤虾油、辣椒油。

先见之明的"果不其然"

北京人常常用"果不其然"来说明自己的预见是正确的。"果不其然"是"果然"二字的口语化,虽然啰唆,但乡土气息很浓。现因"果不其然"一词不太谦虚,极容易引起当事人的不高兴,所以现在很少有人在公开场合用。

自喻先见之明的"我说对了吧"

与"果不其然"相似的另一句也很厉害,即同样有先见之明的"我说对了吧",颇有自问自答的意思。同样,"我说对了吧"一词也不太谦虚,同样极容易引起当事人的不高兴,现在很少有人在公开场合用。

"过了这村儿,就没这个店儿"

这是北京的一句比较俗的土语。指的是珍惜机会,机会难得。

恭维话还是嘲讽话——谈"贵人多忘事"

"贵人多忘事"从表面上来看是恭维话,因为称您是"贵人",但是在语气上我们可以分辨出这是恭维话还是嘲讽话、损人话或挖苦话。这句北京土语不能细琢磨。

谈"过"

过在普通话里有从这儿到那儿、经过、度过、超过、超越、专用量词等解释。可

是"过"字在北京土语里的含义则更加丰富。

过缩了：超过了原定的时间、距离、长度、容量、能力。与之配套的是歇后语"瞎子挑水——过了井了"。

过阴天儿：因为下雨而不能外出工作，只好在家休息。旧时劳动人民为了糊口，难得休息一天，所以人们会借下雨休息的机会改善吃喝，睡个踏实觉。这是老天爷给的阴天假。不过，老百姓老过阴天儿也不行，没有收入，吃什么？

过儿：过失，错误。

过梁：也称"过木"，是门、窗上面承载一定重量的坚固、厚重的木头方子。现在多用钢筋混凝土浇筑而成。

过景：过了一定的时间段。

过去了：人死了，多指老年人，这是北方人说话时的一种避讳的土语。

过节：矛盾，隔阂。

过家伙：动武器。如打架、械斗。此外，在戏剧舞台上用武器表演也叫过家伙。

过家家：小孩子的一种游戏，自己假装家庭主要成员。

过不着：关系不密切、极一般，没有太深的交情，所以没有替人帮忙的义务、必要和责任。

过得着：与过不着恰恰相反，形容关系密切，交情深厚，从内心里想帮助别人。

过处：错误，过失。

过和：调解纠纷，为了双方好，中间一方从中抹稀泥，替双方说话。

过后儿：事后儿，以后。

过：当"遍""回""次"讲。

过：当好讲。如这烟劲大，抽得过。这出戏故事情节曲折、精彩，看得过。华山风景美，去得过。

过风儿：又称"透风儿"，指的是通风、凉爽。不可以与"放风"混为一谈。

过火：烙烤时间过长，出现煳状。火灾烧过的地方。

过河：河就是嘴，如鼻涕都过河了。或指吃的食物有他人的口水。

过：是"过分"的简说。同样的还有"锅子"是"涮锅子"的简说，"涮肉"是"涮羊肉"的简说。

京城谁还穿"汗褟儿"

什么叫"汗褟(tā)儿"，外地人不知道是可以理解的，然北京的90后恐怕也没有几个穿过，甚至没有见过。"汗褟儿"是老北京人穿的一种旧式夏天上衣，为了凉快，"汗褟儿"无领、无袖，只有胸前和后背这两块布，两块布连接处在腋下，是用布带子条连接的。现在，生活条件好了，谁还穿旧式的"汗褟儿"，因此"汗褟儿"

在京城基本绝迹。不过"汗褟"在话剧的舞台上曾出现过,穿在洋车夫骆驼祥子的身上。

"好心当成驴肝肺"

"好心当成驴肝肺"既是俗语又是土语,意为心意和出发点都是好的,但被别人误解了。驴肝肺,过去是驴身上最不值钱的下脚货,情谊千金的好心变成不值钱的肝和肺,而且还是驴的,反差有多大。

"呵儿喽子"与"呵儿喽带喘"

连续不断地哮喘和咳嗽,最后连倒气都很困难的人叫"呵儿喽子"。"呵儿喽带喘",比"呵儿喽子"病情还严重。与"呵儿喽子"相似的还有一句北京土语叫"呵儿喽着"。二者虽然只有一字之差,但意思截然不同。"呵儿喽着"的意思是把人(多为小孩)驮在脖颈上。

李三爷专捞"河漂子"

"河漂子",多指投水自尽者的尸体在水上漂浮。游泳溺水死亡者,不在其内。旧时,德胜门外有叫李三爷者,水性极好,专捞"河漂子",而且对死者家属分文不要。李三爷的口头语是:别人干不了的事,咱能干,这说明人家看得起咱,给人家帮忙等于积德行善。

"荷叶饼"还是"合页饼"

北京的烤鸭举世闻名,可是哪位食客能说出卷鸭片、酱、葱的小饼叫什么名字?因其形状及特点,现在人都管它叫"薄饼"。其实不然,它在老北京的吃主面前有一个好听的名字——"荷叶饼"。荷叶饼,在旧时不光是吃烤鸭时用,富户人家常用荷叶饼卷酱肉、小肚、黄花菜(摊鸡蛋)等,其程序简单,省时省力,味道香美。荷叶饼因为是两张一块烙出,揭开食用,犹如合页一般,故又叫"合页饼"。值得注意的是,讲究吃法儿的北京人不知什么时候将烙荷叶饼进化成了蒸圆面片了!

"醒过闷儿"后边的词语——"合着"

北京土语里有"合着"一词,大意是:噢,原来是这样!像是过去让人蒙了,受了欺骗,但在短时间内突然明白过来。

"黑灯瞎火"与"黑咕隆咚"

旧时,北京城里没有电灯,家家都点小油灯。有段快板叫"油灯碗儿"是对北

京旧时家庭照明的最好写照。由于当时没有路灯,造成了"黑灯瞎火""黑更（jīng）半夜""黑界""黑瞎""黑早儿""黑天"与"黑咕隆咚"等北京土语的产生。

黑灯瞎火:没灯没亮,是深夜的意思。

黑更半夜:夜深得很。

黑界:天色大黑。

黑瞎:口头语,天黑的时候。

黑早儿:黎明之前,天还没有大亮。

黑天:口头语,傍晚过后,天一黑的时候。

黑咕隆咚:天特别黑,仿佛在黑夜里掉进井里一般,伸手看不见五指。

趣 谈 十 五

"恨得牙根八丈长"

八丈长有多长？约合今天24米。谁的牙根这么长？这是北京土语的一种夸张的程度，用"牙根八丈长"来形容某某人恨他人的程度。

儿童"出圈"的闹——"横反"

老北京人管儿童出了范围的闹，叫"横（héng）反"。"出圈"，是指闹出了一定的范围。"横反"，则是在于无章法、无顾忌、无约束，其言行要反到天上去，整个一小孙悟空大闹天宫。

小脚踢球——"横胡噜"

北京有句俗语，叫小脚踢球——"横（héng）胡噜"。为什么？旧时北京的汉族女人多裹脚，就是文人们说的"三寸金莲"。您想，如果用三寸金莲踢球，那不是就得"横胡噜"吗？

这句话的前身是老太太踢球——"横胡噜"。可北京这地方特殊，有大量的满族人、蒙古族人、回族人的老太太。这些老太太是天足，不裹脚，老太太踢球——"横胡噜"，这打击面也太大了。于是，出现了小脚踢球——"横胡噜"这句北京俗语、土语、歇后语三结合的词组。

今天谁还用"烘笼儿"

现在为了让刚洗的衣服快干，饭店宾馆，甚至富裕的家庭都用上了烘干机。旧时北京平民百姓家里没有烘干机怎么办？尤其是在冬天。北京人聪明，发明了一种叫"烘笼儿"的可快速烤干衣物的家庭用具。"烘笼儿"顾名思义，笼状，用山地间的荆条或护城河边的柳树枝条编成，用时将"烘笼儿"倒扣在炉火上，将湿衣服摊放在"烘笼儿"的顶部和周围。因"烘笼儿"骨架之间有直径八九厘米的6角

窟窿，热气可以迅速上升，使衣物在短时间内烘干。不过现在北京的家庭里，很难再见到"烘笼儿"了。

"横挑鼻子竖挑眼"

这是一句可笑的北京土语，是说挑衅式的找碴和故意刁难。在有些吹毛求疵的人的嘴里，会无理地提出：你的鼻子应该横着长，为什么竖着长？他的眼睛应该竖着长，为什么横着长？

"猴儿头"与"猴剔牙"

猴，本来是小动物，可是在北京土语里形容的却是小孩子。因为，小男孩儿既灵巧又调皮、淘气，像顽皮的猴子一样。"猴儿头"，现在是一种高档的菌类补品。可是在北京土语里，"猴儿头"是一种打人的动作。将中指弯曲，突出骨节击打别人的头部，特别疼。

"猴剔牙"同样是一种动作，大有欺负人的意思。用大拇指和食指捏住人家的耳朵，同时用中指抵住人家的腮帮子，一拉一抵，疼者叫苦不迭。

地安门又叫"后门"

一提到"后门"，人们就想起了"后门儿"。其实"后门"与"后门儿"是两码事。北京人管地安门叫"后门"，而且不允许儿化音。现在外地人多了，认为北京的儿化音可以到处用，于是出现了东直门儿、西直门儿的叫法。其实他不明白，带儿化音多为表示小的物件，如小孩儿、冰棍儿、小碗儿、茶碗儿。试想，高大的京城九门能用儿化音吗？

"后门儿"别解

旧社会说相声的为了混口饭吃，表演时嘴损，且内容"脏"。因为北京人管屁眼儿也叫"后门儿"，所以有人管旧时说相声的嘴叫"钢门"或"肛门"。其中的意思一是夸说相声的口齿伶俐，铁嘴钢牙，谁也说不过；二是那时候说相声的嘴太"脏"，荤黄段子如"屁眼儿肛门窜稀"一般，丰富之极，笔墨难叙。新中国成立后，相声艺术在以侯大师为代表的相声改革小组改进后，现在的相声内容和表演人员的嘴都干净极了。

记得我小的时候，一直管北海公园的北门儿叫"北海后门儿"。公共电汽车站，也写的是"北海后门"。现在，则叫北海北门。

西葫芦与"瓠熥子"

"瓠熥(hùtā)子"这一词，外地人一般都不知道是什么东西。将西葫芦用"擦儿"擦成丝,再与面和稀,打入鸡蛋,摊在铛上用少量的油烙熟,吃时蘸醋和蒜泥。北京人管这种食物叫"瓢烙子"。因为它不是煎也不是炸,类似湿衣服贴在身上,直至变干,所以叫"烙"。如"锅烙豆腐"。

"虎毒不食子"与"护犊子"

普通话里有"虎毒不食子",意思是老虎虽然凶,但不吃自己的幼虎,是母爱的表现。北京旧时也有一种母爱,实在不可取,那就是"护犊子"。"护犊子",是父母在处理孩子与他人发生矛盾时,不管青红皂白,总是偏袒自己的孩子。

京人是猫就叫"花花"

旧时,北京老人管猫就叫"花花",没有具体的名字,更没有"狗证""猫粮"这些事,因为那时京城院里的猫品种单一。奇怪的是,所有的小猫也听惯了这种叫声,每当养猫人拿饭盆叫"花花"时,几只猫先后跑来,只不过本家的猫回来得时间要快一些。

"阴凉"与"花荫凉"

阴与阳是相对的,把太阳遮住,太阳光射不到的地方北京人叫"阴凉地",也叫背阴儿。"阴凉"与"阴凉地"是有区别的。"阴凉",一般指的是气温、温度。"阴凉地",则指的是具体的地方。与"阴凉"和"阴凉地"相关的北京土语是"花荫凉"。"花荫凉"是太阳光被树、篱笆、葡萄架、爬蔓植物、编织网等遮挡,在"阴凉地"的地方出现斑驳的太阳光。

抹墙要用"花秸泥"

首先要了解什么叫"花秸"。"花秸",就是麦子的茎秆,经碾压加工成约两寸长的小段。"花秸"与稀泥和在一起,可以抹墙用,"花秸"在泥中起纤维的作用。与"花秸"相对的是"秫秸",即高粱的茎,北京人通常叫"秫秸秆儿"。"秫秸秆儿"作用很大,经济价值比"花秸"还要高,可扎顶棚、儿童玩具、日用风斗、卷窗、盖帘儿等。

"坏小子"两说

"坏小子"一词,从字面上是"这小子够坏"的缩写,是贬义词。其实,这话要是从老北京人的嘴里说出还得两说着。为什么? 老北京人认为别看一个年轻孩子调皮捣蛋,但聪明,时不时地能想出鬼点子来办出气的事,比那些老实巴交、一脚踹不出个屁的孩子强多了。这种"坏小子"养活着不吃亏啊! 所以,我们可以理解为"坏小子"这词是老北京对聪明、会使鬼点子的青少年的特殊赞美词,非贬义

词,确实是"坏"而不坏。

酒醉呕吐与"还席"

我们经常在街面看到喝醉酒呕吐的人和他们的呕吐物。看到这些,北京的老人有一句口头禅——"没出息,没起色"。

吐在街上还算是好的,有的主当时就吐在餐桌上了!北京老人对这种人的吐不叫"吐",好的说法叫"倒",差的说法叫"呲",像狗猫一般。不过,北京旧时的"祥子"们,管当场吐的有一好的叫法——"还席"。意思是虽然吃了,但没带走,当时就还您了。

"窝头"也叫"黄金塔"

"窝头"也叫"窝窝头",是旧时北方中下等人家日常吃的主食。"窝头",是用黄玉米面蒸制而成。其做法较为特别,将面和好后,抓起一块,先揉成圆球状,再将一大拇指插入面球中,双手齐上,做到一指在内,九指在外,不断旋转,成塔状后放入蒸锅中蒸熟。因"窝头"形似塔状,所以"窝头"也叫"黄金塔",这个名字大概是穷苦人家自我求乐而已。

"活人不能让尿憋死"

这是北京土语里的俏皮话,说人要动脑筋,要灵活机动,不能一根筋,要随机应变。

多年不见"蒺藜狗子"

蒺藜,本是北京地区的一种常年野生的草本植物,开小黄花儿,平地爬行蔓长,因其果实如榛子大小,坚硬且有刺,常常扎脚,北京人称其为"蒺藜狗子"。不知为什么,现在在三环路内已绝迹。

铁丝网上的"铁蒺藜"

可能是由于"蒺藜狗子"的刺扎人、挂人,自20世纪50年代北京出现了大批的铁丝网,而铁丝网上缠绕着似"蒺藜狗子"的铁蒺藜,目的是防人钻入、防盗。

包饺子的"揪剂儿"

北京的土语里有一个词叫"揪剂儿"。什么叫"剂儿"?就是把和好的软面分成小块,方法有刀切和手揪等多种,于是就有了饺子剂儿、包子剂儿、烙饼剂儿、馒头剂儿等词。在北京的家庭里,以手揪剂儿为正统。因为,旧时春节期间,大年初一到初五是不许动刀、剪等金属工具的。

从"夹道欢迎"说起

在官场上有一种迎接贵宾的礼仪——"夹道欢迎"。什么叫"夹道"?"夹道"是两墙或两房屋之间的狭窄通道。北京有东城区的大学堂夹道、慈溪馆夹道(崇文)、佟府夹道(灯市口)、文宝楼夹道(崇文),西城区的教育会夹道、养蜂夹道、澧阳馆夹道(宣武)、姚江馆夹道(宣武)、顺德馆夹道(宣武)、众议院夹道(今众议胡同)、棚铺夹道(宣武)、龙源夹道(宣武)、天兴居夹道(宣武)、同仁夹道(宣武)、郑王府夹道(西单)、端王府夹道(平安里)。

雌雄蜻蜓的交配——"架迫"和"小车子"

生物是有生命的,有生命的就要繁殖,北京旧时城近郊区的雌雄蜻蜓交配而出现的"架迫(代替字,有音无字,音:pǎi)"和"小车子"现象就值得回味。为什么?因为我们现在已经很少见到这种蜻蜓了。只有雄老刚、单刚与雌老紫儿、菜紫儿、夜紫儿之间的交配,才会出现激动人心的"架迫"和"小车子"。假设一只蜻蜓9厘米长,那么一挂"架迫"得有近18厘米长。

"架迫":雄蜻蜓的尾巴钳在雌蜻蜓的颈部,雌雄两只蜻蜓前后低低地贴着水面同时飞行。"迫子"本指一种矮矮的推拉平板车,突出的是"矮"字。所以,北京人管鼹鼠和个子矮的男性都叫"地里迫子"。

"小车子":在雌雄蜻蜓成为"架迫"后,雌蜻蜓的尾部向下弯曲到雄蜻蜓的腹部进行交配,"架迫"顿时成为小车状。

"简要截说"

源于剪段截说。没有用的剪去,有用的也要挑关键的说。

谈动词的"捡"

"捡"在普通话就是拾起,与挑选的"拣"略有些区别。北京土语里的"捡洋落儿""捡拐子""捡漏儿""捡便宜"都是"捡"。

院内难寻"江西腊"

旧时北京的四合院、小院,甚至大杂院里都种开满小花的江西腊。为什么叫"江西腊"?至今不详,难道真是从江西引进来的?而"江西腊"的真正学名叫"翠菊",现在城里种的人家也太少了,真是院内难寻"江西腊"。

趣 谈 十 六

"酱肘子"铺贯京城

将猪肘子、多种调料和酱油在一起煮烂,得"酱肘子"。旧时北京的"酱肘子"铺贯京城,因为卖猪熟食的铺子都叫"酱肘子"铺。"酱肘子"是北京的有名特产,爱吃的人很多。以天福号的"酱肘子"最为地道,肥而不腻,瘦而不柴,皮不回性,食有余香。

"教书匠""孩子王"与人民教师

"教书匠",旧时是对教师不尊敬的称呼,而"孩子王"则是京城平民对教师更不尊重的称呼,民间流传"家有半斗粮,不做孩子王"的俏皮语。今天"孩子王"改称"人民教师",经济上有很高的待遇。

"箭杆儿",用途多

"箭杆儿"即高粱茎。可做包饺子的盖帘儿、顶棚龙骨、篱笆、风车、儿童玩具、屎壳郎车、鱼漂等。北京顺义区有"箭杆河",现代评剧有"箭杆河边"。

"胶泥瓣儿"与陶器制作

旧时,没有今天这么多的儿童玩具,于是大人教孩子们用"胶泥瓣儿"做各种小陶器。胶泥就是用黏土和的泥,可以捏弄出碗、不倒翁、兔子等。今天看来,童时的"胶泥瓣儿"与陶器制作都不太卫生。

"娇皮哥,烂蚕豆"

娇皮哥,原指的是一种虎皮豆,后形容较为娇气的宝贝孩子。这本是一首哄小孩的儿歌,"烂蚕豆"是煮烂糊的蚕豆。全文是"娇皮哥,烂蚕豆,烧饼果子夹牛肉"。

许林村老人说"嚼裹儿"

我也不明白老北京人说的"嚼裹儿"的来源。文史馆的许林村老人说"嚼裹儿"就是生活费用,也就是今天说的工资。老人说,北京人"嚼裹儿"最讲理,嚼是粮食,是吃的东西,裹是衣服、被褥,这是生活中必须接触的。

人脚还是"驴蹄"

驴,是旧时最普通、最常见的交通工具。老人出门雇个驴称雇个脚。这样,就让人的脚得到了放松,所以人脚和驴的蹄就挂上了钩。当个别人的脚放在不该放的地方时,有人就会"善意"提醒:把您的驴蹄放下来。此外,老人在夸婴儿的脚长得大时,也会夸张地说:看这双"驴蹄"。

鼓掌代替了"叫好"

旧时北京人在看戏剧、曲艺、杂技时,看到精彩处,情不自禁地会喊好,表示自己是内行。其实,也有起哄喊好的。由于"叫好"影响他人的正常欣赏,随着社会的进步,观众用鼓掌代替了"叫好"。不过,在京剧剧场里偶尔还会听到叫好声。

嘴里叫"好听的",心里不服

大孩子用武力欺负小孩子,让小孩子叫他好听的,什么是好听的?就是"叔叔""大爷""干爹"等大对方一辈的称呼,有的甚至让叫爸爸。在大孩子武力威胁下,小孩子被迫叫了,可心里不服,边叫边心里说:"你是我儿子,儿打爸,越打越不怕。"

"叫了王承恩"

王承恩是明时宦官,终日不离皇帝朱由检左右。在李自成打进皇宫时,皇上急得直喊"王承恩"。当皇帝朱由检在景山歪脖树上吊时,只有王承恩伺候左右并陪着上吊。后来,人们依据这个典故形容人在非常困难、窘迫时,特别希望得到他人的帮助。

"叫起儿""叫早",还是"叫齐"

"叫起儿",是把正在休息的劳动者召集在一起;"叫早",是早上把别人从睡梦中叫醒。"叫齐",则是把大家统一起来,做统一的动作,喊同一个口号。

"结巴磕子"与口吃

北京人管口吃叫"结巴",管口吃严重的人叫"结巴磕子"。"结结巴巴"就是

形容口吃的样子。

"解手"也分"大小手"

北京人管大小便叫"解手",据说来自明代山西移民。"解手"也分"大小手","大手儿"为今日拉屎,大便。"小手儿"为今日撒尿,小便。无论"大小手"还是"解手",读时须儿化。

经常补短的"接长不短"

"接长不短"是时常不断的意思。也可以理解为"经常不断""经常补短"或"接长不短""接长不断"。这是旧时北京旗民说法不同。

拉大旗坐虎皮的"借仙气"

本是迷信用语,后延伸至仰仗某些有权势的人的脸面,达到自己的私人目的。

旧时的行贿——"金钩虾米钓鲤鱼"

这是北京旧时行贿的一句俗语。意思是付出的代价少,而收获特别多,比例是一个虾米换一条大鲤鱼。"金钩虾米"有两种解释,一是小虾米的一种;二是金钩特别厉害,锋利且硬度高,不折不弯,鲤鱼吃上虾米,跑都跑不掉,喻义为受贿者受贿后只好在钩上老实待着,任行贿者摆弄。现在贪污者多被金钱、美女所钓,也可以说"被金钩虾米钓着了"。

"不入口"的"筋头马脑儿"

在动物的肉里,有一些人牙咬不动的肉筋之类的东西,北京老人称之为"筋头马脑儿"。"筋头马脑儿"实际上是"不入口"的"筋头麻脑儿",同样属于肉筋之类。因为咬不动,又被称为"不入口",多剁碎喂猫。也有写成"筋头猫脑儿"的。

"金钟儿"与"灶马儿"

"金钟儿",是北京山区的一种秋虫,状如蛐蛐,鸣声清脆且持续时间长,以悠为贵,学名"马铃子"。"灶马儿",是一种像蛐蛐一样鸣叫的昆虫,夏天不多见,冬天比较多见,主要生活在炉灶旁边的砖缝里,鸣叫声音单一,不格斗,故不专门繁殖、分养。

"进深"

屋内的纵向长度叫"进深",横向长度叫"面宽"。

谈"紧"

"紧"在普通话中的大意是紧张、抓紧、紧急等。民国年间有"前方吃紧,后方紧吃"的俗语,意思是前方战事不顺利,物资短缺,而后方却挥霍财物,或把财物装进自己的腰包。北京土语里对"紧"有多种解释。

"紧":一是皮肤不舒适,二是生肉经热水收缩的过程。

"紧衬":衣服适体,不肥大,倍显利落。

"紧帮帮":一是生活很困难,二是束缚过紧。

"紧绷绷":即"紧帮帮"。旗民、东西城说法不同。

"紧自":不断地,高频率地。也形容较长时间。

"紧皮光亮":表面无皱纹、有光泽。多指水果,一般用于描述西瓜。

"紧身儿":贴身的衣服或较瘦的衣服。

"紧赶慢赶":在时间上形容赶的样子。

"紧紧手儿":抓紧时间;精打细算,更节约一点。

"紧守":各地不同,也有"紧手儿"一说,形容生活精打细算。

"紧关节":超出平常的关键时候。

"紧出来":省吃俭用、精打细算,得出剩余。

"紧腰":上衣的腰部向里收,以突出胸部,女装最为明显。

木工的锯——"紧上加鳔"

北京民间的俏皮话,意思有两个:一是抓紧时间,紧上加紧;二是生活困难,经济紧张困难。鳔意思是黏合在一起,有摽的意思,用手或绳索勾绕在一起,增加力量。

"井拔凉"

夏天,北京的天气很热,而从井里刚提上的水特别凉,有些北京人单爱喝这种"井拔凉"的凉水。"拔"在这里当拔热气讲。但在北京土语里"拔"又当"冰镇",使其快凉讲。如,把西瓜放在凉水里"拔一拔"。

赤身裸体与"净光净"

一丝不挂的赤身裸体,竟然能与"净光净"这句北京土语联系在一起。北京人称什么都没有为"净光净",净身就是光着身子,"净光净"就更厉害了。此句土语源于京剧舞台上的家伙点,"锵,锵,磬,哐,磬"。"磬,哐,磬"的谐音就是"净光净"。此外,兜里的钱都花光了,连一分钱都没有,也自称"净光净"。

趣 谈 十 七

"镜支儿"也叫"梳妆盒"

旧时北京妇女有梳妆匣。每次打开梳妆匣时,人们就会发现,上盖里面是一块镜子在瞅着您。北京地区"梳妆盒"的空间设计,十分紧凑和巧妙,可分四层:第一层,是上盖儿,里面是镜子;第二层,是小屉儿;第三层,是"梳妆盒"最名副其实的部分;最下层,为大抽屉。现在中秋节的月饼盒的设计,有的就像旧时的"梳妆盒"。每次打开梳妆匣时,上盖里面的镜子首先支起来,所以"梳妆盒"也叫"镜支儿"。

"九花"争放忆契园

北京人管菊花叫"九花"。为什么?因为,北京地区的菊花在农历九月盛开。旧时,北京地区赏菊花有两个好地方。官办的,是中山公园的"唐花坞";私人的,当属西城新街口北大街路西的"菊花刘"。"菊花刘"叫刘文嘉,湖北嘉鱼人,他有菊展览室7室1厅,品种达2000多种。毛主席、周总理、朱德委员长及董必武、齐白石等名人,都曾到此参观并题词。

"酒后无德"与酒后驾驶

现在"酒后驾驶"成了大问题,尽管公安部门大力整治,酒鬼开车依然我行我素。更有年龄较大"酒后撒疯"者,道德败坏、行为放纵,甚至做出犯法的事来。北京人对这种人称之为"酒后无德"。对于酒色财气,前人有诗警示曰:饮酒不醉最为高,见色不迷是英豪。世财不义切莫取,和气忍让气自消。

"九练九熟"与"久练久熟"

北京有句土语叫"九练九熟",日后却演变成了"久练久熟",其演变过程各有各的说法。"九"代表汉语中的多次、多数的意思,而"久"则表示时间长。

铜"锔子"今天谁还用

"锔子"是旧时"锔锅锔碗"常用的零件之一,形状是扁平的细条,两端弯曲,铜制,用处是箍住锅、碗、罐、盆、缸出现的断裂和裂缝。今天谁还用"锔子"?只有到古玩铺里去找了。不过,在修建房屋时,我们经常看到一种铁"锔子"被用于固定房梁、房柁、房柱之间的连接。"锔子"是用 12 圆的盘条窝成门字形,钉在应连在一起的两处。此外,人们的身体,尤其是面部因磕碰而留下的明显的长条疤痕,北京人也戏称为"锔子"。

这种"卷饼"不能吃

每年立春日,北京人有吃春饼的习俗,名曰咬春。北京春饼是小而圆的双层薄饼,烙熟后再将炒绿豆芽儿、韭黄、菠菜、酱肉丝加上羊角葱丝卷着吃,通常叫作吃"春饼"。此外,用大饼把猪肉及各种菜卷起来吃也叫吃"卷饼",包括吃烤鸭。

但在北京土语里有一种"卷饼"不能吃,就是自行车等车圈被撞后严重变形的"卷饼"。"卷"字在北京土语里好词不多,如臭骂的"卷";东西全让人拿走了的"卷包会";刀剪的"卷刃儿";被辞退的"卷铺盖"等。

正解"撅尾巴儿"

说相声的曾说过"撅尾巴管儿",意思是对着自来水管喝水。其实不然,因为旧时没有那么多的水管子、水龙头。"撅尾巴管儿",说的是穷苦劳动者喝酒的一种方式,而且喝"撅尾巴管儿"的人都是熟客。喝"撅尾巴管儿"不坐座位,站在柜台前,对着酒壶嘴儿,一吸而尽。更有厉害者,连门都不进,在门口就撅没了。喝"撅尾巴管儿"的主儿,根本没有吃菜的钱和时间。"撅尾巴管儿"的"管儿"应是"馆",是饭馆、酒馆的意思。

好坏搭配的"均背拉"

"背拉",顾名思义就是相互之间"背",互相之间"拉"。"均",则是"背拉"得更均匀一些,主要表现在好坏优劣搭配的"背拉"。

"开裆裤"与"卡巴裆"

北京有两个关联相近的土语"开裆裤"与"卡巴裆"。"卡巴裆",指的是两腿分开而连接的部位,也就是小腹下面的地方。"开裆裤",则是为了拉屎撒尿方便,故意在裤子的"卡巴裆"位置开个大口子。"开裆裤",多为小孩和老年人使用。

谈"开"

在北京,"开"字运用得十分广泛,在北京的土语里会听到这样的语言:小臭和狗蛋打起来了,狗蛋给小臭的脑瓢儿开了。实际上就是狗蛋把小臭的脑袋打破了。开始吃饭简称"开吃"。开始捣乱简称"开捣"。演戏开场简称"开戏"。会场上众声喧哗叫"开锅"。缝合处绽开叫"开线"。提前走也称为"开路"。有意开玩笑叫"开涮"。此外,被开除简称"被开了"。

抛砖引玉的"开锣戏"

"抛砖引玉",是汉语中一句很时髦的自谦语。意思是用自己的意见和文字引出别人的高见和佳作。京剧里的"开锣戏",实际上就起的是"抛砖引玉"的作用。京戏有一种表演方式叫"折子戏","折子戏"是全本戏中的一段。在表演"折子戏"的专场中,表演第一个节目的往往是二三流演员,往往得不到观众的重视,因为名角都在后面出来。所以,第一个节目北京人叫"开锣戏",表示当天的戏剧由此开始。

"靠冰的心冷,靠火的心焦"

这是一句较长的北京土语,大概是谁没在那个位置,就不会理解当事人的心情,有"不在其位,不虑其事"的意思。只有身临其境才会"靠冰的心冷,靠火的心焦"。

"瓢泼大雨"与"可筒地倒"

北京人形容"瓢泼大雨"叫"可筒地倒"。为什么?因为瓢没有筒装的水多,筒里的水比瓢里的冲击力大。比"瓢泼大雨"和"可筒地倒"还厉害的雨叫"倾盆大雨"。

诸葛亮与"空城计"

戏剧中有《失街亭》《空城计》《斩马谡》连本戏,简称《失空斩》。说的是诸葛亮派兵失误,手下大将马谡纸上谈兵,造成西城空城之势,险被魏军攻破。于是北京人管诸葛亮的失算叫"空城计"。至于民间,管该有人的地方却没有人也叫"空城计"。

"裤兜儿"与"裤兜子"

"裤兜儿"与"裤兜子"虽然只有一字之别,但意义差别很大。前者体现在兜上,是名词,指的是兜,加上儿化音,所以这个兜不是很大,而后者的兜有动词的成分,指的是裤裆整个部分,面积大,所以不能儿化音。比如,吓得他拉了一裤兜子屎。

"跨车沿儿"与"跨车尾儿"

旧时北京的交通工具以马车为主,在马车车篷与车辕之间有块小地方,靠马车中心的部位由赶车人坐,而旁边的位置坐者称之为"跨车沿儿"。"跨车沿儿"一词是由"跨车辕儿"改变出来的。有的马车尾部较长,坐在车尾部的叫"跨车尾(yǐ)儿"。

"跨子"——带斗的三轮摩托车

北京人管带斗的三轮摩托车叫"跨子"。为什么?因为"跨"字有"附"的意思。例如,在正文旁边"跨"上一行小字作为"注释"。摩托车是主体,旁边跨的车斗是附加上的。所以,北京土语将带斗的三轮摩托车叫"跨子",是十分讲道理的。

反复不定与"拉抽屉"

北京人管反复不定、一时一变、朝令夕改的所谓决定,叫"拉抽屉"。因为抽屉可拉出,可推回。

说话不算话的"拉出来的屎又坐回去"

形容说话不算话时,比"拉抽屉"还厉害的说法是"拉出来的屎又坐回去"。"拉出来的屎"怎么能坐回去呢?这是讽刺,是形容"出尔反尔"的人最厉害的土语和俏皮话。

"拉胯"与"拉拉胯"

"拉胯",是形容下肢行走困难,脚被身体拖着走。不光是人,北京人管蛐蛐的大夯拖行不便也叫"拉胯"。此外,人受到严重的打击,伤了元气后一蹶不振,人们叫"拉拉胯"。

车夫的"拉晚儿"

这是喜欢晚上干活(三轮车车夫等)和晚睡的人常说的土语。为什么?因为晚上干活凉快、清静,还可以挣到较多的钱。

夹小孩子的鼻子叫"拉骆驼"

北京人之所以知道骆驼,一个原因是旧时从山里往城里运煤、运石灰都是用骆驼;另一个原因,是因为老舍先生的《骆驼祥子》一书。为了哄孩子玩,北京老人

往往用弯曲的食指和中指去轻夹小孩子的鼻子往外拉,美其名曰:"拉骆驼"。

蝼蛄又叫"蜊蜊蛄"

蝼蛄是一种对农作物有害的昆虫,有翅膀,能飞,善钻到地里吃农作物的根部,雨后尤甚,又叫"蜊(là)蜊蛄",现北京市内已不多见。

酒醉之态称"喇嘛"

一般北京人管藏传佛教的僧人叫"喇嘛",但在特殊的情况下,管喝醉酒、说不清楚话的人也叫"喇嘛",原因是"喇嘛"念的经总是一个调,但谁也不知道是什么。不过,相声里的喇嘛、鳎目、喇叭、哑巴的绕口令值得一记。

盘曲裹馅的蒸食叫"懒龙"

龙是天上飞的还是水里游的众说纷纭。但龙在蒸锅里出现只有北京人想得出来。北京人将发面擀成大皮滚上肉馅后盘曲在蒸锅里蒸熟,然后切成段吃。北京人管这种美食叫"懒龙"。

趣谈十八

"烂酸梨"二解

"烂酸梨",一词指的是北京的京白梨、红肖梨放的时间过长时会烂,烂到什么程度?您用手都提不起来,烂软一瘫,没有一点骨力劲。

此外,北京人对"烂酸梨"另有一说,即被人打得鼻青脸肿、不成模样也叫"烂酸梨"。

"狼人"与"敲竹杠"

像"狼"一样吃人叫"狼人",多形容卖物要极高的价钱或手腕手段十分阴险,与"敲竹杠"无异。"敲竹杠",是南方传来的词语,因为旧时北京的竹子并不多见。

黄黑色蝴蝶——"花老道"

北京的孩子管一种黄黑色蝴蝶叫"花老道",不知为什么。可能是因为庙里的老道多穿黄黑相间的两色道服。"花老道"现在在三环路内基本绝迹。

"老叼车"与起重机

北京人管起重机叫"老吊车"或"老叼车"。京剧《海港》里马洪亮就有"老叼车,真厉害,成吨的钢铁,轻轻地一抓就起来"的唱词。

不同音的"老姑娘"

"老姑娘"一词多半指的是三四十岁以上还没结婚的女子。但在北京土语里也有特殊情况,北京人管一家多个女儿中的最小的女孩也称"老姑娘""老疙瘩"。二者字迹完全相同,关键在读音。前者突出"姑",后者突出"老",而且后者在"老"与"姑"之间有个停顿。

"老姑娘"在娘家十分受宠,即使嫁人出门子了,也有"老姑奶奶"的雅号,其威严不可轻视。

父母又称"老家儿"

北京的年轻人对别人提到自己父母时,往往称之为"老家儿",这是尊敬的称呼。

吓唬孩子的"老蒙儿虎"

旧时北京的老鼠厉害,但"老蒙儿虎"更厉害。"老蒙儿虎"是将一种叫"夜壶套"的帽子全部套入脑袋,直至脖子,只露两个眼睛吓唬孩子。

"老蒙儿虎"是从吓唬孩子的"老麻猴儿"演变过来的,传说小孩子听到"老麻猴儿"就会老实,甚至睡觉。"老麻猴儿",是从隋代大将麻叔谋名字引出来的。

"老米嘴"与"棺材板"

北京人管一种形状像蝈蝈,但不能斗的蟋蟀叫"老米嘴"。"老米嘴"的外形特点是体形稍大,翅膀颜色发黄,头宽牙长。所以北京人把嘴长、牙长的人戏称为"老米嘴"。

"棺材板"是蟋蟀的另一种,好斗,但极不漂亮。因其头的脸部似棺材的前部,所以北京人称之为"棺材板"或"棺材头""锛头"。"老米嘴"与"棺材板"在蝈蝈市上的价值是只能喂鸟。现"老米嘴"与"棺材板"基本绝迹。

"老太太钻被窝儿"

"老太太钻被窝儿"本意是说老太太躺下了,但不是真正的睡觉而是比喻摔倒了。"老太太钻被窝儿"的形象有三:一是屁股先着地;二是俩腿向前伸;三是脸朝上。"老太太钻被窝儿"也叫"仰巴壳","壳"指的是脑袋、脑壳。

三种"老头乐"

东北民歌《新货郎》里有挠痒痒的"老头乐",这里说的"老头乐"是"痒痒挠儿",也叫"不求人儿"。其实,很多老头用的东西,只要方便,北京人都可以叫"老头乐"。北京的酥瓜,皮酥肉甜,北京人称之"老头乐"。冬天穿的"骆驼鞍儿毛窝",同样叫"老头乐"。其实,"老头乐"这个名字不合理,是旧时男尊女卑的体现。因为"痒痒挠儿"、"不求人儿"、"北京的酥瓜"、冬天穿的"骆驼鞍儿毛窝",北京老年女性同样喜欢,却没人去叫"老婆儿乐"。

"老油子"与"老油条"

"老油子"与"老油条"指的是阅历广、经验多、善于拍马屁的人。"油"指的是油滑,让别人抓不住。北京之所以出现这句话和老兵痞有关。对于老兵痞来说,走南闯北见识广,于是出现"兵油子"一词。以后,又逐渐从形容当兵的转到形容经验丰富,但不正派的老人身上。

接生的"白、罗姥姥"

母亲的母亲南方人称外婆、外祖母,而北方人则称呼姥姥。但北京有一种行业人人称呼姥姥。旧时人们生活困苦,没有条件到医院里请职业医师接生孩子。于是,民间的接生婆就出现了。接生婆又叫"产婆""稳婆"。可是北京人却称她们为"姥姥"。原因是,这位姥姥能救母亲的命,能让母亲少受罪、少痛苦。

北京的这些"姥姥"在家等候,门口高悬"快马追风"的牌子。为我接生的姥姥叫白玉珍、罗贵卿,都是在旗的旗人,住在新街口北大街大三条东胡同口。每年我妈妈都会带个孩子、带着礼物去看望老人家。两位老人手艺高超,行侠仗义,对穷苦的人家多不收钱,反而贴补。

"落坐"与"落座"

"落"是多音字,读音不同,意义也不同。"落"有三个音:①音辣,当丢下,遗漏。②音烙,如口语中的"落枕"。③音洛,解释较多,但是是最常用的用法。如落后,降落。"落(luò)坐"与"落(lào)座"虽然在北京土语中都有"请"的意思,但"落(luò)座"更为礼貌。

谈"愣"

"愣"在普通话里是呆,两眼失神和鲁莽的意思。可在北京土语里"愣"字就丰富多了。

(1)鲁莽,不假思索。如"愣葱""愣头儿青""愣头儿葱"。此词多指中年男人。

(2)没睡醒。如"愣立愣""愣愣瞪瞪""愣了扒瞪"。

(3)短时间。如"愣神儿"。

(4)骂人。如"愣驴""愣瓜"。

(5)稍等。如"愣会儿"。

(6)果实不熟。如"愣青"。

(7)宁可。如"愣买不值,不买吃食"。

(8)不合乎常理,硬成事实。如"愣成""愣行"。

"狸花儿"与《狸猫换太子》

"狸花儿"是猫的一种,身上有黑色条纹,与小动物"狸"相似,也称"狸猫"。评书包公案中有《狸猫换太子》一节。

"立马"与"回头"

"立马"是"立刻"与"马上"的缩写,而"回头"则是稍微等一会儿,甚至更长的时间,不是回过脑袋。这里的"回头"指的是时间而不是回过脑袋,如:"这事不急,回头再说!"

"俩",实际上不止"俩"

"俩",给人的理解就是两个,如北京土语"俩眼一摸黑"。其实北京人常说的"俩",实际上不止"俩"。比如仨瓜俩枣;给"俩"钱,您就拿走;多来几个人,说成多来"俩"人。

"两样切条"与"帘子棍儿"

"两样切条",是北京面条的一种样式,用玉米面(棒子面)与少量白面和制成,易断,故条不能切得太长,但吃时别有一番风味。"帘子棍儿"是指似"竹帘子"粗细的圆形面条。

"凉窗"与侯宝林的《打灯谜》

随着大量楼房雨后春笋般地建成,"凉窗"这句北京土语逐渐被我们淡忘了。旧时,北京的平房的窗户有窗棂,就是窗户框,也就是窗户的骨架子。北方的冬天天气冷,便在窗户框上糊上窗户纸(俗称高丽纸);夏天天热,就将纸撕掉,糊上疏松的冷布,防蚊蝇、易通风,这时的窗户叫"凉窗儿"。即今日的纱窗也。侯宝林大师的《打灯谜》段子里有这样的话:转年来到五月中,家人买纸糊窗棂,丈夫出外三年正,一封书信半字空。谜底:四副中草药,半夏、防风、当归、白芷。

今人不知"油炸蓼花"

今人多不知"油炸蓼花",蓼(liǎo),是北京旧时的一种甜点心,用江米面炸制,棒状,中空而酥脆,外边滚着白糖,类似大的江米条,现北京已不多见。

铁春谈"撂活跤"

我的朋友张铁春是20世纪50年代北京摔跤队的队员,是摔跤名家金宝生先生的弟子"十三太保"之一。他常说的一句话就是:"别上当,这是'撂活跤'呢。"

"撂活跤",本是摔跤的术语,是为了增加摔跤的观赏性,耍几个事先设计好的精彩动作,而且不会伤到同行。后来,"撂活跤"体现到了社会上,是形容两个人、几个人合作设计表演活局子,让人上当受骗。

公安术语——"撂了"

最近的电影、电视剧的破案镜头中常有"撂了"一词,意思是犯罪嫌疑人坦白交代了,这是公安术语。老北京人怎么解释"撂了"呢?实际是不礼貌的话,意思是说人死了,"撂挑子了"。

值得三思的"搁车"

北京土语有值得三思的"搁车"一词,就是突然地将手中的工作停止不干了,有示威、气愤的含义。北京人旧时也称"人突然死了"为"搁车"。因此,"搁车"不是把车搁在那里那么简单。使用"搁车"一词时,要三思。

趣谈十九

"溜沟子"与"拍马屁"

阿谀奉承是文词,北京人一针见血地说成"拍马屁"。为什么叫"拍马屁"而不叫"拍驴屁"或"拍骡子屁"?那是因为当官的多骑马,"跟随"在旁边跟着。主人让走与停,全凭"跟随"在马屁股上的拍打。时间久了,马和随从都会理解主人的一举一动,以迎合主人。

"溜沟子"与"拍马屁"有异曲同工之妙。"沟子"指的是人的屁股沟,但"溜沟子"比"拍马屁"讽刺意味更浓,甚至有骂人的感觉。

谈"六"

"六"字,本身就是一个数目字。可是到了北京土语里,意义则特别丰富多彩。

(1)"六":不可以,不行,不可能,紧接着往往是一句引申出的妄想、讽刺、蔑视、顶呛的语言。如,妈妈正烦着呢,孩子吵着说:"妈妈我想吃麦当劳。"妈妈回答说:"麦当劳?六!你还想吃唐僧肉吧?"

"六猴":比"六"更甚,源于打牌掷色(shǎi)子。六是大数,人人都渴望,而超过六,根本不可能。"六猴"即指不可能出现的事,讽刺力相当强。

"六够":打牌掷色子六是大数,不可能超过六。形容超过"六"的事物往往说:"六够","一六够"。"够"有反复、多次的含义。"一六够"前面往往有长时间的动词,如,"玩"一六够,"说"一六够,"找"一六够,"吃"一六够,"喝"一六够,"看"一六够,"穿"一六够,"走"一六够,"遛"一六够,"骑"一六够,"打"一六够,"抹"一六够,"骂"一六够,"吣(qìn)"一六够,"唱"一六够,"念"一六够。

"六六大顺":原指掷色子同时出现六点,寓意着得到胜利,因为两六同时出现很少。后来人们将"六六大顺"延伸到了祝寿方面,认为人逢六十六岁也是大顺的日子。为什么?为的是与"老妈妈令"中的"六十六,不死掉块肉"来抗衡。

"六万紫金":指钱特别多,不仅仅六万,而且金银的成色也上乘,呈紫色。

"六仙"：比小八仙桌还小的桌子，仅坐六人。

"六指儿"：有的人大拇哥旁多生一小指。"六指儿"，除了是生理现象外，还往往指有"六指儿"的人，成为具体人的代名词。因为生"六指儿"的人毕竟是少数，是极个别人，因此这是不礼貌的土语。现在"六指儿"人多在小时候通过做手术切除了多余的小指。

六骡车：比喻话多，尤其是废话特别多，但也可以是说言不由衷的奉承话。骡子是最好的劳力，可所说的话一骡车都装不下，直到六车，甚至还多，可见话之多，多得让人烦，甚至讨厌。

"龙多四靠"与"和尚挑水"

北京有谚语：一个和尚挑水吃，两个和尚抬水吃，三个和尚没水吃。什么意思？一个和尚自己不挑水，就没水吃，没有寄托；两个和尚谁也甭偷懒，一人一半；三个和尚互相倚赖，大懒指使小懒，谁也不干，最后都吃不上水。北京土语"龙多四靠"就是这个意思。意指人多反而互相推诿，办不成事。

谈"拢"

普通话用"拢"字的地方较多，诸如合在一起、收束意思的"聚拢"；整理意思的"梳拢"；小船靠岸的"拢岸"等。

北京土语中的"拢"字，则有"拢对"，意为从中挑拨，造成别人之间的不团结；有合计在一起的，"拢共"；财务人员整理账目，叫"拢账"；主动找生意叫"拢生意"。此外，北京人管梳子叫"拢子"。

宴会上的"搂桌"

"搂(lōu)"，顾名思义，是用手或工具将东西聚拢向自己的方向。北京有"搂桌"这一土语，形容有些人在聚会、宴会吃饭时的那种贪吃、不懂礼貌、无所顾忌的样子。李逵与宋江、戴宗在浔阳楼上吃酒的样子，就是"搂桌"。"搂桌"，主要是抢餐桌上的菜，多不含餐桌外的主食。

失踪了的"楼鸽"

北京旧时的野鸽子很多，它们白天到郊外觅食，晚上栖息在城门楼子、鼓楼、庙宇等古旧建筑上，北京人管这种鸽子叫"楼鸽"。"楼鸽"多为灰色，群起群落。与"楼鸽"相似的是"雨燕"。但现在城门楼子都拆了，"楼鸽"和"雨燕"自然也就少见了。

"露白"是什么意思

"露白",就是钱财暴露,这样容易引起小偷的注意,往往会使钱物被盗。"白"应是银子、钱的意思。古书中有"白花花的银子"的说法。

"万事通"和"路子野"

过去人们都安分守己,认为走后门不光彩,是不守本分,甚至是耻辱的。"路子野",指的是社会交际广泛,各种事情办起来都很方便。而"万事通",更为了得,什么事都懂,没有他不明白的。"万事通"和"路子野",在旧时有贬义的成分。现在则不尽然,有些人对"路子野"是羡慕的。

"填坑""首地"的"炉灰砟子"

过去,北京人家多烧煤球,煤烧尽后煤灰和颗粒叫"炉灰砟(zhǎ)子",其作用是"填坑"或"首(shǒu)地"。"首地"这个北京土语词十分奇怪,有音无字,就是将地上洒的汤水扫净。扫之前要先用炉灰、锯末将汤水吸净,这个过程叫"首地"。因炉灰、锯末实际起着吸收液体的作用,所以"首地"叫"收地"可能更好一些。

母蝈蝈叫"驴驹子"

"驴驹子"原本指的是小驴,不知为什么北京人管母蝈蝈叫"驴驹子",大概是因为这种母蝈蝈体形大,颜色灰黑,繁殖力强。

从"绿豆"谈起

有一段时间"绿豆"被炒得很火,大概是悟本大师闹的。不过,北京有句"王八看绿豆——对上眼了"的俏皮话。看来,"王八"的眼睛和"绿豆"差不多。

北京人管一种大的绿色苍蝇叫"绿豆蝇",这是外地没有的称呼。

手相先看"脶肌肉"

指甲里顶端的肉叫什么名字,恐怕北京人都不一定知道。它叫"脶(luó)肌肉",是旧时看手相的重要部位。相家,先看"脶肌肉"与指甲谁长。指甲长于"脶肌肉",叫天包地,主富,脶肌肉长于指甲,叫地托天,主贫,一生劳累无穷。这是唯心的,当然不可信了。

"麻刀"的用途

"麻刀"这句北京土语在生活中有两种说法:一是事情搞得更麻烦、更棘手了;二是将麻剪成寸长小段,掺进灰膏当中抹墙用,起纤维的作用,防止墙面干裂。

蚂螂网和琉璃网是一回事

北京人管蜻蜓叫"老琉璃"或"蚂螂"。捕捉它们的工具,叫"琉璃网"。蚂螂网和琉璃网是一回事,作用、用途一样,只是名称不同。

"麻苍蝇"和"绿豆蝇"

北京的苍蝇特别多,早在20世纪50年代就被列为"四害"之一。北京的苍蝇有多种,论体积以"麻苍蝇"和"绿豆蝇"居前列。"麻苍蝇",身上有大白条纹,又叫"大麻蝇"。"绿豆蝇",有绿色光泽,繁殖力强。

"麻秆打狼"

北京土语里有"麻秆打狼——两头害怕"的歇后语。为什么?狼怕秆打,狼害怕;持麻杆儿的人怕打狼时自己的杆儿先断了,也害怕。

"麻雷子"与"二踢脚"

鞭炮的种类繁多,旧时北京放爆竹以"麻雷子"与"二踢脚"居多。"麻雷子"粗短,平地一声雷。"二踢脚"又叫"二踢子",双响,坐地一响,空中一响。

"马鳖"今已不多见

"马鳖"学名叫"水蛭",生在水中,体软,两头尖,能叮住人的腿部吸血。水蛭,俗称蚂蟥或蚂鳖。相声中,歪唱印度尼西亚歌曲《哎哟妈妈》,将水蛭说成蛤蟆是不正确的。

"马后屁"就是"马后炮"

中国象棋里有一术语叫"马后炮","马后炮"的意思比喻不及时的言语和举动。事物已成事实后,再提好的想法都可以说是"马后炮"。"马后屁"就是"马后炮",只不过不文雅,是粗糙人说的粗糙话。

"满世界"与"打游飞"

外地人估计听不懂北京土语"满世界"与"打游飞"。"满世界"的意思是,到处和处处。"满世界"也可说成"绕(此处读 ráo)世界"。"打游飞"则是贬义词,意思是没有正当职业而到处闲逛、游荡。

"麦茬儿""麦秸""麦余子"

"麦茬儿""麦秸""麦余子"称为"三麦"。"麦秸",指的是麦子的茎,可做工

艺编织品。农村多用于盖房,铺于房顶。将"麦秸"轧成寸半段和泥,称为花秸泥,用于抹墙,可以防止干裂。"麦余子",是麦场上麦穗脱粒后留下的糠壳。最实用的是"麦茬儿",就是麦子收了之后,再抓紧在麦子收了之后的土地上种上的那茬儿白薯。"麦茬儿"白薯个不大,细长,但特别甜。

"漫天要价儿"与"就地还钱"

就是旧时小市场上(犹如今天的古玩市场)的一种买卖方法。卖者可以"漫天要价儿",买者也可以"就地还钱",二者的价格往往相差很大,但多会向中间的价格靠拢,最后一方让步,买卖成交。"漫天"是漫无天际的简说,"就地"就是原地不动的意思。"还钱"就是还价的意思。

趣谈二十

"忙忙叨叨"与"忙叨神"

北京人管急忙、急急忙忙、做事忙叨，称为"忙忙叨叨"。如果整天或连续多次的"忙叨"，则冠以"忙叨神"的雅号。神是"大仙"的意思，与"神经病"一词无关。

谈"猫"

猫是可爱的家养小宠物，但是，猫办事总不彻底，给北京人留下了一些印象不好的口头语。如，"猫儿洗脸""猫儿盖屎"，饭量小的"猫儿食"等。给人们留下最好印象的是山西面食"猫耳朵"。窥测镜在北京叫"猫眼"，两寸以下长的小鱼叫"猫儿鱼"，胡说八道的叫"猫打镲"，啤酒叫"猫尿"。"猫腻"有书记载是小动作的意思，而且是外来语，现也列入北京土语里了。

干活不能"猫盖屎"

北京的猫是讲卫生的，但不彻底。"猫盖屎"就是说猫拉完屎后，自己用后爪刨土盖上，但往往是草草了事，不能完全盖住。"猫盖屎"用来比喻做事不负责任，敷衍了事，过于应付。一条细线画斜一点，再用粗笔盖住并画直，也叫"猫盖屎"。

谈"猫洗脸"

"猫洗脸"是句歇后语，意思是糊弄事。"猫洗脸"很特殊，将前爪舔湿后，擦自己的脸和头，时间极短，瞬间即成。

"毛孩子"与"毛丫头"

北京老人管十多岁的小姑娘叫"毛丫头"，主要是说其没有社会经验。而"毛孩子"则不然，不分男女，凡是年岁小的均称"毛孩子"，多为年纪大的人对年纪小的人的称呼。

"毛儿八七"到底是多少钱

北京的老太太在早市上买菜时常说,"毛儿八七的"。那么"毛儿八七的"到底是多少钱? 答案是:七八分钱到一毛钱。通常都是比喻比较少的钱。

"斤半"到底有多重

"斤半"即一斤半,不是半斤。

"拾掇"

就是收拾,经常重叠用,"拾掇拾掇"。

"茅厕""茅房""茅坑"

今日,厕所叫卫生间、洗手间。"茅厕""茅房""茅坑"三者的区别在于:
"茅厕":较为完整,但多无屋顶。
"茅房":有门及屋顶,但不一定是茅草做顶。
"茅坑":泛指厕所,细指大便处的坑位。

"毛兔子"与"毛脚鸡"

对于办事匆忙常出纰漏的年轻人,老人们常常叫他"毛兔子",有当面指责的意思,也有向他人赞誉的含义,具体什么含义,要看说话人的语气。"毛脚鸡"则比"毛兔子"指责得严重,完全是贬义词,意指办事常出纰漏,极不稳重。

是"缺德",还是"没德行"

德,多指品行好,"缺德"等于说品行差,有骂人的含义。"没德行"与"缺德"是一个意思,但比"缺德"温和一些。

"没样儿"与"没溜儿"

"没样儿",是对那些言行、动作过于放纵,不懂礼貌、不懂规矩人的批评,是贬义词。"没溜儿",则是说话、办事超出了一定范围或做没有意义的事,其结果是让人对"没溜儿"的人看不起。

"没有不透风的墙"

秘密被泄露了以后,人们对事情过程的评价。

"没治了"现在是好词

过去在人得病时,要是有人说"这病没治了",病人家属非得跟人家急。现在不同了,"没治了"现在是新兴的北京土语,意思是好到了顶点。所以"没治了"现在是好词。

谈"闷"

"闷"字在普通话里有四个意思:①空气不流通,太"闷(mēn)"。②待在家里"闷(mēn)着"。③"闷(mēn)"上壶茶。④说话声音不洪亮,"闷(mèn)声闷(mèn)气"。北京土语则增加了大人逗婴幼儿的"闷(mèn)儿";玩象棋的"闷(mèn)宫";不爱说话的人,"闷(mèn)坛子";不言不语的"闷(mèn)头"和"闷(mèn)三爷";严格保密的"闷(mèn)在罐儿里头";踢足球的"闷(mēn)人";戏剧中魏荣元、裘盛戎的"闷(mēn)腔";自己得到好处的"闷(mēn)得儿蜜"。

这"官"那"官""门插关"

有人当了小官,往往说是"门插关(官)"。什么意思?在北京的老院落里,很多街门是双扇的,关门时,会在两门中部横插上一小木板儿,起到从外边无法开门的作用。

"门墩"与"门划拉儿"

"门墩",即门轴下面的石头。"门墩"由两部分组成,前部为石鼓、石箱状,后部为固定门轴处。"门划拉儿",就是门的插销。"门划拉儿",有金属和木制多种,随着楼房的增多,单一作用的"门划拉儿"将被锁代替。

"铁闷子车"和铁道游击队

火车的用途除载客外,运输则是最重要的一部分。我们城市人见的、接触的多是客车。笔者小时候看电影《铁道游击队》时,管电影中的货车叫"铁闷子车"。其实,火车中的货车也分有厢顶和无厢顶两种。所以,北京人对全封闭有厢顶的货车,叫"铁闷子车"。

皮包公司与"蒙事行"

如今的社会,各种公司比比皆是。一个笑话讲:一块广告牌倒了,砸死了十个人。其中,九个是董事长,剩下那位是老板。可见现在公司之多。但有的公司就是空手套白狼者,一点资产都没有,北京人管这种单位叫"蒙事行",大概就是靠蒙事活着。今天,"蒙事行"依然存在,不过我们管它叫"皮包公司"。

天凉时节吃"蜜供"

如今的"蜜供"是北京人吃的小点心,但最早出现"蜜供"时,"蜜供"只是农历

新年时供佛用的祭品,所以这种甜食叫"蜜供"。"蜜供"的做法很简单,就是把画有小红线的面块用油炸成金黄色,再蘸糖稀堆成二尺高的塔状,摆在供桌上。如今的蜜供已经没有了高大的形状,也不再充当祭品,成为了普通百姓家的日常甜点。

"面肥"与"面引子"

北京人爱吃面食,因此有了发面这套程序。面肥,就是前一次留下的面头儿,用来下一次发面,俗称老肥。"面引子",就是"面肥",包括"酵母""发酵粉"等。

说"面嫩"

从面部看上去,不成熟,是"嘴上没毛,办事不牢"的另一种说法。有贬低的意思。

"胡噜脑袋算一个"

不讲条件,有一个算一个,一律接纳,有凑数的意思。

"磨砖对缝"的老宅子

北京四合院建筑的术语,是说砌墙的技术极高。砖要尺寸规矩,并打磨光滑;砌砖时,更要缝隙严密,横平竖直。

"磨回头来一转弯"

侯宝林大师的相声《夜行记》里有这样的台词:"磨(mò)回头来一转弯。"什么意思?"磨"就是调转方向,像磨一样地转。

"木鱼"京称"墨勒鱼儿"

寺庙道观里出家人使用的打击法器木鱼,北京人叫"墨勒鱼儿",源于出家人口中诵念半天的经,旁人却不知道念的是什么,好像是在磨叨。

趣 谈 二十一

谈"拿"

普通话的"拿"有下列解释:①用手取。②掌握,拿主意。③拿捏人。④侵蚀,让虫子拿了;化学作用的腐蚀。⑤逮捕,猫拿耗子。⑥当"把"讲,我拿你当朋友。⑦用,拿这笔钱买衣服。

"拿"在北京土语里的含义更加丰富。如:

(1)技能差、能力差或根本不会的"拿不起来"。

(2)形容礼物轻或技能差的"拿不出手"。

(3)武术、体操、戏剧、杂技中的"拿大顶"。

(4)介于拿捏与拿搪之间的"拿耙(pá)子"。

(5)真正能拍板管事的"拿事"。

(6)比拿捏更矫情的"拿搪"。

(7)买卖中专对熟人坑蒙拐骗的"拿熟儿"。

(8)掌握时间火候的"拿着时候"。

(9)严肃而正经,不苟言笑的"拿着劲儿"。

(10)看不起人,摆架子的"拿大"。

(11)关键的时候,有一技之长的人讲条件、挟制人的"拿捏"。

(12)把自行车轱辘调整圆的"拿龙"。

(13)雨雪天防止滑溜的"拿滑"。

(14)有主心骨的"拿定主"。

(15)白看戏的"拿蹭儿"。

(16)缝衣服的"拿褶儿"。

"拿得住"与"拿不起来"

有能力又可以管住别人、指挥别人,在群众中有威信,叫"拿得住"。"拿不起

来"则正好相反。北京还有一句俗语叫"马尾穿豆腐——提不起来"则与之无关。

雨后院里"拿蛤蟆"

小孩子在小院里、屋里玩水弄得满地是水,大人戏称可以捉到蛤蟆。有一点可以肯定,在旧时雨后的院子里,确实可以抓到蛤蟆。

"布袼褙"与"纳鞋底子"

现在人脚下多穿皮底或塑料底鞋。然旧时北京人多穿布底鞋,故北京土语有"布袼褙(gēbei)"与"纳鞋底子"。用破布、布头多层粘在一起,形成厚厚的板状叫"布袼褙"。"纳鞋底子"则用"布袼褙"做底,先用锥子扎眼,针引细麻绳穿过。"纳鞋底子",是北京旧时妇女基本的针线活之一。

谈"闹"

普通话的"闹"有下列解释:①不安静,乱。②发泄,如闹情绪。③发生,如闹水灾。④搞、弄,如闹革命、闹清楚。

"闹"在北京土语里的含义更加丰富。

(1)闹着了:得到意外收获。

(2)"闹气儿":发脾气。

(3)"闹气":北京西郊旗人的一种说法。

(4)"闹时令":指时令病的流传,如流行性感冒、痢疾、非典等。

(5)"闹天儿":指刮大风、下雨、下雪或天气突然降温。

(6)"闹个底儿掉":不惜代价,闹到对方彻底地暴露和失败。

(7)"闹戏":戏剧中多有以说为主的短剧目,内容简单,趣味性强。类似戏剧中的小品。

(8)"闹心儿":有两种解释。一是环境太乱,闹得人心慌慌张张,心中不平静;二是肚子里的食物吃得不对,闹得慌,想吐。

(9)"闹油":心里有事,坐立不安,想活动,总想办点事。也可以理解为吃得太好了。

(10)"闹了归齐":这是老人常说的土语,意思是最后的结论,终于明白了结果。

(11)"闹觉":小孩睡觉前的哭闹。

(12)"闹肚子":普通话的腹泻。

(13)"闹得慌":外因引得心里不踏实。此外,由于肚子里吃的东西不合辙、不对付而导致的肚子难受也叫"闹得慌"。基本与"闹油"同。

(14)"闹别扭":不和谐,不和睦,有小分歧。

(15)"闹了半天":在得到结论前的那段时间,不一定是具体的整整半天时间。

"荷塘""苇塘""泥塘"

南方多叫"水塘",而北京人认为塘里有什么,就叫什么塘,直截了当。如种荷花莲藕的"荷塘",种植芦苇的"苇塘",然北京的"苇塘"多是野生的。"泥塘"极为特殊,水少泥多,如下雨过后积水的低洼地或沼泽地,北京人称之为"泥塘"。

谈"蔫"

普通话的"蔫"字的解释为植物失去了水分而萎缩和人的精神不振。而"蔫"字在北京土语里的含义更加丰富。

(1)"蔫土匪"指的是极有主见的人。

(2)"蔫土匪类":加上个类字,有了肯定和加重的含义。

(3)"蔫了吧唧":一是植物缺少水分的样子;二是形容人萎靡不振,懒于言行。

(4)"蔫巴":同"蔫了吧唧"。

(5)"蔫溜溜":同"蔫了吧唧"。如果只有"蔫溜"两个字,意义就不一样了,指的是悄悄地、不动声色地撤离。

(6)"蔫逼(bī)":最厉害的骂人话,多骂类似女性的男人。

"蔫"在北京土语里也可读儿化音,读成"蔫儿",由"蔫儿"引申出的北京土语也十分丰富。

(1)"蔫儿蔫儿的":悄悄地,不动声色地。

(2)"蔫儿拱":暗中怂恿,贬义词。

(3)"蔫儿不唧":同"蔫了吧唧"。

(4)"蔫儿坏":表面上看不出什么,却暗地里使坏、行为不正的人。

(5)"蔫儿准":不动声色,但心里有自己的主意,而且正确、老练、稳重。

(6)"蔫儿冷":虽无大风雪,但气温突然下降,特别的冷,使人猝不及防。

(7)"蔫儿贼":形容聪明,不动声色地达到自己的目的。贬义词。

(8)"蔫儿臭":多指不响的臭屁。

(9)"蔫儿人出豹子":平时不动声色,但突然做出别人做不到的事而一鸣惊人。

亲妈成了"娘家妈"

北京已结婚的女人,称自己的亲妈叫成"娘家妈",起因是与婆家妈的区别。因为北京已结婚的女人,管婆婆叫"妈",而自己的亲妈成了"娘家妈"。这是北方

地区,娘家对婆家的尊重。

"腻咕"

旧指孙子辈栖在爷奶身边磨蹭。现在另有所指,多与男女过分亲密有关。

谈多音字"拧"

普通话的"拧"有下列解释:①"拧"衣服的"拧(níng)"②"拧"螺丝钉的"拧(nǐng)"。③倔强,"拧"脾气的"拧(nìng)"。而"拧"在北京土语里有两个读音(三声、四声),所以含义更加丰富。

"拧(níng)着疼":形容肚子一阵一阵绞着疼。

"拧(nǐng)":与人们想做和说的相反。

"拧(níng)旋子":戏剧中武功的旋子动作。

"拧(nìng)种":特别倔强固执之人。

"拧(nìng)葱":讽刺特别倔强固执之人。

"拧(nìng)大爷":为特别倔强固执之人戴的高帽。

"拧(nìng)逼(bī)":骂特别倔强固执之人的脏话。

温室京称"暖洞子"

现在温室在北方极为普通,然旧时却不一样,当时只有丰台黄土岗有,北京人称"暖洞子",其作用是培植花草蔬菜。冬天,当人们进了暖和的屋子后,往往会说,咱们进了"暖洞子"。

"怄火"和"怄烟"

小孩玩火,叫"怄(ǒu)火"。"怄烟",则是旧时因生火不得法而产生过多的浓烟。

谈"怄气"

被他人惹得心中急怒后,反复回味而气闷,多独自生气。

解释"趴架"

北京的老房子是木架结构,先立柱子,再上柁、檩,最后砌墙安门窗。只要房架子不倒,即使墙塌了,房子也不会塌。反之,房架子趴在了地上,房也就塌了。北京人对"趴架"还有另外一种解释,就是形容身体强壮的人因劳累而突然病倒时也叫"趴架"了。

"跑马"就是遗精

北京人管遗精叫"跑马",不知何故。

"炮打双灯"

"炮打双灯"是鞭炮烟花的一种,简称"炮打灯"。此烟花的特点是,爆竹声响后,有红绿两柱灯花直冲云天。

蛐蛐"休养生息"的办法——"盆"

蛐蛐较长时间地掐斗必然劳累,主人就要让它们"休养生息",静养数天,期间好吃好喝好休息,北京人管这种方法叫"盆"。有时人病了,在家休养,有人也戏称"盆"。

形容嗓音的"劈"

普通话管嗓子因劳累而声音嘶哑叫"沙哑",北京人对这一现象叫"劈",认为人的嗓子是管状的,嗓子因劳累而声音嘶哑是因为嗓子出现了裂纹。

最为形象的"撇嚓拉嘴"

北京土语中最为形象的就是"撇嚓拉嘴",表示不服气,狂妄,骄横。嘴撇嚓到什么程度?下一句就是"如果没有耳朵挡着,嘴能撇嚓到耳朵后面去"。

"笸箩浅儿"与"笸箩仓胡同"

"笸箩"字典里有讲,是盛谷物的器具,多用柳条、高粱秆儿或竹篾条编成。北京地区的"笸箩浅儿"边沿较高,多用于盛放饺子、包子或用于粮食的晾晒和过风。由于北京地区用"笸箩"的历史悠久,所以北京西城有"笸箩仓胡同",在新街口东,属厂桥地区,东通德内大街,西通正觉胡同。

京城老人的旧习俗——"破家值万贯"

北京老人最爱说"破家值万贯"了,什么意思?旧时,一千个制钱用绳子串起来,叫一贯。"万贯",言其多也。"破家值万贯",是北京老人珍惜家产的体现。一个家庭由于多年的积累,物件即使破旧,但仍有感情,而有的物件确实很值钱,比如坛罐瓷器等破旧家具,多为陈年古物。

泄露隐私的"破屁股嘴"

对于喜欢泄露他人的秘密、隐私的人的嘴,北京人称之为"破屁股嘴"。用屁

股形容嘴就很差了,还是"破屁股",那就更差了。

骂人的俗语——"鸡巴玩意儿"

北京人管男孩子的生殖器叫"小鸡",管男人的生殖器叫"鸡巴"。说别人不好的物件和言行,往往会说"什么鸡巴玩意儿"。这是粗俗的骂人语,必须杜绝。

截然不同的"噗嗤"与"铺衬"

"噗"字本意,是炊釜沸溢。通俗地说,就是锅开了,里面的粥、汤、水溢出来了,叫"噗了""噗锅了"。北京土语里有"噗嗤"音,意思是到处不负责任地乱说,就像锅开了,里面的粥、汤、水溢出来了一样,到处乱流,到处乱说,叫"瞎噗嗤"。

北京土语里有"铺衬(此处轻读:chen)"音,意思是破烂的布头,可用来打袼褙、做鞋底。北京前门外珠市口有一条古老的胡同叫"铺衬市",专门卖破旧布头,历史悠久。

趣 谈 二 十 二

"七百六十"还是"八百六十"

北京人对别人说话,对方不理会,往往会说:我都对他说过"七百六十遍"了,他就是不听。更为夸张的是,有人竟说是八百六十遍,甚至九百六十遍。其实不管数目是多少次,都挺顺嘴的。

到哪儿都"欺生"

北京有"欺生"一词,何为"欺生"？就是欺负新来的,欺负生人。北京人本来十分好客,但官场上的弊病逐渐延伸进了生活当中,在生意场中欺负生人的现象经常发生,同行欺负同行更是多有出现。奇怪的是,动植物也欺生,粗壮的植物总是欺负幼小的,最后落个被"间苗"的下场。小动物更是欺生得厉害。家中的老鸡,把新买的小鸡鹐(qiān)得毛中带血,惨不忍睹。

"七、八"组成的北京土语

"七、八"本是两个普通的数目字,可是在北京的土语里经常听到。

"七寸儿":只有一种比喻,就是七寸的盘子。过去北京人吃饭讲究,各种菜都要摆上点,所以盘子都偏小。直径七寸的盘子简称"七寸儿"。

"七利咔嚓"与"七咻咔嚓":这两种语音都存在,是城里旗人与城外旗人说话的区别。意思是一样的,都是形容动作快、麻利、洒脱、迅速、爽利。

"七利啪啦":同"七利咔嚓"与"七咻咔嚓",但动作面广且有较大的声响。

"七老八十":指年老之人,大约在七十岁至八十岁之间。

"七碟八碗":指饭菜丰盛,碟碗颇多。

"七个不依,八个不饶":据理不依顺,不宽容,不原谅,不饶恕。这是做人的致命缺点,北京还有一句名言:"得饶人处且饶人"。

"七个不服,八个不服":多指犯了错误而且不认错的人。"七个、八个"比

喻多。

"七个不尿,八个不服":谁都不服气的恶劣语言。"尿"字,在这里当不搭理讲。此话与"背手撒尿——不服你"这句骂人的话有很大的关系。

"七棱八瓣儿":圆柱体的东西有不规则的棱瓣。

"七利出溜":集体快速移动,但有微弱的响声。

"齐不齐,一把泥"

原本是建筑行业的术语,意思是不管新砌墙体的质量如何,只是表面用泥来遮盖。后来这句话被延伸到各行业和生活中,讽刺为了快一点完成工作而不顾质量。

谈"起"

"起"字,在普通话里解释很多,但是在北京土语里的含义更加丰富,有的含义甚是奇特。如北京人管螺丝刀叫"起子"或"改锥"。把"起点"或"从"讲成"起这儿到那儿"。管面"发酵"用的"引子"或小苏打叫"面起子",管火柴叫"起灯儿"或"取灯儿",还有把"起哄"和"架秧子"结合在一起的"起哄架秧子"。把怀疑、猜疑说成"起疑"。还有"起霸";起打;"起五更,赶晚集";闪开、让开、避开的"起开"。睡觉时,突然提前醒了叫"起猛了"。一个无聊的人老赖着别人,让别人陪他叫"起腻"。夜里睡觉时撒尿叫"起夜"。怀疑叫"起疑心"。出让人烦的坏主意、坏点子的"起幺蛾子"。从头开始的"起头"。有呈现前途的迹象叫"起色"。管着急叫"起急"。管从前叫"起根儿"。还有当幼年讲的"起小"。

豆制品里的"千章"

老北京有一种豆制食品,叫"千章"。就是一张豆腐片上滑出纹路,时断时连,呈网状。其工艺虽然简单,但现在已不多见。

现在看不到"钱龙"了

旧时,北京院子里常有一种长得像蜈蚣和蚰蜒的虫子,长约寸七,多足。北京人管它叫"钱龙"或"钱串子",由于现在人讲究环境卫生,所以看不到"钱龙"了。"钱龙"的学名叫"蠼螋(qú sōu)"。

"前三抢"不是褒义词

北京有土语"前三抢",什么意思?是说在工作刚开始时,有人卖弄精神,显示自己的能耐,但时间不能长久。就好像程咬金的三板斧,头三下,真有劲,力量沉重,一般的人都接受不了,而第四下以后就绵软无力。"前三抢"不是褒义词。

谈"戗"

在普通话里有两个读音,即平声(qiāng)与去声(qiàng)。平声,多当"逆向"和"冲突"讲。去声,则是"支撑"的意思。在北京土语里"戗"音多为平声。

"戗(qiāng)毛儿":人的头发、动物的毛因不顺溜而出现的无规律现象叫"戗毛儿"。

"戗(qiāng)风":"戗风"也就是逆风,也叫顶风。

"戗(qiāng)戗":北京人管人与人之间的争吵、吵架、大声争论叫"戗戗"。

"戗(qiāng)茬儿":说话不近人情、不和顺,语言横着出来。此外,在理发、刮脸时也需要"戗茬儿"。

"戗(qiāng)的不懱,顺的不吃":形容某人性格倔强,好说歹说都不行,横竖不吃、不怕,叫"戗的不懱,顺的不吃"。

"戗(qiāng)辙":行进中逆行或工作、说话时往相反的方向。

"炝锅"与"戗面"

往较软的面里不断地加入干面叫"戗面",北京有"戗面馒头",以山东籍的为好、硬、筋道、有咬劲。"炝(qiàng)锅",则是北京人做菜的一道工序。先在锅里放油和葱、姜、蒜等调料,待油八九成热时加入酱油。热油碰见凉酱油,发出嚓的声音,香味扑鼻。此动作程序叫"炝锅"。"炝锅"后可炒菜做汤。

"怯口"与"怯勺"

"怯"在北京话里当"不懂""外行"和"不好看"讲。"怯口"指的是京畿一带与北京人说话有区别的当地口音,如唐山、保定等地。"怯口"不含南方的各种方言。"怯勺"则包括"不懂""不会"等含义。此外,颜色搭配不美观也叫"怯"。

牵牛花中的"勤娘子"

浅蓝色的牵牛花,叫"勤娘子"。在北京,因牵牛花像喇叭,所以这种花又叫"喇叭花"。20世纪50年代有首儿歌,至今仍记得清楚:"牵牛花儿像喇叭,喇叭吹起嘀嘀嗒,献给咱们的解放军,保卫祖国本领大。"

不懂人情的"揿头拍子"

"揿(qìn)"字,当用手按讲。"拍子"是用竹劈儿、竹片、荆条、柳条、木板儿、芦苇排列做成方形、长方形的排子。用途是遮烈日或雨雪。为了流水和打扫方便,往往临外一头低一些,北京人称为"揿头",有什么都不懂,还不听劝的意思,是贬义词。

"秋老虎"与"秋傻子"

北京的气候特别,本来"立秋"以后天气就会凉爽了,可是北京有句天气谚语:"秋后有一伏"。那是说,北京的天气在"立秋"以后还不凉快,往往还很热。因此,北京人管"立秋"后的酷热叫"秋老虎"。老天爷到了秋天该凉不凉,该干燥却连着下雨,全不按照正常规律办事。立秋后,北京人管不正常的天气现象叫"秋傻子"。

为什么叫"秋皮钉儿"

北京修鞋匠经常用一种叫"秋皮钉儿"的钉子钉皮鞋的前掌和后跟。这种钉子钉柱为四楞形,钉帽平且大。为什么叫"秋皮钉儿"?好像这种钉子以前是用在制作裘皮的过程中,应该是叫"裘皮钉儿",慢慢竟演化成了"秋皮钉儿"。

专管捡球的"球儿屁"

年轻的时候,爱看足球,往往先进球场,坐下等候。怎样才能知道比赛快开始了呢?只要"球儿屁"一拿着马扎儿跑进来就差不多了。"球儿屁",就是专管捡球的少年球员,多由体校的学生担当,因他们经常追随在运动员的后面,所以北京球迷管他们叫"球儿屁"。当"球儿屁"也很骄傲,一是免费近距离地看球,二是有经济补贴,三是有时能上镜头,好处挺多。

蚯蚓又叫"曲(蛐)蟮"

北京人管蚯蚓又叫"曲(蛐)蟮",大概是因为蚯蚓像蜷曲无鳞的小鳝鱼。

"煃锅""煃油""煸锅"

"煃(qū)锅",一种烹调方法,即先把油烧热,放入葱、姜,炸出香味来,再放入其他主料。与"煸锅""炝锅"相近。"煃油"是把油加热后浇在菜肴上。"煃锅"则是炒菜前,先用油炸葱、姜、蒜或肉丝、肉丁等,煸出香味再放菜。"煸"单独讲,还有"煸肉"一说,用极少的油把肉丁、肉末、肉片炸炒到七八分熟叫煸过的肉,保存的时间比生肉稍长一些。

"全须全尾儿""养蛐蛐"

"全须全尾儿"多指蛐蛐儿,即养的蛐蛐最容易损伤的"须尾儿"全在,毫发无伤。后来,北京人将"全须全尾儿"引申到了小孩子身上,认为孩子长到了三岁,四肢健全、头脑清楚就叫"全须全尾儿"。

"仙鹤打架——绕脖子"

鹤类的脖子长,北京人认为"仙鹤打架"肯定是脖子先绞在一起,于是出现了土语中的歇后语"仙鹤打架——绕脖子"。"绕脖子",就是有事、有话时不直截了当地表现出来,而是婉转地表达。

谈"人"

"人"字,在普通话里就是指咱们人类,包括自己与他人。北京土语中的"人"虽然也指的是人,但内容丰富多了。

人灯:原指瘦高明显之人,后来泛指因病而瘦高的人。灯,指的是眼睛。

人精:聪明、机灵、懂事、反应快的孩子。"人精",是赞美的词语。

人比人,气死人:这是老北京人常说的一句话,意思是人与人之间不能比较待遇。尤其是在自身条件不相同的人中间攀比,结果只能生气。因为,外因条件不同,呈现的结果也不同。这句话主要是对往高处比的人说的,如果与不如自己的人相比,那不知比别人强多少倍。

人模狗样儿:是人的模子,但在细微、小节的地方还有"狗"的样子,是贬义词。有人说这句话是赞美语,这观点不一定正确。谁也不喜欢让人家说自己是"人模狗样儿"。

人多盖歪了房:盖房虽然人多是好事,但如果不团结一致、统一分工而各干各的,房子反而会被盖歪,甚至随盖随塌。

人前显贵:在众人面前炫耀自己的衣服、口才、能耐、财富、学问、文化。

人来疯:每当客人来时异常兴奋的人。过去专指儿童,现在包括中青年甚至老年人。

人头儿:不是具体多少人,而是在说一个人的品德、品质、作风、群众关系。北京老人里有"人头儿太次郎"的俗语,是贬义词。

人头份儿:按单个人进行分配、计算,每人都要分到和承担自己的那一份。

人五人六:贬义词。"人五"疑"人物",指在人们面前威武、趾高气扬。"人六"疑为"人遛",指在人们面前充当体面人物不断地走动。

人堆:集中在一块的人群。

人粥:形容集中在一块的人群稠密并不断地涌动和拥挤。

人心都是肉长的:北京土语中的谚语,劝人要善良、有德行,要有恻隐之心。

人缘:人与人之间的关系。但人缘也分好人缘和差人缘。

人嫌狗不待见:贬义词。大家嫌弃这个人,那么这个人一定有让人反感的地方。比如,偷摸、盗窃、借钱不还,品德差,行为恶劣,态度狂傲等都招人讨厌。人嫌弃,狗都不待见,可见这人不怎么样。

人心换人心，八两换半斤：北京人认为，人与人、街坊之间应该和睦相待，热情而友好。按旧秤计算，每市斤合十六两，八两正好等于半斤。现在不行了，不要说全楼都认识，连对门是谁都弄不清。

人在人情在：人活在社会上无论好差，都有一些人情。比如，得到一些人的帮助、关心、照顾、理解。但本人死了，本来就淡薄的人情往往也就不存在了。

人嘴两层皮：人的嘴除了吃饭就是说话。评价一事一物一人时，同是一张嘴，说好说坏全凭他随意，而不顾客观事实。"人嘴两层皮"，说的是这两张皮是不值钱的，这句话是贬义词，甚至有骂人的意思。

相对而言的"认脚鞋"

"认脚鞋"一词，恐怕本文作者是最后说的人了。因为，今后不会出现"不认脚"的鞋了，这就是社会的进步。"不认脚"的鞋，又叫"正脸鞋"。在旧时，人们穿的鞋不分左右脚，鞋底两侧的弧度是对称的，左右脚的鞋子可以互穿。我们看到的反映解放战争的电影片子里的妇女做的军鞋就是正脸鞋。城市里的"认脚鞋"出现得要早一些。

"肉"不一定都能吃

回锅肉、涮羊肉、烤肉、米粉肉，都是可口的肉类名吃。然而，肉不一定都能吃。为什么？北京人管性格缓慢、不懂得急的人叫"肉"，甚至叫"肉蛆"，您说这样的"肉"能吃吗？"肉"在北京土语中多为贬义。

"肉枣儿"：肉中的毛囊虫寄生物，致癌，不能入口。

"肉不唧儿"：动作慢。

"肉勒咕囊"：肉多且松软。

"肉咕拉唧"：动作缓慢或水果软而没味道。

"肉拉咕唧""肉咕唧撩"：同"肉咕拉唧"。

"肉滚儿"：身体肥胖，丰满，呈圆柱状。

"肉大身沉"：身体肥胖，行动不便。

"肉夯夯"：身体肥胖之人的脖子。

"肉核儿(hú r)"：最精致、最好的肉。与"肉枣儿"有本质区别。

"肉轴"：人的身体过于肥胖。

"肉锥子"：粉刺。

"肉馒头"：圆形包子，但里面的馅儿是酱与肉丁。

"肉脾气"：言行缓慢，不着急，心中有数。

"肉皮"：做肉皮冻的猪肉皮。

"肉皮儿"：褒义词，形容皮肤好，细皮嫩肉。

"肉蛆"：动作慢,不爽利的慢性子。
"肉头儿"：边边角角的碎肉,儿化音。
"肉头"：吃食物时感到滑溜,有咬头。不儿化。
"肉星儿"：似极少、极小的肉散落在菜肴里。
"肉贼"：与"肉蛆"同。
"肉眼泡儿"：上眼皮与下眼皮比例过大。
"肉泥烂酱"：惨死的样子,尸体没有整块的。
您看,这"肉"在北京土语里有几个好词?

"撒欢儿"

指自由自在,特别高兴,活蹦乱跳的样子。原本指的是家驯的猫狗,或牛马骡羊。后来,引申到了小孩子身上。

"三合油"与"三合土"

北京的主妇和大师傅(厨师)管事先将拌凉菜的香油、酱油、醋混在一起叫"三合油"。"三合土",则是建筑工人将石灰、黏土和细沙混在一起。

趣谈二十三

"珠算口诀"与北京土语

北京有不少土语与算术计算口诀和"珠算口诀"有关,如"三七二十一"。北京有土语"不管三七二十一",意思是"什么都不顾了"。其实"三七就等于二十一"。所谓不管,还是有原则的。

"三下五除二":比喻干活、解决问题速度之快。

"二一添作五":二分之一的意思,紧跟着便是"见面分一半"。

毛巾变硬叫"桑棒"

毛巾是纺织品,无论是原料还是成品都是十分柔软的。不过由于长时间的使用,毛巾里的绒毛脱落,纤维裸露,毛巾干后,变得相当粗糙、硬挺。北京老人管这种现象叫"桑棒"。其原由应该是干硬的毛巾像蚕将桑叶吃完后,剩下的筋络。

"扫晴儿娘"与"扫听"

"扫晴儿娘",是旧时北京近郊区妇女的一项民俗活动。北京地区,如果较长时间地下雨影响了农活时,人们就将一妇女扫地模样的剪纸挂在窗户外的房檐下,祈求老天爷别再下雨,让天气放晴。"扫听",则是从侧面打听消息、了解情况。相声《钓鱼》中有这样的话:回去我一"扫听",明天还来一拨啊!

"塞带"就是刹车

旧时,车辆停下时的刹车机关,是往车轱辘里塞木方子。于是,刹车这一动作在北京土语里又叫"塞带"。

谈"傻"

普通话里"傻"是愚笨、死心眼的意思。而北京土语中的"傻",却有多种多样的释义。

"傻高傻高的":形容人长得瘦高。

"傻奸傻奸的":表面看着傻傻乎乎的,实际上暗藏奸诈,使人防不胜防。即使是聪明人,在他面前都会吃亏。

"傻傻呵呵":愚笨之状态,多用在其说笑时。

"傻帽":讽刺没见过世面、头脑简单的老实人。

"傻老帽":讽刺没见过世面、头脑简单的老年人。

"傻福气":愚笨或头脑简单的人,不费气力遇到了特别好的事。

"傻小子":对男性儿童、少年、青壮年的一种亲昵的称呼,多无恶意。

"傻造化":愚笨或头脑简单的人,不费气力遇到了特别好的事,并认为是佛缘所赠。

"傻青":诚实、憨厚或头脑简单的年轻人。称"文革"时的插队青年,为"傻青",并无贬义。

"傻老爷们":形容笨拙而执著的人,此词不完全是贬义词,有时还是爱昵词。

"傻了呱唧":愚蠢、笨拙。

"傻了吧唧":愚蠢、笨拙。旗营语言。

"傻不愣瞪:愚蠢、笨拙。

"熊傻子":从狗熊掰棒子引申出来的,意为像狗熊一样愚蠢、笨拙。

"傻簸箕":旧时街面上较文雅的骂人语。20世纪80年代,演变成了足球场上一些不讲文明的人的骂人话。是"傻逼"一词的前身。

"傻二个":即"傻二哥"的读音。

"傻大黑粗":愚蠢、笨拙,身材高大、肤色重的人。

谈"唼"与"沙"

"唼(shà)"字,一般人都不认识,因为不常用,指的是虫蚁嗑吃木器家具、字画的动作和结果。"沙(shā)"本意是沙滩,沙土、沙田的"沙(shā)";但在北京土语读shà。老人们在洗米、掏米时用盆不断地摇动,将米中的杂物、小虫等晃动在一块,便于清除,这个动作就叫"沙(shà)"。现在人往往用"筛"字来代替,这是不对的。"筛"是从窟窿里掉下来,直接淘汰。

"唼"字今后恐怕会被人们遗忘。不过有些北京胡同里长大的年轻人在不经意间还会提到"唼"字。一次在修自行车时就听到了有人将车胎跑气说成有"唼眼""慢唼气"。

"山侃"与"山哨"

"山侃"与"山哨",是一个意思。"侃",指的是人有声有色地说话;"哨",原本

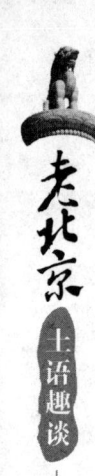

指的是鸟叫,后来引申到了某些人无根据、漫无天际的胡说八道。笔者认为,"山侃"原为"神侃","山哨"原为"神哨"。不过"山侃"与"山哨"更有讽刺意义。

谈"闪"

普通话里"闪"字有突然出现的光十分亮和身体扭伤等多种含义。北京土语丰富了"闪"字的内容。

"闪":墙体稍有些倾斜、不正。

"闪了舌头":这句话是由闪腰岔气引申出来的。腰可能会扭伤,舌头那么灵活,又没骨头,怎么会扭伤呢?其实,这句北京土语是形容有人胡乱插话,夸大其词,招人讨厌。下面接的话语往往是:"吹!谁也不会把你当哑巴卖了。你也不怕闪了舌头!"

"闪":打麻将牌时用吃、碰的手段躲开应该抓的那张牌。

"闪腰岔气":动作不适造成的腰部扭伤或肌肉突然疼痛。

闪着了:同"闪腰岔气"。

谈"善"

普通话里"善"有善良、好的行为和容易、爱等释义。北京土语丰富了"善"的内容。

"善茬儿":脾气温良顺和的人。茬儿多指庄稼收割后,留在地上的短根及茎。斜口向上,有锋芒。

"善静":和善稳重的态度。

"善说":一是特别能说;二是好言解释,心平气和。

"善人":德高、行善,多指做公益的人,主要表现在物质方面。

"善":和善,不粗暴,不厉害。

"上板儿"与"下板儿"

旧时,店铺的门面多用活动的板作门窗,可装上或卸下。"上板儿",即晚上停止营业;"下板儿",即早上开门营业,如同今天的卷帘门开闭作用。

谈"上"

普通话里的"上"字有位置、从低到高处等解释。北京土语里丰富了"上"的内容。

"上劲儿":摆架子,得理不饶人,越说越来劲。

"上口":京戏里对某些字的一种特殊念法,十分绕嘴,像北京人说的大舌头。

"上尖儿":东西放在碗、盆、垛、囤等容器里,满得冒尖。

"上赶着":主动攀近。后来出现了贬义,有献媚逢迎的意思。

"上高儿":蹬梯子上房等高空作业。

"上晃":由于东西码得太高、基础不稳定而使上面摇摇晃晃。

"上火儿":北京人管鼻子呼吸不畅、喉咙疼痛、耳朵发炎的病症叫"上火"。"上火儿"与"上火"有区别,一个是疾病,另一个则是愤怒、发怒。

"上机器":从缓慢瞬间到快速,不知何故突然又慢腾腾,其间没有任何惯性和过程,使人难以预料。

"上脸":就是"训脸",小辈对老一辈说没大没小的不礼貌语言和做不礼貌的动作。

"上论儿的":"论"读(lùnr)音,即民间旧习俗中的传统观点。"上论儿的"就是已经纳入"老妈妈论儿"里了的。

"上紧":在紧的基础上再紧张、加速,多使一把劲。

"上脚儿":新鞋第一次穿并使用。

"上脚":与"上脚儿"不同,"上脚"多是用脚帮忙,如打架用脚踢,用脚加以固定等。

"上冻":北京冬天刚开始结冰的时候。

"上大冻":北京冬天最冷的时候。

"上肩":手提不动,用肩扛。旧时,曾是轿夫起轿的号令,行动如一。

"上梁不正下梁歪":贬义居多,多指上级和老一辈做得不好,直接影响下属和下一辈,因为上行下效。所以我们常说,身教胜于言教,长辈的一言一行都影响着后人。

"上门槛(kǎn)儿":大家都知道"门槛儿",却不知道门槛还分上下。我们常说的门槛,说的是下门槛,上门槛实际就是上门框、门楣,就是人们过年贴横批的地方。此外,"上门槛儿"往往是说人的大门牙。如果说一个人"上门槛儿"坏了,那就是说这个人没门牙。鲁迅先生认为没"上门槛儿"是嘲笑人,"有笑人齿消,曰狗窦大开"。老北京人将没"上门槛儿"的嘴称为"狗洞"。

"上灯":旧时,北京人在天一擦黑的时候就需要点上煤油灯。"上"有进、上的含义,如上菜,上酒,上烟。于是,现在的老北京人还将天色擦黑叫上灯时分、上灯时候。

"上岗儿":方桌席位中最尊贵的位置,也叫上首,首即脑袋、头、领导、长辈。

"上半夜":每天夜里子时之前,称"上半夜"或"前半夜"。自丑时起至卯时的,叫"下半夜"或"后半夜"。

"上半月":每月月中前,称"上半月";月中后,叫"下半月"。

"上不来":即合不来,形容人与人之间没有友谊、不和睦。

"上膛":口腔里的上颚。

"上年纪"：年老，多在70岁以上。

"上岁数"：同"上年纪"。

"上捻儿"：给他人使坏，说他人坏话。

"上眼药儿"：同"上捻儿"。

"上下够不着"：比喻与高处有一段距离。下面不是够不着，而是不愿意委曲求全。

"上人儿"：公共场所、娱乐场所在搞活动时，最初来的那几位，自此后，陆续来人。

"上门儿"：一是同上板儿，即关门，停止营业。二是主动登门拜访或串门。

"上脑儿"：专指牛、羊脊背上的精肉，可炒、可涮、可爆、可烤，是牛、羊肉中的上品。

"上气不接下气"：形容人特别喘的情形。多由运动和病症造成。

"上前儿"：向前，走进。

"上色儿"：本指在炒菜时加颜色较鲜艳的调料，如炖肉时的酱油、滑溜时的红油。而在北京人的心目中，"上色儿"就是颜色鲜艳的衣服。如大红大绿、大紫大黄。

"上手儿"：两个意思，一是动手打架，二是事情刚刚开始做。

"上首"：方桌中的坐北朝南的正中位置，是最高级别、受人尊重的人坐的位置，比如长辈、领导、贵客、主人、当场活动的核心人物。现在为了避免出现不必要的麻烦，发明了圆桌。表面不分大小、长幼、核心，实际上圆桌也能分出"上首"的位置。同"上岗儿"。

"上心"：多注意点，留心，用心，关心。

"上眼"：提请人注意观看，包括古玩、戏曲。褒义词，但有奉承、讨好的意思。

"上座儿"：剧场演出时来的观众和看客。另一说，同"上首"。

"上阵"：本意为上战场的阵地上打仗，可北京人将"上阵"比喻成严厉地教育孩子。

"上气"：蒸锅开始有热气。

"上天梯"：一种残酷的刑法。

"顺手牵羊"与"捎带脚"

"顺手牵羊"，是贬义词，指顺手拿走别人的东西，单一"顺"字有"偷"和"乘机"的意思。"捎带脚"，有两层意思，一是在办主要的事时，顺便附带办的事，不费力。二是顺路办的事，轻松。

我的"大姉儿妈"

北京人中的满族人管姉叫"姉儿妈",表示亲近。按顺序可称"大姉儿妈""二姉儿妈""三姉儿妈"。家父是独生子,那谁是我的"大姉儿妈"呢?是干爷爷的儿媳妇。干爷爷李璧珍,京城北郊最著名的中医郎中,医术高明,仗义疏财,寿高90岁,出殡时,椁棺后面的送葬队伍长达里许,轰动京城。

"生虎子"与"生葫芦头"

可生吃的瓜(甜瓜、香瓜、西瓜、酥瓜等)没有成熟时,叫"生葫芦头"。而刚从事某一项工作,对业务极不熟悉的人,则称"生虎子"。

婴儿便溺称"识把"

大人在婴儿拉屎、撒尿时用双手分开婴儿双腿时,婴儿不哭不闹,顺从地完成拉屎、撒尿叫"识把";哭闹、挣扎、打挺儿的,为不"识把"。

"使声"如同敲门

旧时,院里的茅房男女合用,为了避免不便,在进去之前,往往故意咳嗽一声,试探里面是否有人。其实,在进别人的院子、房间时都应该这样。这是北京人讲礼貌的独特方式。

"屎"不是什么好词

屎是"臭"的延伸,有不高明、"笨"的含义。诸如屎棋,屎蛋,屎球儿,屎包子,屎盆子,屎黄,屎到屁股门了。

"瘦竿狼"与"刀螂"

北京人管人长得出奇瘦,叫"瘦竿儿狼"或"刀螂"。

谈"树"

普通话里"树"是木本植物的总称,也有种植、建立的意思。北京土语丰富了"树"的含义。

"树大招风":树大,则是枝条密,树叶多,树冠大,自然对风有强大的阻力。北京土语的"树大",多是说财富多而外露,名气大而招来祸灾。

"树巷(hàng)子":也叫"树行(háng)子",如同城市里的街巷胡同,树林子里面的胡同就叫"树巷子"。

"树蔫儿"：多指枣树、苹果树、梨树上长期没掉下来的果实。这些果实长期挂在树枝上，水分较少，表面干皱，但味道特别甜。有些老北京人专吃"树蔫儿"。

"树木狼林"：旷野荒郊，环境让人感到害怕，低矮的灌木丛如群狼一样恶狠狠地注视着您。

"树帽儿"：文言词叫"树冠"，多枝繁叶茂，呈圆形。

"树卡巴儿"：树的枝杈分开的地方。

"树疖子"：树干上的疤瘌。

"树串儿"：鸟名，即"柳串儿"，学名"柳莺"，常在柳枝上跳来跳去。

"树窠(kē)子"：树上的鸟窝。

"树熟儿"：在树上便已熟了的果子。多指枣、苹果、梨、李子、杏等含水分多的水果。

"树荫凉儿"：被树干、树叶、树冠遮挡了太阳光的地方，如树叶稀疏，北京人称"花荫凉儿"。

谈"耍"

普通话里的"耍"字，有玩、弄、戏弄等几层含义。可在北京土语里，丰富了"耍"的内容。

"耍单"：冬初穿衣服极少的人或单独一人。

"耍刺儿"：主动寻衅闹事，态度十分强硬、恶劣。

"耍飘儿"：卖弄动作，表现自己的灵巧、技术娴熟。现在叫玩飘儿。

"耍骨头"：调笑嘲弄，骨头本身就没有油水，而狗耍骨头认为快乐。此动作多是晚辈向长辈"起腻"。

"耍着玩儿"：玩弄手段，欺骗、欺负、捉弄他人。

"耍嘴皮子"：以"嘴皮子"为工具，巧舌如簧。贬义词。

"耍贫嘴"：爱多说话，所说之言招人讨厌、心烦。

"耍贫"："耍贫嘴"的简说。

"耍套儿"：旧时人们穿的衣服过于肥大，目的是能多穿几年。刚穿上时，往往将肥大的裤口、袖口挽起，一年下来，挽的地方会出现断续的断裂，在还有几缕连着时，断裂的袖口如圈套挂在衣袖上边，甩来甩去。

"甩手掌柜的"

不干家务事的男人，多被自己的女人称为"甩手掌柜的"。"甩手掌柜的"一词不但不是贬义，而且还会是褒义，体现女人对自己男人的爱昵。

屋檐下的"水蛤蜊"

"水蛤蜊(shuǐgélí)",是指讲究的平房的房檐下、门口的上方安装的雨水流槽,北京人又管其叫水溜(liū)儿。目的是接房檐的雨水,引到他处流下,做到门前无水,以利于人们出入。

趣谈二十四

"水牛儿"与黄鹂鸟

20世纪80年代北京乐坛流行一首歌——《蜗牛与黄鹂鸟》。北京人管"蜗牛"叫"水牛儿(niúr)"。儿歌里有:"水牛儿,水牛儿,先出犄角后出头,你爹、你妈,给你买了烧羊骨头烧羊肉哎,你不吃,喂狗吃。"

贪睡之人"睡虎子"

北京话里有"菜虎子",是形容或嘲讽极个别贪吃菜肴的人,这种人吃起菜来狼吞虎咽,如风卷残云,速度、肚量,令人咂舌。与"菜虎子"相似的是"睡虎子","睡虎子"极贪睡,不管干活劳累与否,终日在炕上呼呼大睡。劳累之人短时间的睡觉,不应称为"睡虎子"。"睡虎子"是贬义词,有嘲讽的含义。

京人不忌"睡得死"

"睡得死",指睡觉时沉睡而不能自己醒来,甚至别人大声吵闹都不会影响其睡觉。语言中虽有死字,但北京人不忌讳,体现睡觉香且舒服。

谈"顺"

普通话里的"顺"有方向、跟随、整理服从、合适等意思,但在北京土语则更丰富多彩。

"顺毛驴儿":比喻只有顺着他的意思去做,他才会高兴地去干,否则他就不会支持和帮助你,甚至和你对立,那时"顺毛驴儿"就会变成"戗毛驴"。此外,"顺毛驴儿"还有温顺、听话的含义。

"顺溜":毛发平整、棍子直溜不弯曲、语言流畅不结巴等都可以称为"顺溜"。

"顺口搭音":不在意地顺口回答闲话。

"顺坡溜":随着人家的意思说话或表态,书面语则是人云亦云。

"顺把"：顺手或听从调遣和分配。
"顺顺气儿"：劝人息怒，包括自己。
"顺情说好话"：琢磨对方心里想的，然后说对方喜欢的话。贬义词，讽刺说话圆滑之人。
"顺当"：顺利。
"顺顺当当"：顺当、顺利。
"顺竿儿爬"：迎合他人的意思，随声附和，有拍马屁之嫌。
"顺"："偷"的意思。
"顺边"：多指左右两个方向一致，如同向左或同向右。
"顺拐"：同"顺边"。
"顺"：轻松吃的含义。

谈"说"

普通话里"说"字，有用话来表达意思、解释、言论、主张的含义，但在北京土语里则更加丰富多彩。

"说白了"：明明白白地说，不隐讳。
"说出七来"：打麻将牌用的色子有六面，最多六个点，意思是尽管你说出七来，比六还高一个，也没用。
"说不上"：同说不好。意思是不知道，但比不知道更委婉。
"说道儿"：论理，讲道理。
"说得说得"：讲理，评理。
"说大话，使小钱"：两面派，表面上慷慨激昂，实际上却吝啬得很。这种行为很让人看不起，甚至会在关键时耽误事。
"说风就是雨"：顺势夸大。
"说和人"：调解人。
"说吐露了"：说漏了嘴。"吐露"应为"脱漏"。是北京土语中的口语化。
"说破了嘴"：夸张的说法。实际是较长时间的白费口舌。
"说梦话"：前面一般有"大白天的"四个字，嘲讽不合时宜，甚至不能实现的语言。
"说睡语"：真正的睡觉说梦话。
"说一是一"：说话算数，绝不反悔，没有遗落和反悔的余地。
"说一千，道一万"："说道"本来是一个词，"道"本身就含"说"的意思。如，"说长道短""一语道破"。"说一千，道一万"形容语言之多。
"说多了烫嘴"：不好意思再多说话。
"说什么也不新鲜了"：事情已经成为事实，无论再怎么解释，也无济于事。

"说死了":一是相当于"无论怎么说";二是确定,肯定。
"说山":指漫无边际、无聊的话。
"说三不着两":说话内容不明确、无重点,让他人不理解说的是什么意思。
"一说儿":一种说法。
"说事":借题发挥,达到自己的目的。
"就事说事":专指某一件事来说。
"说溜了嘴":同下面"说漏了嘴"。
"说了归齐":到最后,归根结底。
"说漏了嘴":说话不谨慎,误将不该说的话说了出来。
"说开了":"开"是"公开"的意思,"说开了"就是公开地讲。
"说话就……":时间短,有立刻、马上、当时的意思。
"说古":本意是说过去的事物,后来演变成说自己看到、听到的新鲜事,并有声有色地讲给他人听。
"说话当白玩儿":玩儿是玩笑,往往指说话不算话,失信于他人。
"说话不着调":说话没主题,没有规律。
"说不好"与"不好说":"说不好"与"不好说"都是拿不准的意思,只是城里与城外人说法的不同。比较之下,"说不好"比"不好说"更有文化内涵。

"说蹭了"与"说碴了"

说话中出现矛盾或由于意见不合发生争吵,叫"说蹭了"或"说碴了"。"说蹭了"与"说碴了"相比,"说蹭了"更厉害。"说碴了",双方只停留在语言上,而"说蹭了"则是要动手打架。

"说出龙天表"与"大天来"

"龙天表",是过去皇帝的诏书、谕旨等。而"大天"是指牛牌里面点最多的,最厉害。北京人常说"说出龙天表与大天来也不行",意思是皇帝老子也不行。

"说嘴打嘴"是巧合吗

社会上有"乌鸦嘴",意思是说话、预测不吉祥、不准确,自己否认自己。北京人常用"说嘴打嘴"一词来警告那些说话自夸的人。

"丝熘片炒"是点缀词

"丝"的能"熘","片"的能"炒",一是形容厨师技艺高超,二是指菜肴丰盛多样。

"死胡同"与"此巷不通行"

旧时,北京的胡同多如牛毛,比现在不知要多多少。然而北京的胡同分可"通行"与"不通行"两种。北京人管不通行的胡同叫"死胡同",管可通行的胡同叫"活胡同"。这个名称的来历与我国围棋的"死活"有关,围棋有两气以上的叫"活棋",一气的叫"死棋"。所以,北京的胡同有两个以上出入口的叫"活胡同",一个出入口的叫"死胡同"。为了提醒行人不走冤枉路,新中国成立后,政府在"死胡同口"的入口处钉有"此巷不通行"的提示牌。

谈"四脖子汗流"

北京人形容满头大汗,湿透前胸后背叫"四脖子汗流"。为什么? 北京人认为脖子分前后左右,满头大汗就是"四脖子汗流"。

"一白顶天,四白落地"

这是裱糊行业的术语,意思是屋顶和四壁都糊得白白的。

为什么说"四六不成材"

四六之间是五,五是最小位的整体数,四不够五,而六比五多一点,浪费了。"四六不成材",就是不能成为合适而有实际用途的材器。

"三青子"与"四棱子"

北京人管待人态度恶劣、好话歹话不懂的人叫"三青子"。这种人狂妄得很,软硬不吃,经常让别人下不了台,说的话往往能把人气死,自己还满不在乎,整个一个土混混。与"三青子"对应的是"四棱子","四棱子"同样是"三青子"类型的人,"四棱"对"三青",就像二百五对二百五一样。

谈"夵"

北京土语里的"夵(sóng)"字是骂人的脏话,是怯弱、不敢争斗的意思。

"夵包":骂人的话,斥责人怯弱无能。

"夵蛋包":骂人词,比"夵包"更甚。

"夵鸢坏":表面和善,内心极阴险。多指阴险之人的阴险手段。

"夵奸坏":同"夵鸢坏",东西南北城的说法有别。

"夵人":斥责人怯弱无能。

"夵小子":骂人的话,形容胆小怕事,没能力、没勇气的中青年男子。

"夵骨头""夵头日脑""夵得溜":都是形容人怯弱无能,是贬义词。

"尿地方"：自己认为不好的地方。
"尿电影"：自己认为不好看的电影。

"缩脖坛子"指的是人

前些日子看田学明杂技团表演的顶坛子，想起了北京土语——"缩脖坛子"。"缩脖坛子"中的坛子，指的是人。为什么？本来北京市面上就有一种矮颈肚大的坛子，后来北京人将身材矮小、习惯上又爱缩脖子的人叫"缩脖坛子"。其前提是，一矮小，二习惯缩脖。

"独苗"与"孙男弟女"

"孙男弟女"，指的是晚辈人众多，这实际上是"多世同堂"的体现。现在不行了，要计划生育。在独生子"独苗"的情况下，要想享受"孙男弟女"的天伦之乐是很困难的。"独苗"并不等于独生子女，多指一个男孩子。旧社会歧视女性，认为女儿早晚要嫁人，不属于自己家的"苗"。

"老赖"与"锁门儿恭候"

"老赖"，是现在的北京乃至全国通用的词。旧时，人们思想单纯，很少有赖账的，因此没有"老赖"一词。"老赖"应该理解为有偿还能力，却赖着而长期不还。据说"老赖"一词是法院发明的。法院工作人员经常到赖者家，而其家经常"锁门儿恭候"。"锁门儿恭候"是北京土语，是嘲讽词，意思是主人不在家，门上着锁，使来者无可奈何。

"拓蓝纸"的改进

北京人管蓝色的复写纸叫"拓（tà）蓝纸"，因为"拓"是捶拓复印的意思。过去"拓蓝纸"是一页一页地插入，现在复写纸改进了，直接加工在前一页的背面，成为一次性的"拓蓝纸"。

"趿拉板"与木屐

北京人管木拖鞋叫"趿（tā）拉板"，大概是因为其使用时是"趿拉"着的。由于行走时产生声响，所以"趿拉板"又叫"呱嗒板"。"呱嗒板"，与一种蝗虫叫"呱嗒扁"有异曲同工之妙。"屐（jī）"为古代木头鞋，前人有诗："应怜屐齿印苍苔，小扣柴扉久不开。"国外有称木屐者。

"贪凉"不是好事

"贪"字，实际上就是过度喜欢。夏天，天气暴热，好多人多喜欢到凉快的地方或喝冷水,然而过度的"贪凉"不是好事,喝太多的冷水会闹肚子,长时间在风口处凉快会受风。

"汤泡饭"与"糊弄局"

北京人管不是正经的应酬饭、凑合饭,叫"汤泡饭"。以后引申出了对事情不认真对待、不负责任的态度。比"汤泡饭"更为厉害的,是"糊弄局"。"糊弄局",是几个人合谋,设计圈套,玩弄手段来欺骗。被欺骗者,多为顾主或上级领导。

您会"搪炉子"吗

北京旧时大杂院里,冬季取暖和做饭多用可移动的煤球炉子,由此也产生了一种手工行业——"搪炉子"。无论是灶还是火炉都需要搪,就是用沙子、青灰、碎缸末子和黏土和在一起涂抹在炉膛内。搪好的炉膛,上小下大,便于炉火通风。"搪炉子"是技术活,南方人干不好。北京人认为河北唐山卢龙县的工匠搪的炉子省煤且上火快,并且煤烧得透,很受民宅和商户的欢迎。后来,竟出现不是卢龙人也说自己是卢龙或唐山人的工匠。

"糖耳朵"与"蜜麻花"

"糖耳朵"与"蜜麻花",是北京人爱吃的两种甜点心。区别是前者是先蘸上糖,后炸;后者是,油炸后裹上一层糖稀。现在早点卖"糖耳朵"较为普遍。

此外,北京人管患中耳炎流脓的耳朵也叫"糖耳朵"。北京人认为先天的"糖耳朵"与腋窝臭味有关,认为先天的"糖耳朵"必定是"臭胳肢窝"。

"掏心窝子"感动人

说话极诚恳、无丝毫隐瞒并特别感动人的语言。

"圈套圈"的亲戚

指远房的亲戚,即血统或家族的方面没有太直接关系的亲戚。

好坏兼用的"忒儿落"

老北京人中常说"忒儿落",现在小品中有变调了的"忒儿"。说"忒儿"好,则是他很快地连汤带水地吃了一大碗面,叫"忒儿落",您看香不香。说"忒儿"不好,他流出的鼻涕又"忒儿落"回去了,您看这"忒儿落"脏不脏。

趣谈二十五

谈"替"

普通话里的"替",是代替、衰废的意思。但在北京土语里却有新的解释。北京家庭妇女,管按原型用纸描摹的动作叫"替"。比如"替"个花样儿,"替"个鞋样儿,"替"个图样儿。总之,所"替"之物比较小,多为平面。

"添彩儿"是贬义词

"添彩儿"本意是褒义词,可是在北京土语里就变了味,成了贬义词。一个本来相貌不俊的人,脸上又因流血而包扎绷带,老北京人就会戏说:又"添彩儿"了。同样,平时腿跛的人如果再临时加上拐,老北京人同样会说:又"添彩儿"了。可见"添彩儿"在北京土语里是贬义词。

书画的条幅叫"挑扇儿"

大概与隔断、隔扇有关。北京人管书画作品中的条幅叫"挑扇儿",不知何故?

少笤帚苗儿的"笤帚疙瘩"

北京人管扫除灰土的工具,叫"笤帚";笤帚的把柄,叫"笤帚疙瘩""笤帚枯嘟"。因北方的"笤帚"与南方用的材料不同,北方用的是脱去籽粒的高粱穗,而南方用的是鬃和竹条,所以南方没有"笤帚疙瘩"一词。

谈立秋的"贴秋膘"

北京人在立秋日多改善伙食,多以吃肉为主,谓之"贴秋膘"。实际上,旧时生活困苦,肚中太素,"贴秋膘"是为了解馋。现在生活富足,争着减肥,所以现在立秋之日的"贴秋膘"只不过走个形式而已,图个吉利。

老家具上的"铜活"

北京人管古旧硬木家具上的铜零件,如锁鼻儿、合页、包角、门环儿、门拉手等叫"铜活"。

明星尽是"大秃瓢儿"

北京人管剃的光头叫"秃瓢儿"。由于剃光头的多是大小伙子、大老爷们,所以"秃瓢儿"前面加个"大"字。不知为什么,现在好多明星们剃光头,形成"大秃瓢儿群"。旧时儿歌有:秃瓢儿,秃瓢儿,下雨淋不着,人家打雨伞,我打大秃瓢儿。

"娃子"是菜,不是指人

"娃子"一般指的是小孩子,女孩儿叫女娃,男孩儿叫男娃。北京的大白菜因冬季长时间储藏,而使菜心发育生长以至撑裂整棵白菜,其白菜心北京人就叫"娃子"。

"瓦片儿"与"瓦碴儿"

泥瓦匠管大块的碎瓦叫"瓦片儿"。"瓦片儿",还有一定的用途。比"瓦片儿"更碎的叫"瓦碴儿(chár)",这是平民百姓的叫法。

"瓦蓝""雪白"和"漆黑"

"瓦蓝""雪白"和"漆黑"这三个词,有共同的特点,前一个字是名词,后一个字是形容词。前一个字都是修饰后面颜色的,这也是北京土语的一个特点。此外,还有蜡黄、碧绿、血红、墨青等形容颜色的词。

谈"歪"

普通话里的"歪"字是不正、不正当的意思。但在北京土语里的含义,则丰富多彩。

"歪理儿":狡辩,不正确的理由。

"歪喇骨":两个意思,一是骂不争气者的气话;二是人患有走路时脚向外撇的病。

"歪派":背地里造谣,诽谤他人。

"歪毛儿":小孩的一种常见发型,显得天真可爱。

"歪瓜裂枣儿":北京人含沙射影地讽刺面部长得丑陋、不匀称的人。

"歪道":不正之道,但又不是罪大恶极。如小偷小摸,与有家庭人的异性私通。

"歪打正着":两种解释:一是相反的动机,得到正确的效果;二是无意中办成

了正确的事。

"歪着":用小臂或胳膊斜挎东西的形象。

"舀"字京人多种说法

用勺子取东西,并不一定是液体,比如缸里的米、豆等。在北京土语里,"舀"字在东西南北城的发音都不一样。最常见的为 yǎo,如水舀子。可有的北京人说扤(kuǎi),如扤水,还有人说搵(wǎi),如搵点酱。更有人说挖(音:瓦),表示从较深的容器里取半凝固的液体,如荤油。

"外搭着"

"外搭着"的普通话,就是"另外还有"四个字。

谈"玩"

普通话里的"玩"字,是游戏、耍弄的意思。但在北京土语里的含义,则更加丰富多彩。

"玩儿不转":事情难办,解决不了或不能掌握。

"玩儿":娱乐、游戏、欣赏、游逛。

"玩儿飘儿":有卖弄的意思,在正常的情况下卖弄一些有危险的惊人动作。

"玩儿完":以失败结束,北京人管年纪大的人的死也叫"玩儿完"或"嗝儿屁"。

"玩意儿":一是指儿童玩具,二是指老年人喜欢的玩物。但也是骂人的话,类似不是东西。

"玩玩意儿":多指儿童玩玩具,老年人玩自己喜欢的物件。前玩读儿化音。

"玩儿票":原指戏曲业余爱好者,后来演变成了能登台表演,但没报酬的戏曲爱好者。现在延伸为义务为别人帮忙。

"玩阴的":背底里施展阴险手段。

"玩":当"花样""招数""戏弄""手段""侮辱"讲,贬义词。

"玩命":不要性命了,拼命。褒贬均可用。

"围脖""围巾"与"围腰儿"

旧时北京地区冬天冷,于是出现了三个御寒的物件和三个北京土语,即"围脖""围巾"与"围腰儿"。"围脖"包括"围巾",指的是用毛线织的长"围巾"。而"围巾"指的是用纱丝绸做的,以装饰、美观为主,御寒为辅。"围巾"不可称为"围脖"。"围巾"较短,多为方形,多不围脖而围头。"围腰儿",则是北京家庭妇女在冬季特用的御寒物件,棉制的套筒,系于腰部,预防受风。

谈"窝"

普通话里的"窝"字有动物巢穴、藏匿、弄弯、心有气不得发作、量词等多重含义,但在北京土语里的含义,则更加丰富多彩。

"窝窝":北京的一种小吃,圆形,最有名的是"艾窝窝"。

"窝心":受了委屈而无法宣泄、无法辩解。

"窝窝洞儿":指狭小简陋,类似洞穴的破屋子。

"窝囊废":怯懦,没有能耐的人,窝窝囊囊。

"窝里反":在自家人面前耍横,飞扬跋扈。

"窝里横":在自家人面前耍横,飞扬跋扈,对外人则奴颜婢膝。

"窝里喝":一人办事,一人得利,自己享受而不告诉他人。

"窝心气":受委屈而无法宣泄、无法辩解。

"窝心脚":对对方胸膛的蹬踢动作,很可能致命。

"窝里粪":"粪"是繁育的意思,粪应该是"繁"。此话有贬义。

"窝头":蒸食,棒子面做成,上面尖形,下面有洞,土名"黄金塔"。旧时劳动人民的食品。

"窝子":钓鱼前在垂钩周围先下的饵料。此外,另含有"窝赃"和不法之徒聚集的地方的意思。

"窝坐":憋闷、心里不痛快。

"窝里炮":对自家人进行攻击,飞扬跋扈,有窝里横的含义。

"窝脖儿":旧时最原始的搬运工和行业。

谈"卧"

普通话里的"卧",是躺或趴伏的意思,但在北京土语里"卧"的含义则更加丰富多彩。

"卧牛儿":为防止墙倒塌,在墙倾一侧砌一段斜倚的墙,防止倒塌。此外,在北京的古词曲里有"卧牛儿"一章节。

"卧鱼儿":京剧表演动作之一。主要是旦角表演,其动作是上身慢慢侧转,贴地面时再慢慢立起。

"卧车":马车、机动车坏在路上。"车"字,此处读象棋里"车(jū)"的音。

"卧槽"与"卧槽马"

"卧槽",是跌倒,但膝盖先着地。"卧槽马"是象棋术语。

"乌涂水"不能喝

北京人管不开的温水,叫"乌涂水"。因为"乌涂水"不是开水放凉的凉开水,里面的细菌并没有杀死,所以"乌涂水"不能喝,喝"乌涂水"最爱闹肚子。普通话叫"温吞水"。

"乌云盖雪"与"雪里站"

"乌云盖雪"与"雪里站"是家猫、家狗的一个品种。其颜色为黑白两色。这种猫、狗除背部是黑色外,腹、腿、四肢、脚、下额都是白色,仿佛"乌云盖住了雪地"。如果一只猫、狗除四爪是白色,其余都是黑色则叫"雪里站"。"乌云盖雪"与"雪里站"的雅名,也适合马匹,并且是优质马。

"一年到头"与"无冬历夏"

北京人形容整整一年时,常常说"一年到头",而旗营里常说的"无冬历夏"也有这个意思。主要是形容一年四季不论季节、气候、天气状况,总是一个样子。

"假不指着"

假不指着,是早年的北京土语,全句是"二两五挑护军——假不指着的劲儿"。石继昌先生《春明旧事》中有记录。护军是守卫清宫的八旗兵,饷银每月四两。清末财政匮乏,不能全部发放,再加上中间盘剥,护军每月实际只能领到二两五左右。而旗人好面子、讲虚荣,对此故作无所谓之状,实则生计日迫,区区二两五也只能暂救燃眉之急,故曰"假不指着"。

攒馅儿的包子——您有点晚出屉

这是早年北京土语中的歇后语,石继昌先生《春明旧事》中有记录。旧时,北京人把最后剩下的各种杂样馅儿合在一起,叫"攒馅儿"。这种馅儿档次较低,在饭铺里往往最后上屉,最晚出售。此歇后语关键在"晚出屉"三字上,说话者以老前辈自居来讽刺晚辈或年轻人在经验上不如自己的意思。

趣谈二十六

"五月单五"粽子节

农历五月初五,是纪念屈原的日子。可北京老人管五月初五叫"五月单五"。为什么?两种说法。一是,每月有三个带五的日子,即初五、十五、二十五。但,只有初五前面没有表示数目的字。二是,粽子节正名"端午节","单五"与"端午"谐音。

"捂"字多解

普通话里的"捂"字,是遮盖、封闭的意思。但,在北京土语里则有"捂汗包""捂捂盖盖""捂着盖着"等词,并有囚禁的意思。

"捂汗包":环境过热,穿衣服过多,以致出汗。

"捂捂盖盖":遮遮掩掩,不让别人知道里面的事物。

"捂着盖着":反复做遮掩的动作。

如果单说一个"捂"字,不是好词。房屋倒塌,将人、物埋在里面叫"捂";被公安局抓起来也叫"捂"。

"焐"与"误"

普通话里的"焐"字,是用热的东西将凉的东西变暖的意思。但在北京土语里,"焐"则增添了新的趣事。形容严密的保存叫"焐",是一般人不能理解的。北京人把钱长期地存放在家里,甚至长期带在身边就叫"焐";老母鸡孵小鸡的过程,叫"焐",把别人的凉手放在自己的胸膛,使其变暖同样叫"焐"。现在的人往往将"焐"与"误"混淆,主要表现在机动车车轱辘"焐"在泥塘里,干打转,就是出不来,年轻人往往说成是"误"。意思是耽误了,其实不然,"焐"是动词,是车轱辘在泥潭里空转。

痣与"痦子"

普通话管皮肤上长的凸起的黑色、红色的小点点叫"痣"。北京人管"痣"叫"痦子",管浅色较为集中的小黑点叫"雀(qiāo)子",意为麻雀屎。正名叫"雀斑"。

"五马换六羊"

"五马换六羊",是旧时家庭妇女常说孩子们的一句话,意思是孩子们之间价值不对应的物品相互交换。五匹马换六只羊,那不赔大发了。

谈"稀"

普通话里"稀"是与"密"相对的意思,但在北京土语里的含义则丰富多彩。

"稀松二五眼":本是旧时满族妇女的一种发型,长头发绾成左右两个圈圈,盘得越紧越好,有些妇女睡觉醒后,发型不紧实,出现"稀松"现象,就是"稀松二五眼"。后来延伸为办事不紧、懒散、松懈、技术不高、手艺粗糙、差劲、不过硬。

"稀破":特别破碎,"稀"当特别讲。

"稀溜":介于"稀汤挂拉水"与浓稠之间。与动词"吸溜"有别。

"稀溜溜的":同"稀溜",有重复,加重语气的意思。

"稀了逛汤":汤类过于稀而不浓稠。

"稀了呱唧":同"稀了逛汤",民国年间,东西城、满汉之间说法不同。

"稀里糊涂":指人的头脑、思维不清楚,昏聩。

"稀拉咣荡":同"稀了逛汤",民国年间,东西城、满汉之间说法不同。

"稀巴烂":特别破碎,甚至呈泥状。同稀破。

"稀糊的":同"稀溜",民国年间,东西城、满汉之间说法不同。

"稀里呼噜":一是形容人吃饭的样子,二是指人群没有规律的行走。

"稀松大平常":没有什么了不起的,普通中的普通,平常中的平常。

"稀的":与饭菜无关,是不常见、少见的意思。有讽刺的意味。

"稀的溜儿"与"稀溜的"

"稀的溜儿"与"稀溜的"大体相同,虽都是流食,不黏稠,但在细微之处还是有区别的。"稀的溜儿"是口语,有赞美的含义。"稀溜的"比"稀的溜儿"要稠一些。此外,"稀溜的"还可以重叠使用,成为"稀稀溜溜"。

花气"袭"人知昼暖

"袭"(xí)正音为二声,即"习"音。但在北京土语里,"袭"读第一声(xī),即

"西"音,专指寒冷之气沁入皮肤之内。《红楼梦》里有"花气袭人知昼暖"句,是称赞丫鬟"袭人"的。

"西照"与"夕照"

北京人管夏天的太阳叫西晒,也叫"西照"。"西照"与"夕照"有什么区别?"西晒"与"西照"是专门形容东房的,有太阳毒热的意思。北京有"有钱不住东南房,冬不暖来夏不凉"的谚语。而"夕照"则是日落时,景物在太阳下的美丽之意,燕京八景有"金台夕照",北京老崇文区有"夕照寺街"。

谈"瞎"

普通话里的"瞎"字,是眼睛看不见、胡乱的意思,但在北京土语里的含义,则丰富多彩。

"瞎侃":没有目的漫无天际的聊天,其内容有夸张成分。

"瞎掰":无意义的劳动或言论。据说是与东北俗语"狗熊掰棒子,掰一个,丢一个"有关系。

"瞎目合眼":视力很差,等同盲人。

"瞎摸合眼":同瞎目合眼,东西城、满汉之间的不同说法。

"睁眼瞎":旧时指没有文化的人。

"瞎摸合眵(chī)眼":同"瞎目合眼"、"瞎摸合眼"。东西城、满汉之间的不同说法。"眵"指眵目糊(眼屎)。

"瞎拉个":随便闲谈。拉家常的简说。

"瞎摸海":做事无定律,有今人说的"摸着石头过河"的意思。旧时为贬义词。

"瞎事":不是正经的事,但当事人却爱往里掺和。包括男女之事。

"瞎说":没有依据地说,比"瞎说八道"的贬义要轻。

"瞎说八道":胡说八道。"瞎"并不一定是撒谎。

"瞎胡闹":不谨慎地参与事物,贬义词,属于轻度的批评和指责。

"瞎胡混":没远大志向和理想,每天庸庸碌碌随大流混日子。

"瞎话流丢":说谎话十分流利,没有停顿,但有时却难自圆其说。

"瞎话流舌":同"瞎话流丢"。

"瞎碰子":旧时农田的草丛间乱飞乱撞的小虫,状似小"蚂蚱",但体形大小只有一厘米,由于卫生条件的改善和农药的频繁使用,现三环路内"瞎碰子"已绝迹。

"瞎子":侮辱性的语言,一是指失明之人;二是指农作物中不饱满、没成形的颗粒状的果实。

瞎壳:侮辱性的语言。

"瞎逼":骂人的脏话,但不一定骂的是失明的人。

有意识的炫耀——"显摆"

北京人管有意识的炫耀叫"显摆"。"显摆"的前提是有意识的炫耀。

"丢人现眼"与"窝头"

北京人管丢人,出丑叫"现眼"。现在的相声演员往往将"现场表演"四个字简说成"现眼",以博观众一笑。北京人还有歇后语叫"窝头翻个儿——现眼"。"窝头"本是旧时平民吃的一种玉米面蒸做成的食品,上面有尖,下面有洞,俗名"黄金塔"。"窝头"一翻个儿,底部的洞眼就露出来了。最近,北京灯谜大家翟鸿起先生有"失踪者穿露脐装"的谜语,谜底打一成语"丢人现眼"。失踪者为丢人,穿露脐装则显露出肚脐眼。此灯谜被京城同人堪称一绝,称赞不已。

"香"

普通话里"香"是气味的意思,与"臭"相对。但在北京土语里的含义,则丰富多彩。

"香饽饽儿":比喻受欢迎,被人特别喜爱的人。

"香":大人亲吻婴儿叫"香"。

"吃香":受欢迎,受重视。

"吃香的,喝辣的":比喻生活好,菜肴丰富、全面。

"贼香":特别香。

"香脂油":猪的板油。

心血来潮的"想起一出是一出儿"

形容心血来潮的这句北京土语很长——"想起一出是一出儿",一出是京剧中的一节或一折。"想起一出是一出儿",就是讽刺那些心血来潮的人。心血来潮的人在"想起一出是一出儿"的时候,往往不管不顾,想起什么事马上就要办、就要实施,刻不容缓。

《鹦鹉学舌》的"学"

在北京土语中,"学"读 xiáo,第二声。如:"不学(xiáo)好,尽学(xiáo)坏";"鹦鹉学(xiáo)舌"。儿歌:"跟人学(xiáo),变狗毛。跟人走,变黄狗。"

"布菜"要用公筷

宴会上,主人或小辈常常给客人夹菜,以表示礼貌,北京人管这一动作叫"布菜"。"布菜",一定要用公筷,以示卫生。客人请主人别"布菜"的语言是,"您歇歇手"。

不服气的"斜愣眼"

不正视别人,不正经看人,眼睛斜视,有不服气的感觉。不服气的"斜愣眼",具有挑衅性,不可取。

旧时京人见老人的规矩——"斜签儿"

北京老家庭规矩大,"斜签儿"就是一例。何为"斜签儿"?到人家拜访,小辈见长辈,下级见上级,为了体现对长辈、上级的尊敬,双方在对坐时,小辈、下级不得坐正,不得坐实,只能坐椅、凳的二分之一,身子斜前倾,以示洗耳恭听。

谈"懈"

普通话里"懈"单指松懈的意思,但在北京土语里的含义则丰富多彩。

"懈了咕叽":多指人的思想不集中,随便、马虎。

"懈了逛荡":同"懈了咕叽",但多指固体相互之间过松。

"懈劲儿":不再使出原来的力量。

"醒过味来"和"醒攒儿"

"醒过味来"和"醒攒儿"二者是一个意思,是清末民初时,东西城、官场与普通人之间的区别。"醒过味来",相对时间稍长些,有时甚至数天,个别人在"醒过味来"时还有后悔的意思。"攒儿"普通话里是多音字,此处用的是篡(cuàn)音,并儿化,意思是凌乱,无头绪。在凌乱,无头绪中较快地醒悟叫"醒攒儿"或"醒过攒儿了"。

北京"兴许"和"或许"是一个意思

北京土语中"兴许""也许"和"或许",应是一个意思,都有"可能"等猜测的意思。

"虚让"怕遇实诚人

老北京人的"礼貌",也有虚假的一面。例如,主人口头上让不请自来的来客吃饭、请坐,但并非真心实意,而是礼貌性地说一下,来客稍表谢意,此事就算过去了。落个主人请了,来客没吃喝。北京人管这一过程叫"虚让"。"虚让"怕遇实诚人,主人虚虚一请,来人真吃真喝,最后,主人不愉快。前几年,演过一小品,就是"虚让"遇到了实诚人,结果来客太实诚了,一顿吃喝,使原本要去听音乐会的主

人没去成。

"踅遛风"又叫"小旋风"

北京人管无固定方向的风叫"小旋风",而旗人则称"踅(xué)遛风"。

椭圆又叫"鸭蛋圆"

北京人管椭圆又叫"鸭蛋圆",为什么不叫"鸡蛋圆"？可能是"鸡蛋圆"没有"鸭蛋圆"大吧。"椭圆"实际就是长圆形。

蚕豆又叫"芽豆"

蚕豆,浸泡生芽后叫"芽豆"。食用时,炸、炒、煮均可。炸后,叫开花豆。煮蚕豆,又叫煮"芽豆",煮时放花椒、大料成五香蚕豆,味鲜美。

趣谈二十七

谈"羊"

普通话里的"羊"字,就是十二生肖里哺乳动物羊的意思。但是,在北京土语里的含义,则丰富多彩。

"羊群里出骆驼":原意是矮个子里出现个别高个子的人,但与成语"鹤立鸡群"截然不同,"羊群里出骆驼"是褒义,有出类拔萃、赞扬的含义。

"羊群里跑骆驼":与"羊群里出骆驼"不同。"出",安静而不张扬。"跑",则不同,有自我表现的含义。此为贬义词,多讽刺孩子群里出现不应有的青年或成年人。

"羊头肉":回族肉食的一种,即白水煮羊头。羊头煮熟后,分脸子、芯子,切成极薄的片儿卖,吃时撒椒盐,是平民常见的下酒菜。

"羊蝎子":羊的脊梁骨,剔时往往留下一点点肉,可炖着吃。

"羊霜霜":北京回族常做的一种小吃,现不多见。

"羊角蜜":农村里常见的一种甜瓜,状似"羊犄角"。

"羊角葱":北京旧时花洞子里,老葱生长出的一种短且像"羊犄角"一样的嫩芽葱,淡黄色,北京人喜欢用其蘸酱卷饼吃。现因其成本高,价格昂贵,市面已不常出现。

"羊毛出在羊身上":表面上自己得到一点点便宜,实际上这点便宜还是由自己负担。

"羊角风":医学上的癫痫病,人们口中的"抽风"。

"羊头":武术功夫之一,像羊一样,用头撞人。

"羊奔拉":羊肉里的没有形状的碎肉,人吃费劲,故多喂小猫。

"摇鞭"与"扬鞭"

过去,赶骡马车的车把式舞动鞭子叫"摇鞭"。为什么?因为车把式心疼自己

的牲口。车把式摇鞭,只是提醒和吓唬牲口,舍不得真抽真打,车把式只要在牲口前摇舞鞭子,牲口通人性,自然会乖乖地听主人的话。扬鞭,有高举的意思,革命语言,有"扬鞭催马运粮忙"的曲子,彰显革命的志气。"摇鞭"比"扬鞭"更文静一些。

"要脸"就是"要面子"

老人们说:人有脸,树有皮。北京人常说的"要脸",就是顾及自己的脸面,认为脸面和名誉一样重要。"要脸"就是"要面子"。反之,是"臭不要脸",这人不但不要脸,而且还是臭的。

"爷们儿"是什么意思

"爷们儿"一是指男子,二是已婚女人对丈夫的称呼。"爷们儿"指丈夫,这是北京特有的。北方的"爷"很多,不值钱,有好说的"侃爷"、贪睡的"睡爷"、蹬平板三轮车的"板爷"、自以为是的"大爷"、经营倒卖的"倒爷"、偷东西的"佛爷"和以姓为首的姓氏"爷"。在街面上,差一辈的男人之间,可称"爷们儿",以表示亲近。而同辈的男人之间,则称"哥们儿",同样是为了表示亲近。

"爷儿俩"辈分分不清

"爷儿俩"的辈分不好分,可以是亲父子俩,也可以是祖孙二人,又可以是叔侄二人,甚至是街坊差上一辈的两人。人多时,还可以说成"爷儿仨""爷儿四""爷儿五"。在"爷儿俩"这个词上,男女平等,父亲与女儿、爷爷与孙女都可称"爷儿俩"。

旷野荒郊的"野茶馆"

北京人管农村路边上的临时喝水处,叫"野茶馆"。"野茶馆"突出一个"野"字,表现在其环境上,而不是在设施和服务态度上。"野茶馆",也有防雨雪日晒的棚顶,也有固定的茶客,只是桌椅板凳粗糙,有的甚至是用泥土和砖头垒砌的,但并不影响招待来往的客人。俗话说:野花偏艳目,村酒醉人多。"野茶馆"自有"野茶馆"的野味。

变了味的"野食儿"

"野食儿"的本意,是小动物在野外寻找或猎取食物。但在北京土语里变了味,"野食儿"成了已婚男女在外找的不正当的男女伙伴,犹如今天的"第三者""二奶"。将人物贬为食物,这是北京土语的一个特点。

自食恶果的"一报还一报"

给别人使坏的人,自食恶果或得到相应的报复。每当"一报还一报"的情形产生,老百姓会说:老天爷报应。

说"一"

"一揞(ǎn)劲":"揞"读第三声,当长时间准备、"突然使劲"讲。

"一鼻子灰":不是鼻子碰上了灰,而是人办事碰壁,遇到难堪的境遇。

"一边大":一样大,"边"需儿化。实际是由"一般"二字的口语演化出来的。

"一百一":百分之百是好的,质量是高的。比百分之百还要好,还要优秀,质量超过了一百,于是出现了"一百一"。

"一步三移":形容动作缓慢,"步"指的是"走"或"跨",而不是脚不离地的"移"。往往形容慢性子的人。

"一把抓":指的是"小雏鸡",意思是鸡长到一把能抓起的程度。不过,这话要是到了"虎妞儿"或胡同里的大嫂子嘴里,会变味的。

"一步差三事":是北京土语"一步赶不上,步步赶不上"的简略说法。在正常的规律下,只要您比别人差一步,您就很难再赶上人家,因为人家也在进步。最明显的事例是:在建国门至复兴门的长安街上,您赶上一个红灯,那您将步步是红灯。此外"一步差三事"还有"早起三光,晚起三慌"的含义。"光"是利落,"慌"是紧张,"三"是多的意思。

"一把儿":旧时,异姓兄弟或异姓姐妹,在同一次仪式上结拜的。此外,上年纪的男性老人,也称"一把抓"年纪,可能源于"一束"一词。北京旧时也有养骆驼的,在养骆驼的术语中,五峰骆驼为"一把儿"。

"一般见识":低档次的认识,与之相对的是不一般见识,即不与他人争执,比较宽容。

"一个赛一个":个个都好,一个赛一个好。当然,也可以用于反意,即个个都差,一个赛一个差,一个赛一个坏。

"一错眼儿":时间短促,转瞬间的工夫。

"一槽儿烂":物品不坚固而且坏了不能修理。类似今天的一次性,虽然今天的一次性物品不一定坏,但出于某种原因却不能再使用。

"一包堆":拢在一起,往出卖或存放。

"一个心眼儿":老实或单纯、淳朴、忠厚,忠诚的性格、脾气、禀性。

"一个子儿":"子儿"指的是铜子,即铜钱。"一个子儿"就是最少的钱。产生依据是常用语"一子儿不值"和"一钱不值"。"一子儿不花",就是现在的一分钱不花。

"一程子":可用于距离和时间上。距离:这"一程子"不近。时间:这"一程

子"小李老没露面。

"一个够":满足、足实、十足的程度。城里人有时简说"一够""个够"。多用在吃、看、用、喝方面。

"一骨节":不是人身体上的骨节,指的是棒状的东西切锯下一小段,如甘蔗。此外"骨"字读音为 gū,"节"字应为"截"字。

"一锤子买卖":一次性交易,根本不考虑第二回及以后的事。

"一丁点":基本同"一丁丁点"。旗民之间的不同说法。

"一大早儿":就是早晨,只是这样说表示更早,这是北京土语中口语话的艺术。刘宝瑞单口相声《黄半仙》有"一大早儿"的谐音——"大青枣"的故事。

"一丁丁点":极少的数量,极少的面积,极少的体积,极少的长度。

"一搭两用":一件物品,两种用途。

"一道杠":少先队员中的小队长符号。

"一大后":并不是后天,是以后多日。

"一丢点":基本同"一丁丁点"。

"一冬儿":多指一冬天,冬仨月。

"一咕叽":慢慢间歇地涌动,属量词。

"一吨":两个女孩子,多指双胞胎。

"一垛":垛,黏稠物的量词。多指泥、粥、糨糊、固体油。

"一个劲":始终如一或连续无休止。

"一根脖拧骨":倔强,不会见风使舵的人。俗话说:江山易改,本性难移。"一根脖拧骨"的人很难改脾气。

"一个萝卜一个坑儿":多指工作岗位上领导、人员的固定配制。"萝卜"比喻人员,"坑儿"是岗位。

"一咕隆咚":囫囵,粗糙,没有头绪,多指事物。而"黑咕隆咚"则是看不清,没有前进的方向。

"一就手":又说"一就事儿",指较为简单、顺手办的事。

"一马勺坏一锅":少数人的恶劣行为影响大多数人。

"一连气儿":一口气,不中断。

"一路货":贬义词,多是与品质恶劣的人相同。

"一口吃个胖子":多指不切合实际,不顾内因与外因的条件而急于求成的人。

"一篓油":北京老人认为,人身上的脂肪就是油,所以形容特别胖的人叫"一篓油"。

"一摸黑":表面上是说全部黑暗,不见光亮,看不到方向。实际上常是用来形容一个人刚到新地方,不了解当地的情况,掌握不了行动方向和行动的门路。京剧《沙家浜》中刁德一有词:"司令,您不是本地人,不了解芦荡里的情况,咱们要是一进去,两眼'一摸黑',净等着挨黑枪了。"

"一美":自我炫耀的一种表现。讽刺语,贬义词。

"一口气上不来":人活在世上,就凭这口气,如果一口气上不来,人自然就死了。

"一晃儿":形容时间过得特别快,并不是晃动身体。但前提是间隔较长的时间。

"一脚踢不出半个屁来":形容某人迟钝,反应慢,语言极少。不管事情发展到什么程度,连半个屁都没有。

"一块堆":聚合在一起,共同,一同。

"一口价儿":旧时商号多有"言无二价,童叟无欺"的字牌。"一口价儿",就是"言无二价"的意思,价钱一经出口,便不容商量,没有讨价还价的余地。

"一骡车":骡车是旧时载重量最大、最常见的普通交通工具。"一骡车",显示多,多指语言方面。"一骡车"应与"一撂车"有关。

"一面理":"理"集中在一方,多表现在争吵和打官司时。有时"一面理"是人为造成的,如金钱、权利、人力、强词夺理等。因此"一面理"的"理"不绝对。

"一景":自认为值得炫耀的事物,在北京人口中有讽刺的意味。

"一冒儿":"冒"为"一冒头"的简说,指突然性的出现,且多只出现一次。

"一溜歪斜":走路蹒跚、困难,姿势不正常;写字歪七扭八,没在一条直线上。

"一冒头儿":同"一冒儿",旗营里的说法。

"一来二去":"一来二去"实际就是回合,过去打仗,由于兵器落后,所以出现了"一来二去"的回合,"一米二去"指的是双方刚开始交往的那段过程。

"一惊一乍":突然大声惊叫。实际上,多为自己胆小而产生的错觉。做了亏心事,也会出现这种现象。

"一机灵":突然一惊,上身抖动。与北京土语借机显示自己才能的"抖机灵"不同,"抖机灵"是贬义词。

"一会儿":时间较短,应在十分钟与半小时之间。"会"读毁(huǐ)的儿化音,典型的北京土语。

"一黑儿":傍晚,天色刚黑,有的地方叫"一擦黑""擦黑"。

"一过眼":很快的一扫,一瞥。

"一锅熬":原指菜肴,后引申到人一块受委屈、受难、受煎熬,而且时间较长,度日如年。不是东北菜"乱炖","乱炖"搭配合理,做法前后有序。

"一锅烩":与"一锅熬"一字之差,意思截然不同,多指"将事情一块办了"。

"一溜鞭光":一路畅通无阻。

"一溜胡同":夏天天热,喝凉水时,从嘴、牙齿、舌、喉咙、胸口、肚子里一条线儿的舒服感觉。北京真有"一溜胡同",在地安门至鼓楼之间路西,火神庙后,东西

向，西通什刹前海。

"一捋到底"："捋"本意是顺着主筋向下移动，除掉其附属之物，如捋榆钱儿。"一捋到底"则是形容仕途上一败涂地，削官为民。也说"一撸到底"。

"一抿子"：一件事情又引申出的另一件事。

"一脉子"：亲属之间网络关系中的一支。

"一水儿"：一律，同"一样"。

"一文不值半文"：一文钱是古时最小的货币单位，连半文都不值，形容无价值。

"一窝八代"：形容一个大家族的历史源远流长，人口众多。

"一世界"："满世界""饶世界"。到处，实际的字是"一市""一街"，因为过去的老百姓不懂得什么是"世界"。

"一通（此处读tòng）儿"：数量词，如一阵、一回或一次。

"一连通（tōng）儿"：多指三间以上相通的房屋。

"一推六二五"：遇事推诿，不承担其责任。这句北京土语的来历是，旧时珠算口诀："一退六二五"。

"一手托两家"：多指发生纠纷评理的时候，评理的人应该不偏不倚，不偏不向，公平合理。

"一时半会儿"：短时间内，具体多少，不一定，但在一小时或半小时左右。

"一送儿"：一是单数，"一送儿"只是体现在送，不是来回。这是旧时车船、运输行业的术语，指只管去、不管回的单程。

"一个娘肚子里爬出来的"：一母同胞。

"一条道走到黑"：实际是不到南墙不回头，是"到"而不是"撞"。说明人想法固执，死心眼，不活泛，只认一种方法而不会变通。

"一手活儿"：此土语是贬义词，与工作无关，是指串通一气，联合起来对付他人。

"一气儿"：连续，不间断，也叫一口气。与"一气"不同，不儿化音。"一气"当"一阵儿"讲。

"一死儿"：坚持，甚至固执，誓死不改变、不放松的意思。

"一顺儿"：形状、位置相同，同左或同右，或同一顺序，相同的事物、颜色。多指房屋与鞋、手套等。

"一顺边儿"：形状、位置相同，同左或同右，或同一顺序。多指房屋、鞋、手套等。同"一顺儿"。

"一眼不见"：如眨眼之间，形容时间之快。

"一小儿"：从小，多指儿童时期。现在多说"发小"。

"一锥子扎不出血来"：形容人反应迟钝，慢性子，近似痴呆，但又是正常人。

这句话夸张成分很大。

"一眼高，一眼低"：对事物分辨不清楚，此句有折中之态度。

"一心无二用"：旗营里说"一心不能二用"，意思是做事要专心，不能旁顾。

"一爷之孙"：同一祖父的兄弟。

"一阵儿"：在短时间内。

"一个庙里的和尚"：比喻爱好、习惯相同的人。与现代评剧《夺印》里的台词"刚走了个猴子，又来一个姓孙的"的意思基本相同。因为猴子和齐天大圣孙悟空是同一系统的。同样，一个庙里的和尚都是同一师父传授，在日常生活、学习、饮食上应相差无几。

"一溜够"是多少

反复许多遍，包括吃、看、使用等诸多方面，没有具体数字。

"溜"在这里当一行、一排和附近讲，"够"当满足讲。

一箩到底的"黑面"

旧时的白面分多种，主要以100斤麦子出多少面和过几次箩计算。过的箩次数越多，面粉越白、越精细，但数量少。北京过去有"九五粉"，就是100斤麦子出95斤面，面黑且粗糙，老百姓称之"黑面"。"一箩到底"更惨了，一般100斤麦子能出98斤面或更多。

"重箩面"的"八一粉"

反复细箩多次的面，叫"重箩面"。"重箩面"白且精细，北京人叫其"精面"，老百姓称其"富强粉"。100斤麦子出81斤面的，叫"标准粉"。此外，1960年前后，供应过一段"八五粉"，因其比标准粉白，北京人竟认为是富强粉。

寿面"一窝丝"

"一窝丝"，是北京面食中的一种。据说，是从山西传来的，类似山西拉面。十几斤面经过抡、拉、回折，再抡、拉、回折，再抡、拉、回折，最后将这十几斤面条煮熟后盘曲在一大盘内，中间供上寿桃等，称为寿面。"一窝丝"实际就是"寿面"。"丝"，表示面条细且粗细均匀。

叫"姨儿"要有儿化音

北京人家叫"姨儿"时必须儿化音，声音向上扬，显得外甥、外甥女天真可爱，也显得亲近。因为"姨儿"与自己的妈妈是一母同胞。

难躲的"异向"

笔者不知道其他地区的人是如何称呼这一行为的。即两人各骑自行车迎面而来,为了避免相撞,互相躲让,于是你右向,他左向,经过反复躲让,最后还是撞上了。有时会躲让两三次。北京人称此举动为"异向(此处读 xing,轻读)"。

"一溜歪斜"与"倚溜歪斜"

两句土语是一个意思,都是指不正、不直、不在一趟线上,多形容人走路的姿态和建筑物的质量。

徒有其名的"应名儿"

徒有其名,与实际明显不符。也指虚职而没有实权,甚至是傀儡。

当面介绍叫"引见"

北京人给当面介绍起的名字叫"引见",意思是我引导您见的新人。当然,"引见"写成"引荐"也有道理,因为有推荐的含义。

谈"硬货"

"硬货"的"硬",不是质地坚硬的意思,而是能力强、质量好、价值高。稀粥与棒子面窝头相比,窝头就是硬货,因为窝头是干粮,顶时候。金圆券与银圆相比,银圆就是硬货。因为银圆中有银,保值,而金圆券是纸币。旧时,有的地方将烟土也叫硬货,因为烟土能换货币。

"油饼"与"油饼儿"

"油饼"与"油饼儿"这两个词虽一音之差,但差别很大。"油饼",北京人认为是多加油"烙"制的家常大饼或葱花饼;"油饼儿",则是"炸"的,一般作为早点食用。

吃饺子要用"油醋"

北京有"油醋儿"一词,即"三合油"没有酱油。点几滴香油的醋,有香油星漂在上面,酸香十足,老北京人吃煮饺子时爱蘸这种油醋。

"幺娥子"

怪点子,出乎人的意料之外。但不一定是馊主意。

"刷子"有另解

北京土语里的"刷子",不是鬃刷之类的工具,而是常指人的手艺技能和形容人有办法,如"有两把刷子""有两下子"。此外,女孩子把短发扎成两束也叫"刷子"。

趣谈二十八

"本事"等于"两下子"

北京人管本领、本事、招儿、能力叫"两下子"。

"有主儿"

把有主人的东西物品,甚至是把空座位说成"有主儿"了,同时北京人管已订婚或有恋爱关系的大姑娘也称"有主儿"了。

"耳房"与"余鳃"

"耳房",指的是与正房相连的两侧的小屋,因为"耳房"像正房一左一右的耳朵。在北京四合院的建筑结构中,正北房左右耳房与东西房之间还有块空地,自成了东、西小院。可是如果在这块空地上盖了房,这房叫什么?北京的泥瓦匠给它取了一个好听的名字——"余鳃"。可能因为像鱼的鳃部。有人将鱼鳃写成"余鳃",认为这是多余的房子,因为它影响了耳房的采光,更破坏了四合院院落园林式的格局。

"雨星星"

细雨蒙蒙,飘舞空中称为"雨星星"。

值得提倡的"圆场儿"

弥补缺陷、不周到的行为,"圆场儿"值得提倡。因为,每个人办事都难免有遗漏之处。据说,"圆场儿"一词源于旧时北京天桥卖艺之人。

"月窠儿"里的孩子

"月窠儿"一词,外地人多不懂。在北京,指的是刚出生一个月内的孩子,"窠儿"当鸟窝讲。后来引申为刚出生不久的孩子。

"云山雾罩"不是山水画

虽然有山,有云彩,有雾,但"云山雾罩"不是山水画,是贬义词,形容讲话的人说话没谱,不着边际,没有任何根据的胡说。

"扎筏子"

找碴向他人发泄自己心中的憋闷之气,而其对象往往是较为软弱者。这种人欺软怕硬,有狗仗人势、欺负他人之嫌。

"砸"字多解

"砸"字,在普通话里有打、打坏、捣的含义。在北京土语里则有多种解释。如,"砸锅""砸锅卖铁""演砸了""砸瓷实""砸夯""砸牌子""砸兑""砸词儿"。

"早班"不一定是上班

北京土语里的"早班"不一定是工作性的上班,往往是早上一见面的客套话。更有地方将抢先一步叫"早班",比如后上厕所的人见坑位已满,往往对他人说,有"早班"的啊!

"长行市"与"行情"

"长行市",是生长的长(zhǎng),而不是长短的长(cháng)。"长行市",是提高自己的身价,并不是随行就市的含义。"长行市"是贬义词,讽刺性的语言。狗仗人势、飞扬跋扈、摆臭架子、摆谱、趾高气扬、端起来了等词,多与"长行市"有关。"行情",则是商业经营的情况。

"招猫递狗"

是贬义词和斥责语,形容主动与多人调笑、嬉闹。

"招老琉璃"

普通话里的"招呼",是"打招呼叫人过来"的意思。旧时,北京孩子有"招老琉璃"的动作,让"老琉璃"过来,以便捕获。"老琉璃",即较大蜻蜓老刚、老紫之类。"招老琉璃"的前提是,必须先有同类的"游子",方可称为"招"。否则,只能称为"捉"、"逮"、"抄"。

"招骂"

自愿、主动找骂。贬义词和斥责语。

"招打"

同"招骂",意为自愿、主动找打。贬义词和斥责语。

"稀稠"别解

"稠"字,在普通话里是"密"和"浓"的意思;而"稀"与"稠"相对,指浓度、密度小。但"稀稠"在北京土语里是"打骂"的意思。"稠"比"稀"有力度。"找稀的",是"找骂";而"找稠的",是"找打""找揍"。此外,"稠"与"抽"谐音。

各式各样的"针扎儿"

"针扎儿"一词,在北京土语里有多种理解。一是,存放针的布球、布板儿;二是,给他人使坏的"扎针儿"的反说;三是,北京小吃"炸灌肠"的通俗叫法。

"正手"与"左撇捩"

一般人多用右手,俗称"正手",包括车辆驾驶设备、机械的操作设备,多是为右手使用设计的。可有的人善用左手,北京人称其"左撇捩(liě)"。

"挣骂"与"抢幡儿"

"挣骂",是叱责的语言,"挣"应为为家里挣钱,可有些人却为家里人挣骂,可为一笑。而"抢幡儿"一句更损。指的是为家里老人"抢幡儿",好当孝子。说的是那些不守制度,不守纪律而急于抢先的人。"抢幡儿",属于骂其爹娘的恶语,不提倡。

"纸壳儿褙"与"纸褙壳儿"

厚的纸板儿,叫"纸壳儿""硬纸壳儿"或"纸褙壳儿"。"纸褙壳儿",如果再裱上一层纸或布,叫"纸壳儿褙"。"褙",就是将布或纸一层一层地黏上,称为"纸壳儿褙"或"布袼褙儿"。北京东城区,有裱褙胡同。

"志子"与《郑人买履》

"志子",为量长度所做的标志物。韩非子的寓言故事《郑人买履》,讲的就是"郑人"自己买鞋时,宁愿相信志子,却不相信自己的脚的故事。

"桄线""撑线"与"轴线"

"桄(guàng)"字,既是量词,还是一种绕线的工具。有市民买线以"桄"计算,每"桄"用双手撑开后,再在线板儿上缠绕或绕成球状。其过程需一人"撑线",一人"缠绕",因此"撑线"是动作。

"轴线",是新名词,是机器做成的缠绕在轴上的线。

趣谈二十九

大人、小孩"抓挠儿"各有不同

"抓挠儿(náor)",是人手指弯曲、展开再弯曲、再展开的连续动作。大人、小孩"抓挠儿"各有不同。小孩"抓挠儿",是锻炼指力,是进步;而大人"抓挠儿",则是遇到困难,着急的样子。

谈"拽"与"跩"

"拽"与"跩",各有不同。"拽"(zhuài),说的是用手拉,所以是提手旁,多为动词。"拽(zhuāi)子",是指一只胳膊不能伸直的人,有侮辱性。"拽(chuāi)咧子",是不指名的谩骂,有扔出的感觉。"跩(zhuāi)闲话"当恶劣挑衅讲。"拽(zhuāi)包儿",是小孩游戏之一,当"砍"讲。往墙上拽(chuāi)泥当"粘贴"讲。

而"跩(zhuǎi)"说的是脚,所以是足字旁,读第三声。"跩儿跩儿的"是形容胖人走路左右摇摆吃力的样子。"跩文",指谈话之中出现文言文的语句,以表现自己知识广泛。"跩窝",是路面有多处凸凹不平的凹处。

闪避躲窥与"转影壁"

影壁,多在门的对面或一进门处,为木制或砖砌。前后相隔看不到人,影壁实际起障碍作用。北京人管故意不与对方见面而闪避,叫"转影壁"。

谈"装孙子"

北京人骂人的粗野语言,始于"装蒜",又恶于"装蒜"。

特大号的针叫"锥梃子"

北京人管特大号的针,叫"锥梃子"。"锥梃子",安着木把儿,主要是纳鞋底子用。"锥梃子",也有针鼻儿,是在"锥梃子"的前部,鼻为一开口,为的是把较粗的线绳从开口带过来。

"滋"字趣事

"滋"在普通话里是生长和得到好处的意思,雨露"滋润"禾苗壮嘛。北京土语里,"滋"的含义更加丰富多彩。

"滋尿":小孩撒尿,看谁有力、用力,撒得远或高。

"滋水":从小孔里出水。

"滋火":主灶孔眼儿旁的小灶眼,因斜通炉腔,属于从属的位置,故火力不十分足。但是可以充分利用能源,是坐壶、热水的好办法。

"滋芽":植物幼芽刚刚出土,也包括水中浸泡的种子、豆类刚刚发芽。

"滋泥":即渍泥,但读平声。

"滋嘴儿":花朵刚张开,或泡豆刚出芽儿那短短的一刻。

"滋事":主动挑起是非,挑起事端,挑衅。

雨露"滋润"禾苗壮

"文革"期间有一首歌叫《大海航行靠舵手》,歌词有"雨露'滋润'禾苗壮,干革命靠的是毛泽东思想"。这里面的"滋润"是给养、营养的意思。然北京土语里的"滋润",是舒服、享受,主要表现在休息和吃喝上。

常自开的门窗称为"走扇"

北京人管木器家具因长年使用而造成的榫子松弛或木板儿变形,叫"走迹(此处读 ji,轻读)"。可是,有些门窗因安装不当,造成重心偏外或轴与合叶松动,门窗会自动开启,北京人管这种现象叫"走扇",因为门窗的量词为"扇"。

死胡同不可"钻"

北京人管只有一个出入口的胡同叫"死胡同"。而"钻死胡同儿"的意思,往往是提醒他人思维多活动活动,不要"钻死胡同儿"。北京土语里有类似的话,"别钻牛角尖儿"。

谈多音的"钻"

"钻"是多音字,如"钻研""钻山洞""钻营"等,"钻"字读(zuān)。"钻床""电钻""钻戒"等,"钻"字读(zuàn)。在北京土语里,有的词里的"钻"读 zuǎn。如,脚上的袜子"钻"了个窟窿;再如,给这块木板儿"钻"个眼。

从"嘴急"说规矩

在就餐时,因不能久等而先吃者,往往会说,我们"嘴急"先吃了,这是客气话,是礼貌的规矩。实际上晚来者应自省,检查自己为什么迟到,首先要做检查、道歉。

狗、猫下巴叫"嘴盔子"

北京老人管狗、猫的下巴叫"嘴盔子",源于狗、猫把下巴搁在门槛上眯睡,此动作叫"嘴盔子"。

谈"嘴"

普通话的含义为口和说话。

北京土语里"嘴"有多重含义

"嘴八卦":胡侃,说得天花乱坠,结果什么都不行。

"嘴把式":只会耍嘴皮子,没有真本事。天桥有行话:"光说不练嘴把式,光练不说傻把式,又说又练真把式。"

"嘴岔儿":嘴角,"大嘴岔儿"指的是蛤蟆。

"嘴乖":指小孩听大人的话,顺着大人说温顺的话,得到大人的喜爱和夸奖。

"嘴敞":想到什么,看到什么,心里有什么,都爱主动说出来;爱聊,而且说话没有把门的、不检点,存不住话。

"嘴欠":说话不检点,使听者不高兴,招人讨厌,自己主动找批评,甚至找骂。

"嘴挑着":花言巧语,靠嘴来应付。北京有歇后语,狗掀帘子——嘴挑着(嘴支着)。

"嘴支着":同"嘴挑着",东、西城的不同说法。

"嘴碎":说话过多,爱叨唠,让人感到厌烦。

"嘴头子":指嘴和说话的能力强。

"嘴硬":有错不认错,强词夺理,甚至胡搅蛮缠。

"嘴横":同嘴硬。

"嘴脏":嘴上常常带出骂人的话,屡教不改,成为习惯。

谈"嘬"

说到"嘬",想起了侯宝林的相声。1958年,中央广播说唱团到大兴红星农场劳动,离开时有一场演出。侯宝林、郭启儒二位即兴表演。表演中念了一首诗:

"奶牛场里牛奶多,又是挤来又是捋,

又挤又捋多费事,不如趴着用嘴嘬。"众人大笑。

其实,北京土语里带"㧟"的词语很多。

"㧟":一是形状,指器物的口儿成收缩状;二是动词,指两腮向内凹陷。

"㧟瘪子":受斥责面子上极不好看。

"㧟奶":婴儿吃奶的动作。

"㧟不住粪":主动张扬、炫耀自己的隐私,将不应该说的事说了出去,存不住话和事。

"㧟口儿":器物的口儿呈收缩状。如裤口儿、条篓口、瓶子口儿等。

"㧟腮帮子":脸颊长,向内凹陷。

"㧟火":收缩状的拔火罐,多指涮羊肉的铜拔火罐。

"㧟死":主动找死,斥责语。

谈"坐"

"坐"字,在普通话中为动词,如坐车、坐船、坐飞机等。有关"坐"的北京土语挺多。

"坐科":"科班"是旧时京剧科班招收小学员的制度,"坐科"是在科内学习,三年后"出科",就是毕业,可以登台正式演出。

"坐水":将锅、壶或其他容器放在炉火上,准备烧开水。

"坐更儿(jīng r)":值夜班。旧时,北京人将夜间分为五更。坐更时,不应躺卧,但与巡逻走动有区别。

"坐根儿":最初,根本。

"坐窝":同"坐根儿"。

"坐墩儿":人向后跌倒,屁股先着地。

"坐壶":将壶放在炉火上,准备烧开水。

"坐锅":将锅放在炉火上,准备蒸煮食物,烧开水。

"坐蜡":为难和代人受过。

"坐地":一是当"本来"、"原来"讲;二是当"当时""立刻"、"马上"讲。

"坐跟":鞋略大,脚习惯往后窜。跟,为轻读。

"坐月子":孕妇生完小孩的一个月的时间里,应为产妇休息、恢复身体的阶段。

"包厨"与"勺子会"

旧时北京,承包喜庆宴会、婚丧嫁娶酒席的专业者,叫"包厨"。"包厨",承包酒席所需的人工、材料、灶具、碗筷、采买等。由于这些人员多为流动人员,所以厨师的手艺不一定好,但这些厨师见过世面,应变能力强,什么都能应付,一把勺子吃遍四九城。吃这碗饭的人,人们称为"勺子会"。

"包车"与"黄包车"

北京最初的出租车因都是黄色,故称"黄面的"。旧时,上海等地的人力车均为黄罩棚,故称"黄包车"。而定期专用的人力车,叫"包车"。"包车"以"包月车"居多,其车型美观、干净、八成新以上,关键在于车夫身体好,能跑,并且熟悉北京四九城的大街小巷。老舍先生笔下的骆驼祥子,就是"包车"车夫。

剧院、茶园和"戏馆子"

旧时,北京老人管剧场、剧院叫"戏馆子",因为剧场、剧院有屋顶,而且可以喝茶,犹如茶馆。个别的剧院以茶座为主,也称"茶园"。

"车份"一词又重生

老舍剧作《骆驼祥子》里,有"车份"一词。"车份",是旧时车厂子每天向来租赁车的拉车人收的租车钱,"车份"按所租车辆的新旧所定。现在"车份"一词又重生,截至2012年,以北京出租车为例,歇人不歇马,两班倒,"车份"每月6000元。也就是说,您一睁眼就欠人家200元,刮风下雨您也得出去跑车。

假币比"潮银子"还厉害

旧时,市面上有"潮银子"一说,就是将银子熔化后掺进其他金属。这样的白银成色差,价值酌减。但"潮银子"终归还是银子,还有一定价值。现在冒出的假币,比"潮银子"厉害,只是薄纸一张,连收藏价值都没有。

"出科"与"出师"

"出科",是旧时京剧科班招收小学员的制度,"坐科"前文已提到过,是在科内学习,三年后"出科",也就是毕业,可以登台正式演出。"出师"的含义比较广泛,工厂、商店三年内叫学徒,三年后叫"出师",成为正式工作人员。与"出师"相比,"出科"比"出师"严厉得多、受的罪也更多。

"北漂"与"串房檐儿"

"北漂",是今天的新词,指在北京无固定住所和固定工作的外地来京人员。旧时,北京人中无房产者,只能租房子住,随时被房东撵走而经常搬家。北京人管无固定住所而租房住的状况叫"串房檐儿"。

"春凳"与"懒凳"

"春凳"就叫"懒凳",是旧时大户人家放在广亮大门门道内的长凳子。"春凳",长且矮,腿粗,可供两三人坐,多为乌黑色,边缘处为红色,是大户人家给来访客人的随从、仆人暂时休息歇脚用的。

"碎催"与"催巴儿"

旧时,什么零活、碎事都干,什么专职事务、名分也没有,甚至给他人办的事打补丁、擦屁股的下等人叫"碎催"。"催巴儿",则是为主人东忙西跑的办事奴才和下人。比较起来,"催巴儿"比"碎催"文明一些,"碎催"有狗仗人势的意思。

趣谈三十

"褡裢"四解

"褡裢"有四种解释。一是北京摔跤人穿的专业运动服,多层布缝制;二是类似书包的布袋子,主要是商人用;三是指南方妇女留的一种发髻,旗人称"苏州橛";四是北京的一种小吃,叫"褡裢火烧",薄面做皮,内夹肉馅,烹饪手法如锅贴儿或馅饼,放在铛上,用油水煎炸,形状是长方形。

"地势"与"搭街坊"

旧时,北京的穷苦人家多租房住,由于老年间多是平房,因此在租房上,"地势"与"搭街坊"这两点十分重要。"地势",指的是环境,风水,学名"堪舆"。如附近有坟地、停灵的庙宇多不好。此外,"搭街坊"更为重要。俗话"远亲不如近邻,近邻不如对门。"说明好街坊的重要性。现在可好,高楼林立,楼上楼下"老死不相往来",连对门姓什么都不知道。更有甚者,连对门的东西都偷,对门忘记拔下钥匙,结果女人望风,男人进屋一顿"概搂",连孩子的压岁钱都卷,最后案子闹到了法院。看来现在的"兔子也吃窝边草",甚至"爱吃窝边草"。《故事会》合订本2011版第2集16页,有这样一段话:"有个老太太在门口的花盆里放了一把备用钥匙,没想到被邻居知道了。后来,邻居居然拿了钥匙,屡次潜入老人家里,盗走财物无数。"

睡不着觉叫"打更"

旧时,北京人将夜里至天亮分为五个更次,并设报时人在街巷里敲梆子报时兼治安巡逻。所以,北京人管长时间反复翻身、睡不着觉叫"打更(jīng)"。

拉"洋车"与"打天秤"

"洋车",是从日本传过来的人力车,叫东洋车,简称"洋车";而"打天秤",与

"洋车"有直接关系。"打天秤"即车夫没有掌握好车把、车轮及顾客重量的平衡,车身向后翻,车把高高扬起,把顾客摔得仰面朝天。"打天秤"原则上是车夫的责任事故。1948年,有过这样的事情:车夫在拉醉鬼洋人从崇文门内到苏州胡同妓院的过程中,经过旷野荒郊的泡子河时,车夫突然将车把高高扬起,将洋人痛打,然后抢劫逃跑。

"大八件"与"蒲包"

旧时,北京平民送礼多为装着"大八件"的"蒲包"。"大八件",为枣花儿、点子酥、核桃酥、到口酥、缸炉儿、银锭、玫瑰饼、状元饼。相对来说,还有小八件,内容一样,只是块小。"蒲包"是柳条枝、蒲叶编的礼品提篮,红纸盖面。

北京城与"大城里"

旧时,北京郊区的农户管北京城叫"大城里的",究其原因,与近郊区的大城镇有关,如东坝镇、沙河镇、良乡县城、顺义县城、通县县城等有城墙的地方有关,主要是相对而言。再有,北京城内有紫禁城,是皇上待的地方,自然北京城就是"大城里了"。

道边的"大路棚子"

旧时,道边上往往有"大路棚子"作为临时性饭摊。"大路棚子"是为了方便最普通的劳动者,其做法是用一根杉篙顶起一大块遮阳布,布的四角用绳子连在旁边的树干上,状如方伞,伞下有炉灶和几个板凳儿。小老板做一些简单的饭菜,如炒饼、面条、馄饨等,茶饭简单,价格便宜。现在仍有道边的"大路棚子",地点在机场老路两边的树林里,吃者多是开出租车的。

"大头和尚度柳翠"

逢年过节,单位都要组织自编的文艺节目演出或游戏。其中,大头娃娃简单易行。大头娃娃是一种特殊的面具,用纸壳制成,外用油彩画成娃娃脸,表演时往脑袋上一套,其动作招人喜爱。其实,大头娃娃来自古代传说"大头和尚度柳翠"的故事,讲的是"含笑僧人度化平民女子柳翠儿"的故事。

"大云鞋"与"洒鞋"

旧时,"大云鞋"是一种高档的鞋,鞋面上绣嵌云头花样,青年男子多穿此鞋,显得文雅。"洒鞋"原本是高层次校场习武之人或摔跤、练武术的人所穿,鞋面上有两条鞍,故又叫"双脸鞋"。后来,蹬三轮车的、赶大车的,甚至街头巷尾的小混混也以穿"洒鞋"而自豪,但质地、材料、工艺、价格、样式均与以前的"洒鞋"相差

甚远。

"当家的"

旧时,北京的普通妇女管自己的丈夫叫"当家的"。因为,旧时妇女没地位,男人说了算,男人主事,男人当家。除此之外,女人还把自己的男人称呼为"孩子他爸""一号"。有文化的家庭则称"先生"。

男女之间的"倒贴儿"

旧时,北京有"倒贴儿"一词,由于当时年纪小,不懂含义。稍大方知,这是成年男女之间的事。本来男方应该养活女方,因为旧时女人多无工作。如果出现女方出钱养活男方,就形成了"倒贴儿"。现在出现这种现象管男方叫"吃软饭的"。

"怯铛铛"

"怯铛铛(diáng diáng,'怯铛铛'有音无字,'铛'为'diáng'的替代字)"指外地口音或"外行"。外地口音多指京东一带,北京有"怯唐山"一说。北京的评戏就以京东的人和事为主。

可怕的"断顿儿"

"断顿儿",就是不能按时连续吃上饭。旧时,因为平民百姓多没有固定的工作和固定的收入,所以,"断顿儿"是常有的事。"断顿儿"太可怕了,因为意味着饿肚子。所以,"断顿儿"成了饿肚子的代名词。现在,为减肥而不吃饭不叫"断顿儿"。

切忌"蹲膘"

"蹲膘",有写成"墩膘"的,音同字不同,但意思是一样的,都是指人吃得好,以致肥胖。其主要原因是不爱劳动,甚至不爱活动。此话,是讽刺胖且不爱劳动的人。

"串门"别在"饭口"时

旧时,老北京人多住四合院、小院、大杂院。所以,"串门"很方便,有经常"串门"的"专业户",犹以冬天为甚。外面冰天雪地,屋里炉火通红,水壶蒸汽,茶叶飘香,嘴上天南海北,"张家长,李家短,仨蛤蟆,五个眼",一顿神侃,别有一番趣味。不过,北京人忌讳在"饭口"时"串门",原因是双方都不方便。因为北京人说的"饭口",是指做饭和吃饭的时间段,忙,没工夫搭理您。而"串门"者也不讲究,三天两头去蹭饭吃,所以北京老人常说:"串门"别在"饭口"时。

"放屁崩坑儿"与"撒尿和泥"

这是北京土语里最有趣味的了。旧时,小孩子没的玩,就玩"放屁崩坑儿""撒尿和泥",今天看来太脏了。"撒尿和泥"好理解,弄点黄土,堆成盆地状,往坑内撒尿,然后捏成各种泥玩意。"放屁崩坑儿"则是用旧烟盒盛些浮土撒于地上,放屁时蹲其上,看谁的屁声音大、力量大,看谁的屁崩的坑儿深且大。那时候,窝头就凉水,整天放屁。老舍先生笔下《骆驼祥子》中的刘四就是从小"放屁崩坑儿"与"撒尿和泥"的人。

"四不像"与"海子鹿"

"四不像",就是北京人说的"海子鹿"。"海子鹿"生活在京南南苑的南海子。为了供清代皇帝射猎,专门在南海子里驯养了大批麋鹿,由于已驯熟,所以不怕人,经常静立不动。后来,将静立不动,反应略痴呆的人叫"海子鹿"。"海子鹿"的头似马非马,蹄似牛非牛,角似鹿非鹿,身似驴非驴,故名"四不像"。

"盒子菜"的改进

旧时,北京人家招待客人常到盒子铺定"盒子菜"。"盒子菜",就是铺子里的伙计将酱肘子、香肠、小肚儿、熏鸡丝、炉肉等装在一多格的食盒里,送到客人家中。"盒子菜"多为下酒菜或卷饼吃。现在,"盒子菜"改进了,改成多格盒饭了,自然失去了"盒子菜"的意义,应该叫"盒子饭"。

"汤封"与"茶封"

"汤封"又叫"喜寿封",是旧时办喜寿活动的主人赏给厨子和本家仆人的钱。"茶封",是中国茶业销售的一大发明,即在压制茶砖、茶饼时,同时压进的"扉子"(和现在某些商品包装内置的合格证书类似),"扉子"时隐时现,以普洱茶饼"茶封"较为有名。就像集邮一样,今人多有收集"茶封"者,老"茶封"价值不菲。

"黑枣儿"两种

"黑枣儿",一是一种山树生长的小黑果实,状如羊屎球儿;二是指旧时枪毙犯人用的枪子(子弹)。

"前檐炕"与"后檐炕"

靠近窗户的炕叫"前檐炕",靠近后墙的叫"后檐炕"。不同朝向的房屋"前檐炕"与"后檐炕"的位置不同,但与院落的中心有些关系。

谈"花"

"花样儿":多指刺绣、扎花用的样子。"花样儿",在这里是名词,与"花样滑冰""花样游泳"等形容词无关。

"花儿厂子":培育、养殖鲜花的地方,后来包括了门市。旧时"花儿厂子"以花市、隆福寺街、护国寺街为多。

"花把式":有栽培花木技艺的专业者。在南城认为表演不实在的竞技动作,也叫"花把式(式)"。

"花儿匠":本指有栽培花木技艺的专业者,后来引申为喜欢钻营男女之事的好色之徒。褒义词变成了贬义词。

"花盆炉子":旧时北京人家冬季较为固定的煤球炉子的一种,状似两花盆口对口扣在一起。

"花子":旧时,即南城说的乞丐、要饭的。北城说是"叫花子"。随着年龄的变化,则有大、小"叫花子"之分。"拍花的"则是拐卖儿童的坏人。

"花洞子":旧时冬季养花、种植蔬菜的矮小、简陋的温室。向阳一面,多用报纸糊成。京城以丰台黄土岗村居多。

"花界":旧时,取得政府批准的妓女行业。

"花糕":旧时,九月初九重阳节的太阳糕。"花糕",始于东汉时费长房饮酒吃糕的典故。

"花案":旧时官衙审理的有关男女关系的案子。

"花盆底儿鞋":清代满族妇女穿的一种厚底儿鞋。鞋底中部的突出部分,略似花盆扣着的形状。旗人是大脚,穿"花盆底儿鞋"能让腰挺直,行走起来很漂亮。

"花事":多指乱搞男女关系的事。

"活人妻"

旧时,"活人妻"是被丈夫抛弃的女人,丈夫还活着,自己却成了寡妇。关键是旧时女人在社会上没地位,改嫁有多重阻碍。

抽烟用的"灰槽子"

旧时,北京成年人多抽烟,请记住是"抽"而不是"吸"。大家坐在炕上抽烟,中间放一木盒子,木盒子中间立一木方子,方便磕烟锅里的烟灰。北京人管这玩意叫"灰槽子"。"灰槽子"还可以当痰盂和垃圾盒用,所以要经常在盒子里放新炉灰。

趣谈三十一

今日没人再"忌门"

"忌",禁忌、禁戒、忌讳。旧时北京有"忌门"的旧风俗、旧习惯。就是在农历正月初一到初五之间不许女人串门,认为女人会带来不吉利,这是歧视妇女的表现。新中国成立后,人们不再迷信,今日没人再提"忌门"了。

"捡沟货的"

旧时,北京街面上没有暗沟和下水道,排水依仗路旁两侧露天的沟。沟里往往有破破烂烂的东西,穷苦人家多到沟里捡拾尚且有用的物品自用或转卖,以维持生计。

"将军不下马"

北京一种使用很广的锁,这种锁的特点是钥匙只有在锁上锁时,才能拔下来,防止老年人把钥匙遗忘在上了锁的屋里。现在这种锁不足为奇。但是,在"将军不下马"刚进市面时,十分轰动,甚至脱销。"将军不下马"就是将军是钥匙,锁头是马,战斗不结束,将军就不离开战马。

内外城门称呼不同

北京城的城门,有"里九外七皇城四"之说。但内外城门的读法不同。内城九门,是先建的城门,与瓮城匹配,高大辉煌,所以不得读儿化音。反之,外城门是后建,较内城门小得多,读音多可儿化。如,沙窝门儿、礓磜门儿、南西门儿。

现在还有"叫菜"一说

到饭馆里订菜,并请服务员送到家中叫"叫菜"。"叫菜"现在还有,一般"叫菜"的人家多在饭馆、饭店附近。

"接骨匠"与"捏骨匠"

北京老人管民间的中医正骨大夫叫"接骨匠",源于"脱臼"这一伤病。小孩骨头软,易脱臼,他人往往误为胳膊断了。中医正骨大夫,只要轻巧复位,小孩胳膊就会活动自如,于是"断"了的骨头就算接上了。旧时,北城德内果子市接骨师刘术奇、刘炳宏医术极高,世传七代。

"送菜"与"敬菜"

小品《不差钱》里,有让饭店送客人一个免费菜的台词。其实,这个要求不过分。过去北京较大的饭馆都有送的菜,而且不止一个。不过这叫"敬菜"。"敬菜"有几个特点,一是这菜是"敬"客人的,"送"则不礼貌,有打发宾客之嫌;二是不收费;三是费用成本不高;四是体现本店的特色。其实"敬菜"早已包括在收的钱里头了。反之,当店家表示如此敬意时,您不能不表示,那就是多给小费。

酒缸实际是"酒桌"

北京旧时的街头巷尾胡同口多有酒铺,由于面积小,大酒缸往往埋入地下二分之一,露在地面上的部分放个厚木缸盖即成酒桌。加上一些简单的小菜,倒也十分热闹。更多的酒友在酒缸旁借此机会休息、聊天、会友侃大山,消磨时间。

"扛大个的"与搬运工

"扛大个的"是搬运工中的一种,用肩膀搬运体积大、重量沉的物品,是重体力劳动者。

北京人忌讳说"上床"

北京人忌讳说的"上床",并不是像现在指的是男女之间不正当的性行为。北京人忌讳说"上床"的原因是只有人死了,才能"上床"。"上床"是北京人的丧仪程序之一,床是临时放尸体的板。

说"炕"

"炕"是北方用砖、坯等砌成的睡觉的台,一侧有锅灶,连通烟筒,冬季既可做饭又可以取暖,一举两得。南方居室不多见。

"炕笤帚":一种高粱穗做的小笤帚,短把,专门用来扫炕、扫米面粮食。

"炕席":砖土炕必须铺的芦苇席。北京人在其上面再铺炕褥子、毯子、褥子、被子。

"炕面子":一尺见方的方砖,面积较大,铺在炕上,平整,不易塌陷。此外,"炕面子"多用来铺四合院内的十字甬路。

"炕沿儿"：炕前面为炕帮，最上边靠外边的是一块6厘米×5厘米的木方子做的原木色边椽，一是干净光滑，二是耐磨，可长久使用。

"炕箱"：在炕上放衣物的木箱，多为上部掀盖，前脸开门的，叫炕橱。

"炕头儿"：炕最靠近门首的位置，是尊贵客人坐的地方。平常是家庭中辈分高、年纪大的长者坐。

"炕桌"：一种在炕上使用的矮桌子，在地面上也可使用，坐者用小板凳。

"假炕"：终日没有缘由地在炕上躺卧，是"懒"的表现。

"炕围子"：自炕沿儿垂下来的布，颜色漂亮，花样美观，目的是遮住炕帮下部。这是讲究人家对炕的装饰。

"炕褥子"：紧贴在炕席上的褥子，褥子大且厚，一般如炕的大小。长期铺置，每日不叠，白天上面另有炕单子。

"炕头儿货"：是侮辱家庭妇女的语言。

"炕琴"：即形似演奏古筝、瑶琴的琴桌，腿短，总放在炕的一边。"炕琴"窄长，多有四个小抽屉，"炕琴"上面多摆放古玩、盆景、季节花草。"炕琴"材料多名贵，硬木居多。

"炕洞"：北方的砖土炕内是空的，有弯弯曲曲的烟道。冬季为取暖，在炕前砌有"炕洞"，可放装小轮的"炕炉子"推进"炕洞"。

"炕炉子"：北京冬天冷，又是土炕，为了炕热一些，于是出现了装小轮的"炕炉子"，以便推进"炕洞取暖。"

女人姘居叫"靠人"

北京人管妇女不正当地与男人姘居叫"靠人"。"姘"的意思是非夫妻而同居。

微辣爽口的"辣菜"

北京旧时有一种小菜，味道很好，至今难忘。把蔓菁（mánjīng）和萝卜擦成丝，加热水，放入坛内，乘热气封口。闷几天后，捞出即可食用。由于这种小菜味道微辣爽口，北京人称"辣菜"。此小菜多在春节前后自制。

"老货摊子"与古玩市场

"老货摊子"，即今天的古玩市场。因旧时"老货摊子"上的瓷器、古玩、玉器等多为年代久远的老货，价格昂贵，更因为假货极多，多有上当者，故又称"老虎摊子"，意喻为如老虎吃人一般。

九旬仙逝称"老喜丧"

人死了,家人、亲友,甚至街坊都悲哀,跟着哭。北京民俗里也有人死后不哭的。当死者年过90岁后,人们认为过九旬是仙逝,所以称为"老喜丧",就连和尚念的经都是喜乐或民间小曲。

"老会"多解

"老会",是旧时在迷信思想驱动下的民间自发的群众团体。"老会",以京西妙峰山朝山进香的行业组织居多,且有相当大的社会影响力,属慈善义务性质。"老会"五花八门,有馒头老会、清茶老会、缝绽老会、舍粥老会等。而现在有恶劣的传销组织,出现了许多骗人、蒙人、坑人的老会。笔者,曾被一纯净水"老会"骗过。

老妈子与老妈儿

旧时,"老妈子"指的是年纪大的女仆,而儿化音的"老妈儿"不一定老,同样指女仆,但也包括年轻女性。侯宝林相声里有"小老妈儿在上房打扫尘土"一句。

"两头大"与"包二奶"

旧时,男人稍有点钱就"生事",有的有妇之夫,又在外面置一新家,再娶一妻。两妻分为两处,均明媒正娶,均为女主人,均称"正室",均称"大奶奶",但称为"内家"和"外家",这种情况叫"两头大"。这与今天的"包二奶"有别,最大的不同是两个老婆彼此不打架,不争风吃醋,各过各的。

"俩饱一倒,舒服不得了"

这是旧时老北京人的俏皮话。"俩饱"指的是两顿饱饭。"一倒"是晚上夜里的一宿觉。

佛事斋后要"遛斋"

这是佛家的术语。北京人家的老人去世后,往往会请和尚念经超度。僧众们为丧家做完佛事,吃完素斋后,会在周围散步、遛弯,回来继续念经。僧众称散步、遛弯为"遛斋"。

北京城墙的"马道"

北京旧时的城墙十分高大,那么守城的军士和车马怎么上去呢?原来,北京城墙城门楼子左右的内侧有牵马上城墙的斜坡道路,官名"马道",但"马道"有一定的数量和位置。《北京历史地图集》中标出：除各城门两侧外,北内城墙的新街口大七条、大铜井,旧鼓楼大街北,雍和宫后身;东内城墙的豆须胡同东,大雅宝胡同东口,观象台内;南内城墙的泡子河西南,洪昌胡同南,南水关;午炮台,新华街南,象来街南;西内城墙的西养马营西,官园西等处,均有"马道"。

"路祭棚"与妙峰山"香道茶棚"

旧时极讲排场的人家死了人,在家至坟地的路上,逢大路口必设"路祭棚"。棚是用芦席临时搭成,棚内正中设灵位、祭品桌、香炉、蜡扦、拜垫。棺材抬至此,要停下,祭拜完再走。"路祭棚",一是排场,二是死魂再回来有"路祭棚"沿途接待。妙峰山有"香道茶棚"数十座,棚内正中设碧霞元君娘娘位,同样有祭品桌、香炉、蜡扦、拜垫。凡拜者,均可免费喝茶、粥,甚至可以吃到大白馒头。

趣谈三十二

讲究"买卖不成仁义在"

这是北京市场买卖人说的俗语。意思是双方因价格、数量、质量产生分歧未能成交时,不应该影响双方之间的和气。

"卖呆"还是"卖单"

专指旧时妇女闲来无事,一个人孤单的、痴呆呆站在门口看着过往的人群。有人将"卖呆"写成"卖单",是旗、汉说法不同。无论是"卖呆"还是"卖单",只要不"卖春"就好,北京人认为"卖春"是"卖淫",妇女依门口看过往的人有暗娼之嫌。

"煤黑子"

旧时煤矿主对挖煤工人的叫法,有侮辱性。北京个别平民对制煤球、送煤的工人也叫"煤黑子"。但大多数的居民多叫"送煤的师傅"或"摇煤球的师傅"。

"门房"与传达室

旧时,有钱的人家在门道里多设"门房",房间极小,是供仆人居住和值班的地方。职责是及时向主人传达信息、代接礼品和信件。其实,就是我们今天的传达室。

"毛女"回门——不好介,什么意思?

"毛女",指的是处女,大姑娘。旧时,女孩子出嫁要开脸,就是用丝线将额头、鬓角处的细毛发绞去,以同处女相区别。大姑娘嫁出去了,是处女,等再回娘家,还是大姑娘,还是处女,意味着不好、不吉利。

谈"门脸儿"

"门脸儿",在北京土语里有三讲。一是,北京旧时城门外方圆数十米,离城门不远的范围内。拉洋车和做买卖的常说。二是,临街做买卖的房屋。三是,唱戏的演员说的面容。

门房的小费——"门包儿"

旧时,门房里的仆人也收小费。不付小费的人,轻者让您多候时间,让您急得似火上房;重者根本不回,谎称主人不在家。俗语说得好:"阎王爷好见,小鬼儿难缠"。有些主人的名声就坏在这些小人手里。于是出现了"门包儿"一词。下级见上级,需给门房送"门包儿"。碰见狗戾的奴才,平级见平级也得送"门包儿"。"门包儿",是门房高额的小费。

"我那口子"与"屋里的"

"我那口子",是旧时北京女人向他人说自己丈夫或男人向他人说自己的妻子的通用词,男女皆可以。而"屋里的"则多是男人说自己的媳妇,更有自豪感的是男人说的"那口子",记住,没有"我"字。

"牛眼"酒杯

多指如牛眼大的酒杯,也是容量最小的酒杯。

"拉皮条"旧时叫什么

旧时,北京人管联系卖淫的,联系促成男女之间不正当暧昧关系的中间人,叫"拉皮条"的。也叫"皮条纤",文词叫"皮条客"。

"堂倌"就是"跑堂的"

当官不一定地位高,书本上的"堂倌"就是旧时北京人称的"店小二""跑堂的"。"跑堂的",就是饭馆里端盘子、送菜的服务员。

"棚匠"与朋奖胡同

旧时,北京四合院里的人家,在办喜事、丧事、节日团聚时,爱在院内搭大棚。大棚有芦席棚和布棚两种。此外,夏天有钱人家也会搭纳凉的天棚。从事这类工作的,叫"棚匠"。北京西城有朋奖胡同,即是由"棚匠"的谐音而得名的胡同。

"街门""屏门""垂花门"

北京讲究的四合院有三道门。"街门",即临街的大门。进大门后,与影壁墙

之间有一方块空地。方向一转,即是"屏门"。进"屏门",为前院或外院。"屏门",多为门板四块,平日只开两扇,而且"屏门"有花瓶形状、月亮形状。"垂花门",是外院与内院之间的门,有起脊的门楼,有悬空的垂花。"垂花门"的面积,是一间屋子大小。"垂花门",就是老人常说的小姐"大门不出,二门不迈"的二门。

谈"蒲包"

旧时的礼品多为食物,食物放在用蒲草编成的荷叶大小的蒲片上,内置食物,兜起成四角状,用麻绳捆好,上面再用红纸广告签覆盖,上有商家字号、地址、电话、经销项目等。"蒲包"和点心匣子是双胞胎,往往送礼是一样一个。

侯宝林与"气死风"

旧时,北京城里没有这么美丽,没有这么多的路灯。没路灯,那行人夜间出行怎么办?打灯笼。故宫里使宫灯,有钱的人家使玻璃灯,贫苦人家则用简易灯笼。简易灯笼又名"气死风",是一种油纸糊的圆筒形灯笼,内立蜡烛,因上面口小,不易被风吹灭,所以老百姓管这种灯叫"气死风"。侯宝林先生《夜行记》里有"一手扶把,一手提了纸灯笼"的词。

"钱儿肉"与"钱油"

旧时,驴的全身无处不被食用,包括生殖器,今呼"驴鞭"。其中驴的生殖器切成片后,如钱形,称"钱儿肉"。"钱油"则是嘲讽那些过于精打细算的人。过于节约的人,在炒菜时用线系一铜钱在油罐内蘸几下,再把"铜钱"上的那点油滴到锅里,就可炒菜了,故得名"钱油"。

"请长假"就是辞职

"请假",要有具体的日期、时间的长短。如果说是"请长假",那就是辞职。这样对单位和个人在脸面上都过得去。

"老婆、孩子、热炕头儿"

旧时,成年男人生活的目标是"老婆、孩子、热炕头儿",先有老婆,再有孩子,有稳定、温暖的家庭。凭自己的劳动,不多事,不贪事,老老实实地做人。

"人市儿"今天还存在

旧时,有手艺的普通劳动工人,没有固定的工作地点,须每天找临时工作,以养家糊口。早上,他们会到固定的地点去等待主顾。这个经常聚集找工作的地方,叫"人市儿"。"人市儿",今天还存在,多在城乡结合部的繁华路口处。今天最惹人关注的"人市儿",是北三环路北京电影制片厂门口。

也谈"生意"

"生意",本是商人之间的买卖。但在特定的情况下,买卖中的作弊现象,如欺骗作伪也称生意。

"捎马子"与"褡裢"

"捎马子"与"褡裢"大同小异,都是一种携带方便的多口口袋。"捎马子"与"褡裢"的中腰部分,扛在肩上,其前后两头耷拉在前胸和后背,形成多个口袋。"捎马子",读"哨马子"。

"好肥的骡子,好热的车"

不要以为是说大骡马车。说的是,由屎壳郎拉的秫秸秆儿做的儿童玩具车。"好肥的骡子",说的是屎壳郎。

侯宝林与"手巾把儿"

扔手巾把儿,是旧时戏园子里工作人员的绝技。旧时,戏园子里服务周全,其中有为顾客递热毛巾的传统。数条热毛巾拧在一起,叫"手巾把儿"。热毛巾茶炉在戏园子一隅,要服务偌大剧场里的众多观众,又不允许请观众传递,于是出现了扔"手巾把儿"的动作。扔"手巾把儿"的动作,是由一人将数条热毛巾拧在一起,从茶炉处向对角的另一人投去,这束热毛巾在数百计的观众头上飞过,惊险刺激。无论投者还是接者,都技术精湛,手法娴熟,投者准确,接者从容,堪为京城戏园子一景。

内行买卖"手比划"

旧时的买卖人,都会用"手比划"来表明价钱的多少。为了避免在买卖中第三者介入、搅局,坏了双方的生意。所以内行通常是拉扯袖口,在袖子里伸出手指头,从触觉上辨别数字和价钱,不让别人知道和看见。

"双脸鞋"

布鞋,多黑色,前面当中有两条突起的筋骨。这种鞋又叫"洒鞋",穿者以赶马车及摔跤者和其他体力劳动者居多。

趣谈三十三

无人驾驶的"趟子车"

现在科技进步了,天空上有无人驾驶的飞机。可旧时在京城近郊的较繁华的路口上竟有无人驾驶的"趟子车"。"趟子车"是骡子拉的车,用于短途代步。骡子经过训练,可以不用人来驾驭,等车上坐上了客人,在主人的吆喝下,自动起步,从甲地到乙地,中途不会停顿。到了终点,骡子会自动地停下来。旧时的北京有无人驾驶的"趟子车",也有无人驾驶的"趟子驴",二者大同小异。"趟子驴"虽然无主人跟随,但绝不下道,只在驴训练的熟道上行走。

"添箱"

"添箱"是好事。姑娘要出嫁了,旧时陪嫁要有装衣服的箱子,两个、四个均可,必须成对。箱子不能是空的,大家伙要帮助新娘子把箱子填满。至近亲友将自己送的礼品一一放入箱中,谓之"添箱"。"添箱"的物品多是衣服、衣料、被料、日用品和钱。"文革"期间有送《毛主席语录》的。

"添丁进口"的"添"

女人生了小孩叫添了,添了个小孩,添了口人,叫"添人进口"。至于"添丁进口",北京人有明确的说法。"添丁"主要是指生了大胖小子,个别地方是指招进了个姑爷。"进口"则是指生了大胖闺女,或是娶进了个儿媳妇。

"剃头棚儿"与理发馆

为什么叫"剃头棚儿"呢?这与清代、民国的剃头制度有直接关系。旧时汉人不剃头而束发,清朝统治者强令剃头。于是出现了临街口的"剃头棚儿"。"棚儿"是简易的三防(太阳晒、小雨淋、小风刮)措施。尽管后来条件有所改善,有了固定的屋子改叫理发馆,可老人习惯了,仍管理发馆叫"剃头棚儿"。现在,郊区临街的小森林里还偶然出现"剃头棚儿"的旧影。不过,今天我们看到的全是美容厅、美容室、发廊、足疗、按摩,20世纪五六十年代的理发馆已经看不到了。

旧称"贴靴",今叫"托儿"

如今在商店、商场,许多销售商品的地方都有一批"托儿"。小品里的赵丽蓉不是在酒楼里做"托"吗?其实"托儿"并不是新鲜事,旧时就有,不过不叫"托儿",而叫"贴靴"。同伙人按照事先的策划,假意拿出钱来买同伙手中的假货、次品、处理品,并宣传如何上算、如何好,好像占了大便宜,引诱旁观者也来购买。这种伎俩,江湖黑话称"贴靴"。

我家的"袜板儿"

老北京人无论春夏秋冬都讲究穿袜子,不似南方可以赤脚干活,甚至串门。北京人认为光着脚丫子极不礼貌,好似赤身裸体。不但要穿袜子,而且要有图案,为了利落,还出现了腿带子。旧时北京人多穿布袜子,于是产生了补袜子、在袜子上面绣图案的传统工具——"袜板儿"。"袜板儿"木制,由四部分组成:袜底儿、前脸儿、后跟儿、横梁。其作用是从袜子里面将袜子撑起,便于缝补,刺绣。我家的"袜板儿"一直保存到2000年夏,后被陕西华山道长刘信义收藏,因为他现在还穿布袜子。

谈"吐"

"吐"是多音字,在普通话里的本意是从嘴里出来的东西,包括语言和退还赃物、钱财。"吐"在北京土语里则变了味,"吐"、"吐春"是专指说相声,"吐钢"是嘴皮子上的功夫,如相声里的惯口和熟练成套的生意口,类似铁嘴钢牙。"吐柴"是说评书。

人马驴骡都用"捎"

赶马车的对牲口有口令。"驾"是快走,"吁"是停,"握"是拐弯,"捎(shào)"是往后退。可北京人对人有时也用"哨"来形容退后。大街上出现流血事件,要尽量往后哨,别耽误警察工作。其实,"哨"在北京土语中的本意是往后站、退后,不要出头露面。

北京人不再"委冬儿"了

旧时,北京天气寒冷,一般冬三月没有农活,既不外出找活,也不外出串门,像猫一样偎在暖和的地方躺卧休息,北京人管这一段时间叫"委冬"或"猫冬"。现在北京人多了,汽车尾气多了,楼房多了,绿化好了,也不再像以前那么冷了。所

以北京人不再"委冬"了。

"轿夫"与"掏大粪的"

旧时结婚，新娘子要坐轿子，所以有了"大姑娘坐轿子——头一回"的歇后语。结婚除了向专业喜轿铺交正常租金外，更多的是给"轿夫"的稳轿钱。如果不给稳轿钱，那新娘子就要遭罪了。"轿夫"会在行进中不断颠簸，非让新娘子吐了不可。给了稳轿钱，"轿夫"就态度大变，轿子抬得平稳，快慢乖乖听主顾的。与"轿夫"同样搞恶作剧的是"掏大粪的"，有些"掏大粪的"千方百计地向房东要钱，不给钱就把干稠的大便掏走，留下尿汤子，溅家人一屁股。当然，时传祥那样的也有，极少。

"瞎道儿"与"仙人跳"

"瞎道儿"，旧时多指嫖妓或与其他女人搞性关系，但拉帮套不属于"瞎道儿"。"仙人跳"旧时就有，指的是用美人计，多是用自己女人诱他人上钩。目的是使人因贪色而上当。今天的"仙人跳"与"放鹰"并存，多被卖淫团伙控制，"鹰"多为女学生、卖淫女、相好、老婆，甚至一些无业的中年妇女。一旦卖淫女与嫖客上床，卖淫同伙就强行闯入，向嫖客敲诈勒索，严重的会出人命。

"信局子"与"信筒子"

"信局子"，是清末、民国年间对邮局的叫法。"信筒子"，是对街面上邮筒的叫法。

"谢亲"还礼

无论过去还是现在，"谢亲"还礼的礼仪必不可少，这是北京人应有的礼节。结婚的两口子，婚后提着礼品回访亲友致谢叫"谢亲"。

"熏鱼儿"与"猪八样"

"熏鱼儿"，指的是用猪身上的器官熏制而成的食品。包括"猪头肉""猪肝""猪脸""猪心""猪蹄儿""猪肠""猪肚"与"猪耳朵"。旧时，小贩走街串巷叫卖。所以，"熏鱼儿"并不是鱼，而是"猪八样"。"口条"因价格高，另卖。

"破烂儿"换"取灯"

"洋火"与"火柴"都是官方叫法，真正的老北京人管"火柴"叫"取灯"或"启灯"。旧时有用家中旧物换"火柴"，卖"火柴"的吆喝："破烂儿"换"取灯"哦。

"洋车"

"洋车",主要说的是日本东洋车,胶皮轮,较为舒适,轻快。民国年间自日本输入,为市民交通工具之一。当时有儿童歌谣:"东洋车,好买卖,大爷拉着大奶奶"。

"香烟洋画"与马季

旧时,纸烟盒里附有小画片,很吸引孩子收藏和玩耍。无论是"拍洋画"还是"扇洋画""砍洋画",在旧时都十分盛行。春节联欢晚会上,马季先生表演的"宇宙牌香烟"多次提到"香烟洋画",从收藏一张逐渐到桃园三结义、八仙过海、十二金钗、三十六景、一百零八将、五百罗汉、百万雄师下江南。

"逛窑子"与"窑调"

老北京人管妓院叫"窑子",嫖客到妓院去嫖叫"逛窑子"。妓女称"窑姐儿",而口头为嫖客唱的生意小曲叫"窑调",敲诈妓院的地痞流氓和土混混叫"窑痞"。流传最广的"窑调"是《叹清水河》。最有名的嫖客,是蔡锷。最侠义的妓女,堪数小凤仙。

"窑坑"正解

旧时北京城外近郊有不少的"窑作坊",主要生产鱼缸、鱼盆、泥瓦花盆、砖瓦等土制生活用具。这些窑主就近取土,就地砌窑,逐渐形成了连片大坑,夏秋雨季,积上水曰湖泊,深如渊潭,成为污垢之地。新中国成立后,人民政府通淤导顺,建成人民公园。如龙潭湖、团结湖、太平湖、人定湖等。此外,现在还有刘家窑的地名,潘家园、王家园则是由潘家窑、王家窑谐音改的。

"鱼盆"

"鱼盆",指的是四合院中的"鱼盆",是阔口大缸。"鱼盆"表示主人家的气派。其实,四合院的"鱼盆"并不一定养鱼,经常用来存杂物,甚至存煤球。

趣谈三十四

从"打砸抢"想起的

"文革"初期,造反派"打砸抢"盛行。"打砸抢"是怎么来的呢?旧社会市面上有一批地痞流氓,他们纠集社会上的无赖把某一商店、妓院或戏园子等捣毁,北京人叫"砸"。这些人之所以欺行霸市、横行无忌是因为他们背后有官方的支持甚至是指使。按照今天的词汇应叫"黑社会"。与"打砸抢"相关联的是"砸明火",地痞流氓、无赖大白天对私人商店和住户进行公开抢劫,在这里,"砸"是强行打开门户的意思。

"咱掌柜的"意为丈夫

同"甩手掌柜的",多是北京妇女对家中什么事都不管的男人亲昵的说法。用"咱"表示更为亲近。非侮辱性语言。

不同意义的找"饭辙"

旧时,找"饭辙"有两种意义。一是解决今天、现在、眼前、当下、马上吃饭的问题,到哪儿吃饭,吃什么?二是指找工作,没有活干,就没钱,就没地方吃饭,就没"饭辙"。

小儿"抓周"

旧时京味风俗,小儿周岁那天,炕上摆设多样小物件,小儿抓到什么,将来就是他的志趣和方向。如抓书笔是好学,抓食物则好吃。其实,小儿"抓周"就是取自合家欢乐。

护国寺西巷的"抓大篓"

"抓大篓",是旧时卖蛐蛐的一种方法。卖蛐蛐多以"个"或"头"为单位,而

"抓大篓"是以"把"为单位。卖蛐蛐的人将一般的蛐蛐,甚至包括"老米嘴""奔头""油葫芦"等都装在一个暖水瓶竹外壳里或柳条编的辘轳水篓里,得名"大篓"。暖水瓶竹外壳上口封死,下口缝一袖筒,手从袖筒伸进去抓蛐蛐。卖"抓大篓"蛐蛐,讲究在护国寺西巷,卖者姓李,绰号"李大篓"。卖时先讲价钱、优劣,种类不管,但保证不少于多少个,一次抓不够数,再抓第二把,直至抓够甚至超过为止,因为大篓里有香蒿子相隔,不易一次抓够。大篓蛐蛐都不是太好的,只能哄小孩或喂鸟。

人不能天天走"背"字

北京人管接连办事不顺心,连续逢噩运等叫走"背"字。其实,走"背"字虽然迷信,但又有一定的科学性。那是因为我们顺心的事不在意,倒霉的事却记得很牢,更重要的是,应该走时运时,您没抓住机会,错过了。

旧时妇女谋生手段——做"外活"

"外活",专指旧时妇女正常的谋生手段,主要是缝补衣服、刺绣等。不含唱戏、演出、做老妈子等职业。

附录 1

"旗营"词语简释
——从《朝阳门外南营房》一文谈起

《朝阳文史》(第五辑)刊有我写的《朝阳门外南营房》一文。文章发表后不断收到读者的询问与媒体的采访,主要是了解旧时营房里的事。

首先,应该知道为什么叫"南营房"。

清顺治定都北京后,为了拱卫京城,实施了满洲人住内城,汉人住外城的管理方式。内城九门除正阳门外,其余八门分别由满、蒙古八旗看守。其中,左翼安定门为镶黄旗,东直门为正白旗,朝阳门为镶白旗,崇文门为正蓝旗。右翼德胜门为正黄旗,西直门为正红旗,阜成门为镶红旗,宣武门为镶蓝旗。因为朝阳门镶白旗的营房在朝外大街以南,得名"南营房",而东直门正白旗的营房在朝外大街以北,得名"北营房",后改名"东营房"。

其实,北京还有一组南、北营房,那就是阜成门外的南、北营房,隶属镶红旗、正红旗,分别守卫阜成门和西直门,也就是今天阜外南营房、阜外第二居委会、水电部宿舍和阜外北营房中街、北营房西里、北营房小学、北营房南街阜外北四条等地方。

朝阳门外南营房的四至:东为神路街,西为南营房西道,南为日坛北侧空旷之地,北为容盛夹道、北大院一线。

"营",是军队的编制和驻军的地方。"旗",是清代努尔哈赤起兵时创立的兵农合一、军政合一的社会联合体,兼有军事、行政、生产三个方面的功能。

八旗制度,是清太祖努尔哈赤在1601年年初设的黄、白、红、蓝四旗,在1615年又增设了镶黄、镶白、镶红、镶蓝四旗,前后两个四旗,统称"八旗"。八旗以旗帜的颜色加以区别,其中正黄、正白、正红、正蓝四旗为纯一颜色。"镶"的意思是在纯一颜色旗子的周围,再用其他颜色布料镶边。满洲八旗与后来建立的蒙古八旗、索伦八旗、汉军八旗以及绿营兵,共同构成了大清帝国的强大军事力量。

清代八旗存在了近三百年,随着辛亥革命的兴起,清帝逊位,清朝也走向了灭亡。但旗营对研究清代的军事、政治和社会发展有着极其重要的作用。本文既是答复《朝阳门外南营房》一文的读者之询问,注释旗营房中的词语,部分文字也涉及民俗、文物等史料。

老罕王:清太祖努尔哈赤。

正四旗:正黄、正白、正红、正蓝四旗。其旗中,龙的图案龙首向右,龙的腹部中飘有五朵祥云,旗的颜色分别为纯黄、纯白、纯红、纯蓝。

镶四旗:镶黄、镶白、镶红、镶蓝四旗。其旗中,龙的图案龙首向左,龙的腹部中飘有三朵祥云。除镶红旗镶白边外,镶黄、镶白、镶蓝三旗都镶红边。

驻京八旗:驻扎京城的大部分兵丁和家属,均驻在城内、城外及京畿一带,以皇城为中心,按方位分驻。驻京八旗,由于所负责的内容不同而分设为前锋营、神机营及建制较小的行营、船营、番子营、哨子营、虎枪营和善扑营等。顺治元年(1644年),驻京八旗总数为12.5万人。

驻防八旗:为了抵御外部侵略,镇压国内发生的不安定因素,清政府在盛京(沈阳)、吉林、黑龙江、伊犁、绥远(呼和浩特)、宁夏、西安、江宁(南京)、杭州、福州、广州、成都、荆州13个城镇和军事要地,设有八旗劲旅。顺治元年(1644年)总兵额达10万人。

营房:无论驻京八旗还是驻防八旗,都设有八旗营房,供旗兵居住。营房分旗而建,占地较为宽阔。如朝阳门外镶白旗南营房,九条胡同与中街交错如棋盘一般,矮屋排列如瓦轿一样,皆为青砖、黄松木料建成,北房居多数,两间或三间自成一院落,建筑坚实,极适用于旗兵小家庭。1911年,清帝逊位,然营房建筑经过官方数次维修,却没有倒塌,一直到了20世纪90年代朝阳区危房改造,人民政府统一规划,南营房消失,其时已达300多年。

老姓:指满族的原始姓名,源于部落制,其老姓多以所居之地、语言念意等引申而来。

老祖:本姓中,比自己大三辈以上的老者,不分男女,均称为"老祖",可细分为"男老祖""女老祖"。老祖称谓,只有在"四世""五世"以上同堂的家庭才会出现。

祭板:本姓人得差或年节时,到老祖家拜牌位。

祖宗板:先祖牌位统称"板子",上面供有家谱。板子,必须挂在西墙上,因此在旗人家庭的西墙不许张挂其他字画。

栅栏上:本人名字在档子房内的排序,也称"牛录上"。

都统:旗营中的最高领导。每营有都统、副都统2~5位不等。旗营每到发放钱粮时,都统都会到所辖各旗巡查。跟班人在轿车之左右,得名"轿后喘"。都统身着黄袍缎马褂,有的还提着水烟袋或闻着鼻烟,派头极大,旗丁人家很少能接触

到都统。

牛瞻爷：仅次于都统的旗营领导。

佐领：满语称"哥尔达"，属本旗的领导，精通本旗公事，办事公正，在旗营中有一定威信。本旗应用公文、一切呈报及领取钱粮时，必须经过佐领盖章方可生效。

领催：每旗仅一人。负责管理本旗财务，领取和发放钱粮。

磨叽哥：满语译音，领催助手。对旗营官事及其历史，本旗各家庭的过去、现状，备悉甚详。如旗营都统有传唤询事，磨叽哥的回答甚为流利。所以，磨叽哥又称"旗中大了"。

伙计：磨叽哥手下的人。管理营房内外的清洁卫生等零碎杂务。

养育兵：八旗兵的预备兵。多为10～17岁的少年。有少量钱粮，但不分配住房。

掏钱粮：旗营中不正常的现象，即放债人通过领催放债。放债人先予支出自己某月至某月的钱粮去放债，以从中得利。

宗室：黄带子贵胄。宗人府内有其家族之档，花名册齐整，今爱新觉罗宗谱便是。

鸾价：宗室每季领的钱不称俸银，而专称"鸾价"。

站班：又名"街堆子"，为朝官来营视察时的本旗警卫。

教场：又称校场。旗丁操练时的空旷场地。朝阳门外南营房的教场在旧时苗家地，今3501厂内。此外，今德胜门外有教场口街，宣武门外有校场口胡同，校场头条至九条。

万字队：虎神营旗丁的总称。

弓房：各旗兵丁室内练弓的地方。

一个劲：弓之弦度，松紧不一。弓弦每再紧一绕，为加一劲，直至到九个劲为止。

档子房：旗营中办理文书和管理档案的机构的统称。

齐化门：地名，今朝阳门。

门脸儿：地名，今朝阳门外大街西头，东至观音寺、吉市口一线。

关厢：地名，今朝阳门外大街，西起朝阳门门脸儿，东至关东头儿。

关东头儿：地名，今朝阳门外东大桥西，路北祁家大院，路南华家胡同一带。

坛口：地名，南营房西边马路北头空旷的地方，旧时多为打架的地方。

窑坑：地名，今工人体育场内南湖，夏秋时节，蜻蜓、蛐蛐极多，是旗营里大人、男孩子常去的地方。

东森里：地名，南营房北头，暗娼较为集中的地方，旗人认为是赃地。

马甲：正式旗丁。

挑缺：通过文武比试，补马甲的空缺名额。

口份:兵饷。

旗人关钱粮,凉水贵三分:旗营每发俸禄,营子外的商人便趁火打劫、提高物价,希图厚利。

官银子:官饷、关饷。

季米:老米、仓米,因每季度一发,故得名季米。

花虎:京城管仓库粮米的司事。

碓房:将带壳稻子加工成米的米碓铺。米碓铺的掌柜的多为山东人,他们与旗营中的领催勾结,合伙盘剥旗户。后旗营凋落,米碓铺也随之破产。今海淀区玉泉山东侧,仍有碓房居地名。

加俸:对旗中官职人员中有功绩者的钱粮奖励。

"旗丁家内摇钱树,领催手中聚宝盆":这是领催克扣、剥削旗户的写照。

掀米:仓库之米,屯集如山。放米之际,库丁从米垛上掀下米包,下有伙计肩扛。百数十斤半包扛上肩,如同无物,运行自如。力气之大,令人惊叹。

吃剥拉素:形容旗营中的领催贪污、欺诈。

吃空头:旗丁死亡,领催隐匿不报,照领各项俸禄,占为己有。

卖缺:旗丁死,家中无亲人。领催不予呈报,反将此空额卖出。买者,一年余便可还本。领催、买空额者,双方都有利可图。

买缺:买空额者。但买缺者必须牢记死去旗丁之姓名、出生日期、祖上三辈的情况。否则,一经都统、翼长查出,买卖双方均被杖死。

小钱粮:养育兵的钱粮。

水贼不过狗刨:汉语"强龙压不住地头蛇"之意。

呷拉:满语,旗营中的档子房,又名"都统公署"。健锐营的"呷拉",现在尚存,位于香山公园南侧红山头正黄旗,有房28间,四角原有碉楼,现仅存西南角一座。

骡驮轿:交通工具,两骡间绑一官轿。

斗梭胡:旗营中中老年妇女最爱玩的一种纸牌。

两半头:亦称"两把头"。旗人妇女着旗妆的固定头式。

扁方:旗营中人称为"大拉翅",即我们今天常在文艺表演时看到的清代宫女头上戴的黑色装饰物,状如牌坊。实际上,"扁方"原单指的是"大拉翅"前面的一块银质的装饰物,镌以花纹,耀人眼目。清中期,多以配玉翠为高贵、美丽。

旗袍:原与男子长衣无异,唯两端各有一小开气儿而已。现在的旗袍,则由肥变瘦,紧腰身,两侧开缝大。满族妇女身穿旗袍,头顶旗头(大拉翅),脚踏花盆底鞋,显得典雅庄重,落落大方,头足手摆,婀娜多姿。旗袍需有配饰,如手绢、烟袋、荷包、小挂镜、对子荷包、剔牙针等。

开气儿:旗袍两边的开缝儿。

猴打伞：旗营中穷苦人家的一种主食，将玉米面煮成小圆饼，用小竹签插着蘸韭菜花吃。

冲龙沟：每天早晨喝茶水。

油炸鬼：油条。

盒子菜：酱肉、粉丝、猪头肉等七种菜，装在一个外六格内一格的特制食盒里。

饽饽：面食食品。

煮饽饽：煮水饺。

黏饽饽：黏糕及年糕。

好下饭：旗营俗语，为了多吃点儿。

顺口儿：旗营俗语，吃着舒服，但不昂贵。

鸡肝大肉紫老米：旗营俗语，比喻旗人日常吃喝之丰富。

看着坟头带烧纸：旗营俗语，比喻清末旗营吃喝水平下降。坟头即窝头，烧纸即薄面片汤。辛亥年间，旗人连这些都吃不上。

白事银子：旗兵死后，其家属所得的抚恤金。

寡妇钱粮：旗兵死后，遗有嫡妻，并无子女，其妇守节期间，除赏白事银子外，每月定时由其妻亲自领取"寡妇钱粮"。

孤女钱粮：旗兵死后，遗有亲生女，余无亲子，每月由亲女领取的钱粮。待亲生女出阁后，孤女钱粮取消。

老米：隔年之米，肥大状，发异香。

粗米：带有一层硬壳的老米。

串米：去掉硬壳的工序，也称"碓米"。工作地点称为"碓房"。工作人员多为山东人。

节赏：逢年过节，给予恩赏，端午节、中秋节和冬至节均在其列。

八旗官学：八旗教育机构，有旗属、翼属、营属及觉罗宗亲等多个级别的官学。

小达儿：旗营中女孩着男孩子打扮者。

太太：祖母。

阿玛：父亲、爸爸。

额娘：母亲、妈。

奶奶：母亲、妈。

姑爸爸：父亲的姐妹。

老爸：父亲最小的妹妹，汉人称"小姑""老姑"。

旗家打扮：大脚片。

蛮子打扮：小脚娘。

配饰：京剧《四郎探母》中铁镜公主的打扮即为满人古风，但与两把儿头配饰的物件有八种：扁方、头正、头箍、托针、筒针、压鬓针、大花篮、三尖绢儿。此外，旗营的新妇头上的扁方正中,还要嵌红绒花。

旗人鬏:"旗人鬏"。辛亥革命后,旗人难敷开销,旗家妇女只好留假燕尾,挽头鬏,额前为麻花状。

请安:犹如汉人敬礼。女性为双腿安,俗称"蹲儿安"。双手轻抚大腿前,两膝前屈,作下蹲状,臀部离地面尺余,再徐徐立起,身子不歪,双腿不颤,四平八稳。请安之时,要穿旗袍、厚底花盆鞋。尽管请安时动作很大,但头上的"两把儿头""大拉翅"均不倾斜,仅听得头上装饰的蝴蝶花铃轻微作响。

大礼:一跪三叩,俗称"磕头"。旗人磕头与汉人磕头动作区别很大。旗人妇女盛装下跪后,身子向前探,头下低,头向右微侧。此时右手举至头上大拉翅处,少倾,头转正面,右手下垂,头抬起,动作至此为一叩。依然跪着,不站起,再重复两次动作,即为大礼完毕。

达儿头:旗人式磕头。旗人磕头、请安时,均须叫受安者,面带笑容,以示尊重。

姑娘:翁姑一辈称呼新媳妇,表示疼爱。

合子:日常食品之一。上下面皮两层,中间装馅,烙煮皆行,烙的似今日馅饼,但周围捏有"菊花边"。

坤秋帽:卷沿式春秋帽,缀以飘带,顶嵌大红疙瘩。其帽制作烦琐复杂,工质精细,加上皮面装饰,故价格昂贵,多为城里大户来营子里串亲才看得见。

青缎小帽:旧时旗家女子以戴青缎小帽为美,体现了旗家女子男性化的尚武精神。帽子以尖顶居多,上下直缝六行,形同半个西瓜皮,下镶缎边,或缝"万字不到头"的金丝线。演员刘晓庆唱《前门情思大碗茶》歌曲时,曾有她头戴青缎小帽打扮成旗家女子的镜头。

单腿安:旗人男子请安式。右腿下跪,右手下垂,左腿前屈,腰作弯下之状,转瞬即起。

花盆底鞋:旗人家妇女所穿的一种特殊鞋式。底部木制,包以白色布皮,上端嵌绿色沿条,上接鞋底,下边再敷一层袼褙或厚布作为软底,用钩针连在上面。有了软底托,花盆底鞋踏于地面上无声响。

四衬:平衡相匹配的意思。

孩儿发:旗人家男儿幼时留的发型。中后部头发留起来,梳成小辫,发顶前及左右仅留寸长短发。

大鞍车:富贵旗人家的交通工具,以骡子为动力,车篷左右多有小窗。赶车人跨车沿边上得意扬鞭,蹄声嘚嘚车轮震响,十分气派。

红事会:旗人在兴盛时期,结婚喜庆,用资极丰,非素有积蓄,则难以应付。红事会,便是专为旗人子弟结婚而设立的筹备组织。

白带子会:旗人家有丧事,花费也多。由于旗人讲究极多,又好脸面,不示弱

于人,加之对先人不能草草了事,俗话说,丧事是给活着的人看的,故孝子家人也愿大办一场给街坊看。白带子会,便是为丧家预先筹资的组织。丧事系白事,当然也与丧家亲友头戴白孝帽子,腰系白带子有关。

忌门:民国以后,旗营内也盛行忌门之风。"忌门",本是汉人的习俗,每年正月初一至初五为妇女忌门之日,恐有冲喜撞神之嫌。犹如妇女不许出海一样,认为女人在船上不吉利。春节忌门的习俗应该是在辛亥革命以后传入旗营中的。

过门帖:男女婚前由媒人转交男女双方家庭简介的红笺。

过小帖:男女婚前在过门帖后,女方如果同意,请媒人送至男方的红笺称为"小帖"。如果小帖上的生辰八字能被男方所接受,那么三天后,媒人便来男家探听。三天内,男方家不拌嘴、无意外、平安无事,那么男方认为是大喜庆,婚姻便有了眉目,随后择吉日"合婚"。

合婚:合婚不等于结婚。合婚是请算命先生依年岁、阴阳五行、女相、生肖、妨忌五条批述。合婚后,便正式议婚。

放小定:男方择吉日到女家送定亲之礼,礼多为女子实用的物件,如戒指、指甲套、兜肚链、耳钳、手镯等。

放大定:亦称"鹅酒八抬",是男方送女方礼物的仪式。礼品有染成红额头的公白鹅一只、酒一抬、衣服一抬、首饰一抬、食品四抬。鹅,为新婿之代表;白鹅,终日在女方家鸣哇乱叫,意思是说:"这家姑娘已有婆家了"。鹅养数日后,由女方在集市上转卖,谓之还做新姑爷去。

直棍儿:男女双方均称赞的大媒人。

红棚:结婚之时临时搭建的大棚。

落作(zuò r):厨师于前一天砌灶、预备酒席菜品。

全和人:亦称全辈人,即有翁婆、丈夫、子女者,四世同堂者为佳。

响房:吹鼓手燕翅排开,鼓乐喧天,待男方将新房铺床布置后,即封门,直到新娘到来。

行人情:出份子,送喜礼金或物品。

杆儿(gǎn r)上的:乞丐、讨饭者之头目。

受独椅:娶亲时太太功劳大,酒席上座坐之。

分大小:主妇为新媳介绍辈分次序。

挂彩子:结婚民俗之一,表示新妇清白无疵,处女也。

好姑娘:处女。

解放脚:凡缠过脚,后来又解开的称"解放脚"。

作脸:争光。

剃四外,留中原:满人提倡的士人发式。

辫帘子:发短者加续假发之手技。

多虎带子:旗家子弟习武时的腰带,质料坚硬。

板带:又名腰里硬,练习摔跤时用来束腰用。

褡补:绸质腰带,长达数尺。

南琴:双脸鞋,练武者用鞋之一。

鹦哥嘴:练武者用鞋之一。

螳螂肚:高筒靴子。

跟头褡裢:钱袋。

扳指:翠玉制的厚笨的圆箍,原为拉弓射箭之用。

大蝴蝶:满人闻鼻烟的动作和留在鼻孔两边的痕迹,状似蝴蝶。

死鬼:死人。

装裹:寿衣。

青单:死人身上的盖单。

闷灯:死者头前的长明灯。

倒头饭:死者头前的大米饭一碗。

丧条子:丧家来不及通知亲友时,特书写条子,明示于门外,以期亲友届时前来悼念。

焰口头:和尚念经所在之高处。

撕鬼脸:杠夫将遮盖死者面部的青单撕碎。

破土:挖坟坑。

门吹儿:吹鼓手。

烧活:冥衣铺做的纸车、纸骡等焚化物,俗称"楼库"。

炒菜面:旗人家较为普通的菜席,除炒菜数盘外,主食即为面条,不备米饭,借以减资。

耍白棚:老人"喜丧"后,本家近枝亲友反含庆意,一旦丧礼结束,便在丧棚内"熬夜",或团聚畅叙,或吸大烟,喷云吐雾,或斗叶子,一掷数十金,以尽一夜之欢。

施事饽饽:和尚放焰口时,散放棋子大小的馒头。

柳叶汤:形如柳叶的面片,煮后薄而软,调以热汤,易消化。

附录 2

白鹤群简介

白鹤群，北京市人，清高祖努尔哈赤五弟笃义刚果贝勒巴雅拉，清驻藏大臣巴忠之后，世袭贝勒、民俗学者白宝泉之子。故书画多以"贝勒爷"落款。文化程度大专，北京旅游局退休干部。民革成员。

现任《历届全国政协委员人名辞典》一书编委，北京实用技术大学客座教授，北京书法家协会会员、北京市旅游局书画协会秘书长。居住于北京朝阳酒仙桥将台水岸家园社区，是酒仙桥地区的老住户。

1995年2月，经白介夫同志举荐，白鹤群任《历届全国政协委员人名辞典》一书编委。该书编入历任全国政协主席、副主席、秘书长、常务委员和委员5628人，字数194万，历时9个月，获全国政协委员会的表扬和奖励。

白鹤群曾在《北京市政协文史资料》发表《回忆"文革"初期，叶圣陶与朱光潜老人》《酒仙桥与九仙庙》《什刹海畔五十年》《健锐营往事》《我与政协文史资料》等文，约20万字。并为《北京文史》写过《回忆旧照忆恩师》《佟麟阁》等。

2002年，北京市文史研究馆出版了《馆员简略》一书。在该书第257页，有馆员、91岁的许林邨老人的文章，记述了自己曾在1967年"文革"初期，冒着被打成反革命的危险，为老舍先生辞世立碑的惊人之举，但苦于原碑遗失而又无证据。21年后(1988年)，白鹤群在《北京日报》上出示了自己在1967年9月初，同样冒着被打成反革命的危险而捶拓原碑的珍贵拓片。

拓片的公布，彻底改变了全球"最早纪念老舍先生的是日本人"的论点和传闻。为确立最早"纪念老舍先生的是中国人、是老北京人"的论点提供了坚实的佐证。

拓片一经发表，立刻得到了文史馆馆员宋君方、魏隐儒、张捐中、许林邨等人和老舍夫人胡洁青及其子舒乙的肯定，从而证实了许林邨老人和白鹤群当年的英雄壮举(原物已捐中国历史博物馆收藏)。今天我们看到的《老舍先生辞世碑》就是依据白鹤群当年保存的"孤本"而复制的。

1992年,经北京市规划局王海歧举荐,白鹤群任《北京市宣武县地名志》一书编辑。

2000年,经朝阳区统战部孙淑兰举荐,开始为《朝阳报》《朝阳文史》撰稿。

白鹤群在《朝阳报》发表的文章有:

1.《朝阳区街道、乡镇名联》
2.《呼家楼山东海阳会馆》
3.《九龙山》
4.《酒仙桥的防风林》
5.《酒仙桥与九仙桥》
6.《东坝娘娘庙》
7.《通县界碑》
8.《一张老照片》
9.《团结湖畔忆旧情》
10.《将台临河公园诗二首》
11.《架松与劲松》
12.《东直门外香河园》
13.《京师八里桥》
14.《兆惠墓与兆惠府》
15.《坝河溯源》(入选北京市政协文史资料《朝阳卷》)
16.《三元庵与牛王庙》
17.《我爱〈朝阳报〉》
18.《和段天顺先生诗》
19.《花满朝阳别样红》
20.《我见过12岁的侯耀文说相声》
21.《生活在朝阳,快乐享怡年》
22.《我家与奥运》
23.《统一战线 以史为鉴》(代表朝阳政协参加北京市政协研讨会)

在《朝阳文史》发表的文章有:

1.《民革党员的一面旗帜》
2.《北京的怪》
3.《北京土语趣谈》
4.《东郊镇物说"神木"》
5.《朝阳门外南营房》
6.《三代漕运进京都》

7.《萧太后与萧太后河》
8.《朝阳门水关》
9.《酒仙桥与九仙庙》
10.《工体窑坑里的蜻蜓》
11.《武术名家董海川》
12.《朝阳门一步三座庙》
13.《朝阳门石刻谷穗》
14.《酒仙桥畔望火楼》
15.《一石击起千层浪》
16.《谈通惠河北支的漕运》

2009年,白鹤群被《朝阳文史》聘为特约研究员。

白鹤群是北京著名的民俗学者,在60余社会团体中任会员、理事、常务理事、副秘书长、秘书长、顾问等职,其编著颇丰。

主要著作与参与编著的著作有:
1.《北京的会馆》(30万字)
2.《老北京的居住》(19万字)
3.《道家仙祖谢映登》(20万字)
4.《京旗外三营》(12万字)
5.《飞虎云梯健锐营》(35万字)
6.《掌故北京》(18万字)
7.《北京街巷胡同分类图志》(20万字)
8.《京都胜迹》(34万字)
9.《燕都说故》(47万字)
10.《京华漫忆》(36万字)
11.《春明叙旧》(45万字)
12.《寻梦古都北京》(28万字)
13.《日下回眸》(32万字)
14.《趣闻北京》(30万字)
15.《中国宗教文化》(道教部分)
16.《坝河史话》(13万字)
17.《历届全国政协委员人名辞典》(194万字)

后 记

近 30 年来,前后合著、编写了 20 多本书,从来没有像《老北京土语趣谈》出版这样费劲过。不知为什么,现在出书,怎么就这样难。几个出版社婉拒了我,据说是书中内容太偏,没有广泛的读者群。如果说《老北京土语趣谈》内容偏,没有读者群的话,笔下 37 万字的《乾隆皇帝与蜀西金川》、18 万字的《妙峰山香道竹枝图咏》、60 万字的《旗人奇事》等书稿更偏了,看来根本没有出版的可能。

山重水复之际,笔友北京文化局的爱新觉罗·常林先生再次提醒我:"到海秀那儿看一看。"结果行了,旅游教育出版社开了绿灯。可能因为我是北京第二外国语学院元老周锡卿教授的学生,也可能是我和爱新觉罗·常林先生与这家出版社合作出版过《掌故北京》《趣闻北京》《旅游城市顺口溜》等书,也算是旅游教育出版社的老作者、老读者了。

《老北京土语趣谈》内容确实太偏、太单调,读者估计是单一的北京人,而且是人数不多的老北京人。至于为什么急着出这本书,一是"老公"一词泛滥成灾,影响广泛。北京老年妇女再包容,也不会将割掉生殖器的太监(北京土语:老公)的帽子戴在自己丈夫的头上,北京妇女不愿意自己丈夫是六根不全的男人。二是《老北京土语趣谈》是笔者收山之作《旗营残梦》一书的伏笔。北京土语,占该书文字五分之一多。

《旗营残梦》是部长篇章回小说,主要内容是:通过清末民初北京香山脚下健锐营镶蓝旗一个中上层满族、蒙古族家庭生活的兴衰史,歌颂了清初八旗子弟"出则为兵,入则为民",英勇善战,统一中华,壮我国威的光辉业绩。同时,也揭示了清统治者为维护其封建统治,限制八旗兵员,终造成大批成丁的八旗子弟不能及时补缺和旗营在辛亥革命后被社会所淘汰的悲惨结局。

书中首次披露八旗子弟在辛亥革命后备受排挤、歧视,生活拮据的悲惨情景。文中包括清京畿八旗、各地驻防八旗的设置,骁骑营、前锋营、护军营、火器营、神机营、行营、船营、哨子营、番子营的具体编制,旗营的布局和旗营中的军政组织系统。

书中通过主人公巴大禄一家 16 代在旗营中的所见所闻和亲身经历,对满族

的饮食衣饰、姓氏信仰、婚丧嫁娶及旗营逸闻有较为详细的描述。从本书的附录《旗营词语简释》中,可见其一斑。

该书36回,百余万字,涉及人物200余人。书中记述的人物对话和地名、物件、园林景观、民族宗教、戏曲说唱、掌故传说、风味饮食、市井风俗、名人逸事、民间技艺,尽用北京土语一一道出,《旗营残梦》将以北京土语为特色,京腔京韵,尽显京味文化之风采。

作者认为,旗人写的名著甚多,可见前人曹雪芹的《红楼梦》,文康的《儿女英雄传》,穆都里儒丐老人的《北京》《同命鸳鸯》和老舍先生的《骆驼祥子》《四世同堂》《我这一辈子》《月牙儿》《正红旗下》等,有众位旗人前辈的书籍样板,后人自当追之。

尽管《旗营残梦》仅百余万字,但不知年近70岁体弱多病的我能否完成这百万字,真怕出现"心有余,力不足"之象,然一切皆由天定。

《老北京土语趣谈》的出版,实属不易。笔者十分感谢老友冯巍平先生和东明国际集团控股有限公司董事会主席冯晓天侄女,感谢旅游教育出版社海秀、荣强二编辑,感谢朝阳区地方志的同人,感谢好友爱新觉罗·常林先生。

策　　划：李荣强
责任编辑：张　娟

图书在版编目（CIP）数据

老北京土语趣谈／白鹤群编著. ——北京：旅游教育出版社，2013.1

ISBN 978-7-5637-2543-4

Ⅰ.①老… Ⅱ.①白… Ⅲ.①北京话—通俗读物 Ⅳ.①H172.1-49

中国版本图书馆 CIP 数据核字（2013）第 002126 号

老北京土语趣谈

白鹤群　编著

出版单位	旅游教育出版社
地　　址	北京市朝阳区定福庄南里1号
邮　　编	100024
发行电话	(010)65778403 65728372 65767462(传真)
本社网址	www.tepcb.com
E-mail	tepfx@163.com
印刷单位	北京柏力行彩印有限公司
经销单位	新华书店
开　　本	720毫米×1000毫米　1/16
印　　张	17
字　　数	235千字
版　　次	2013年1月第1版
印　　次	2013年1月第1次印刷
定　　价	45.00元

（图书如有装订差错请与发行部联系）